破壊

新旧激突時代を
生き抜く生存戦略

葉村真樹
LINE株式会社 執行役員

ダイヤモンド社

HAMURA MASAKI

DISRUPTION

破壊

——新旧激突時代を生き抜く生存戦略

本文中の注のうち「＊」は巻末の後注に、「注」はページ内に記載しています。

プロローグ

破壊するか、されるか――人類の歴史はディスラプションの連続

今の仕事の半分が10～20年後にはなくなる。

そのような話を耳にしたことのある人も多いだろう。

現在20代、30代の人にとっては、今後の人生を考えると由々しき問題だろう。40代以降の人であれば、何とか逃げ切れるかなと思うかもしれない。しかし、そんな人だって安心はできない。仮に働くのが残り10年ほどであったとしても、今後も今と同じ賃金をもらえる保証は何もない。そして万一逃げ切れたとしても、子供を持つ人であれば、今ちょうど子供たちが高校や大学に進学する頃だろう。彼らは一体、どのような教育を受けて、何を目指すべきなのか？　これは子を持つ者、これから持つ者全員に共通する悩みかもしれない。

オックスフォード大学のマイケル・A・オズボーンが、米国労働省が定めた２０１０年時点に

存在している702の職業を対象に、10年後の消滅率を試算したのは、既に5年前の2013年9月のことだ。

このときの分析では、今後10年ないし20年の間に、2010年に存在している米国の労働人口の47%、英国では35%に該当する仕事がコンピューターに取って代わられる可能性が高いとした。[*1]その後、オズボーンは日本についても野村総合研究所と共同で同様の分析を行ったが、そこでも仕事（2012年時点に存在した仕事）の49%が10年ないし20年の間に消滅するとした。

具体的にどのような仕事が消滅するかについては、上記の論文や分析に譲るとしても、それだけの仕事が消滅するということは、その仕事を提供している企業も当然のごとく消滅の危機にあるということが言える。本書では特にこの点に着目した上で、まずは産業・企業レベル、そして個人レベルでの今後の生き残り戦略について考えてみたい。

2017年、百貨店の閉店が相次いだ。セブン&アイ・ホールディングス傘下のそごう・西武が西武筑波店と八尾店を閉店したのを皮切りに、業界最大手の三越伊勢丹ホールディングスが三越千葉店、多摩センター店を閉店した。バブル経済最後の年である1991年に市場規模およそ10兆円とピークをつけた百貨店業界は、25年後の2016年には6兆円を割り込む規模へと縮小している。[*2]

その市場縮小は様々な要因が絡み合っていると考えられるが、百貨店の主要取扱品であるアパレルに限っても、ｅコマースの市場規模は２０１６年でおよそ１・５兆円。[*3] 25年前にこの市場はゼロであったことを考えると、その影響は否定できない。

そして、これを象徴する出来事として、２０１７年８月１日、アパレルｅコマースサイトの「ゾゾタウン」を運営するスタートトゥデイが時価総額で１兆５８０億円と、１兆円を突破したことが話題となった。スタートトゥデイが10年前の２００７年12月のマザーズ上場時、時価総額（初値）が３１９億円と現在の30分の１だったことを考えると、市場の期待度がわかる。

ちなみに、スタートトゥデイの２０１７年３月期の売上高は７６３億円、三越伊勢丹ホールディングスの同期売上高は１兆２５３４億円であり、その６％の規模に過ぎない。しかし、時価総額ではスタートトゥデイは１兆５８０億円と、三越伊勢丹の４２７６億円（２０１７年８月１日時点）の倍以上の規模となったのである。

市場は、現在の企業としての売上に代表される経済規模よりも、既存の産業を破壊し、新たな産業を興す企業として、スタートトゥデイの将来性を高く評価していると言えよう。

このように、既存の産業を破壊＝ディスラプト（disrupt）し、消費者にとってより利便性高く拡大するイノベーションを起こし、新たな産業を創造する者をディスラプター（disruptor）と呼ぶ。

破壊＝ディスラプション（disruption）という言葉が経営学の世界で使われるようになったのは、ハーバード・ビジネス・スクールのクレイトン・クリステンセン教授の１９９７年の著書『イノベーションのジレンマ』がきっかけだと考えられる。同書で既存企業の存続に否定的な効果をもたらすイノベーションを、破壊的イノベーション（disruptive innovation）と呼んでいるが、このようなディスラプターに該当する企業として、どのような企業が考えられるだろうか？

例えば、米国の大手メディアＣＮＢＣは２０１３年より「Disruptor 50」といったリストを毎年発表している。その２０１７年版では、Uber、WeWork、Airbnb、Spotify などがリストアップされているが、[*4]いずれも既存の業界・企業の存続を脅かす存在だ。

Uberであれば自動車での移動、WeWorkであればオフィスの確保、Airbnbであれば宿泊場所の確保、Spotifyであれば音楽の聴取というように、従来はタクシー業界、不動産業界、ホテル業界、レコード業界が提供してきたサービスを、より利便性高く提供することで、これらの既存業界の存在を脅かしている。

既存業界に属する企業は、あの手この手を繰り出して、ディスラプターたちを牽制しているが、果たして、これらの既存業界は、今後どのような道を辿ることになるのだろうか？

かつて、デジタルカメラの登場、そして携帯電話にデジタルカメラが装備されることによって、フィルムカメラだけではなく、カメラという市場そのものが大きく縮小した結果、世界最大の写真用品メーカーであったイーストマン・コダックが21世紀初頭に破綻したように、既存業界に属する企業はディスラプターに滅ぼされてしまうのだろうか？

それとも、馬車製造・販売事業者として名を馳せたウィリアム・C・デュラントが企業買収などによって自動車製造・販売事業者へと転換し、ゼネラルモーターズ（GM）を創業、20世紀のモータリゼーションを主導したように、危機を機会へと変えられるのだろうか――。

読者の方々が働く企業が、このようなディスラプターに脅かされる業界に属するか否かにかかわらず、いずれの業界も早晩、ディスラプターによる洗礼に見舞われることは避けられないだろう。

あるいは自らがディスラプター側にいると考えている人たちであっても、ディスラプター間にも激しい競争が存在し、そこで最終的に勝者として生き残るのは限られた少数者でしかないので、ディスラプター側にいるからと言っても安穏とはしていられない。

人類の進化の歴史は、常にディスラプションの連続による進化の歴史であり、ディスラプター間の競争の歴史の上に成り立っているからだ。そして本書では、このような状況下で今後、あらゆる業界の企業経営に携わる者から、これから自らのキャリアを形成しようとする者まで、「破壊するか、されるか」の中でどのように生きていくべきかの指針を与えることを主眼としている。

勝者と敗者を分けるもの――三つの技術進化と三つの原則

既に述べたように、人類の経済発展は、その時々の既得権益層を滅ぼす一方、多くのビジネスチャンスを生むというディスラプターの存在なしには語れない。そして、このようなディスラプター誕生の陰には、常に技術進化が存在している。

人類の進化の歴史は、次の三つの技術進化の歴史と言っても過言ではない。

①「インフォメーション」

②「モビリティ」

③「エネルギー」

①は、情報認知伝達に関する技術の進化である。これを本書では「インフォメーション」技術の進化と呼ぶ。ここでの「インフォメーション」＝情報には、単純な視聴覚などであらゆる生物が認知伝達するような情報に加え、人間ならではの概念情報も含まれる。

②は、ヒトやモノの物理的移動に関する技術の進化である。これを本書では「モビリティ」技術の進化と呼ぶ。これは、移動する能力のスピード、距離、あるいはそのための省力化技術の進化が主に対象となる。

③は、先の二つの技術進化を可能とさせる動力源に関する技術の進化である。これを本書では「エネルギー」技術の進化と呼ぶ。

身近な過去を見ても、映画からテレビへの変化（①「インフォメーション」技術の進化）は各家庭に映像娯楽をもたらすとともに、大量生産大量消費の消費生活を加速させた。工場の機械化は工業生産額を飛躍的に拡大させ、全国津々浦々に張り巡らされた鉄道網や、個々人が自由に移動することを可能とする自動車と道路網により、個々の家庭へ配送することを可能とした（②「モビリティ」技術の進化）。

そしてこれら二つの技術進化は、それらを可能とするエネルギー、すなわち電気や石油燃料の存在が可能とさせた（③「エネルギー」技術の進化）。

人類の経済発展、あるいは人類の進化そのものはディスラプションの連続であるが、それは人間そのものが現状を壊し、新しい未来に向けて、自らがより暮らしやすくなろうとする本能そのものとも言える。

つまり、人間の存在そのものがディスラプターであり、それに抗うことは自らを否定することなのである。このような未来に向けての動きは既に不可逆であることを認め、むしろ、その不可逆の流れの中で、企業や個人が生き抜くために何ができるかを考えることが重要である。

それには、有史以来、「インフォメーション」「モビリティ」「エネルギー」技術の進化において、どのようなことが起こってきたのかを概観した上で、ディスラプター側とディスラプターによって滅ぼされた側、すなわちディスラプションの勝者と敗者を分けたものが何かを見ることは意義があるであろう。そして、この「何か」は現代のディスラプションの勝者たちにも共通するのであれば、それは現代にも有効ということがわかる。

ディスラプションの勝者となるには、三つの技術進化の主導者になることが一番であろう。しかし、そのポジションを獲得できるのは数少ないわずかな者たちに過ぎず、容易なことではない。

そこで、本書では、これら三つの技術進化の波を前提とした上で、ディスラプションにおける勝者と敗者を分けるものとして、次の三つの原則を提唱したい。

①人間中心に考える
②存在価値を見定める
③時空を制する

これら三原則は、いわばディスラプションの中で生き抜く上での必要条件と言えるものである。つまり逆に言うと、十分条件ではない。本当に勝者となるには、運も含めた他の多くの変数が介在する。しかし、この三原則について理解し、その観点を持つことで、ディスラプターによるディスラプションから自らを守り、生き抜くことが可能となる。

本書では全体を3部構成として「人間中心で考える」「存在価値を見定める」「時空を制する」といった勝者と敗者を分ける三原則について考える。

まず①の「人間中心で考える」については、三原則を考える上でも、最も基本となる原則であることから、Ｐａｒｔ１で取り上げる。ディスラプションが常に、その時々の先端のテクノロジーによって引き起こされてきたことから、私たちは常にテクノロジーから物事を考えがちである。

しかし、テクノロジーそのものが、実は人間が本来持つ機能や感覚の拡張であることを前提に考えると、まずは人間を中心にどのようにテクノロジーを活用し発展させるか、という視点が重要であることがわかる。

これらを過去に起こったディスラプションの歴史や現代のディスラプターたちの考え方・アプローチについて、「インフォメーション」「モビリティ」「エネルギー」という三つの技術進化に着目して解説していく。

Ｐａｒｔ２では、②の「存在価値を見定める」について考える。これはＰａｒｔ１と同じく三つの技術進化の歴史的背景をなぞりながら、自らの存在価値＝バリュー・プロポジションがいかにディスラプターにとって重要なものであったかについて概観する。

そして、かつて〝ジャパン・アズ・ナンバーワン〟を欲しいままにした日本企業と、この世の春を謳歌する米国シリコンバレー企業の根本的な違いは何なのか。これらを注意深く眺めることで、実に多くの示唆が得られる。

日本企業とシリコンバレー企業に関する「存在価値」についての考察は、私自身が日米両方の企業で働いた経験を踏まえた実感値も多分に含まれているが、今後の企業だけでなく、個々人が生きる上でも重要である。

最後に、③の「時空を制する」であるが、まずPart3の第5章で「時間」について論じる。技術の進化によって、従来は何百時間もかかっていたような仕事が数分でできるようになったことで、人間は多くの時間を得ることになった。そしてその時間を搾取する側か、搾取される側に立つかで彼我《ひが》の差は大きなものとなる。

第6章では「空間」について論じる。ただし、ここにおける「空間」は地理的な空間というだけでなく、人と人とのつながり、いわば「人的空間」を含んでいる。かつて人間は、「モビリティ」技術の進化によって、農耕地を広げ、他国を侵略し、植民地化するなど、地理的空間を制することによって経済的な支配を強めてきたが、これからの時代は「インフォメーション」技術の進化によって、「人的空間」、言い換えるならば人的ネットワークあるいはコミュニティを制することが経済的な支配につながるということである。

残された時間はあまりない——日本市場「侵略」を手がけてわかったこと

現在、私はLINE株式会社の執行役員として、LINE最大の売上収益源となっている広告事業の戦略部門を統括しているが、これまで日米双方のIT関連企業で、それぞれの企業の戦略的な事業や、戦略企画業務に携わってきた。

特に、この10年間は米国シリコンバレー発の企業のいわば「手先」として、日本市場の「侵略」

を手がけた10年間であったと言っても過言ではない。

グーグルでは日本法人の経営企画および営業戦略企画を統括する立場で、グーグルの日本市場でのプレゼンス拡大、そして広告事業の成長に向けた戦略の策定に従事してきた。ソフトバンクでは、アップルのiPhone（iPhone3GSからiPhone4S）とiPad（初代およびiPad2のセルラーモデル）のマーケティング・販売責任者として従事し、その後移籍したツイッターでは、日本法人の立ち上げと広告事業の責任者などを務めた。本書で論じるディスラプションを生き抜く三つの原則「人間中心で考える」「存在価値を見定める」「時空を制する」は、それぞれの企業での思考・行動原則につながるものである。

しかし、それらについて意識するようになったのは、これらのIT企業の戦略部門で働いたのち、ＰｗＣでコンサルタントとして多くの日本企業の方々と接するようになってからであった。自分にとっては当たり前であったことが、決して当たり前ではなかったということ。そして、それが今の日本企業の閉塞感や停滞感につながっているのではないかという想い。これが私が本書を執筆しようと思った動機である。

私自身、スティーブ・ジョブズ（アップル創業者）やマーク・ザッカーバーグ（フェイスブック創業者）のようにディスラプションを主導したわけでもないし、ディスラプションを起こすまでではなくとも、起業をするなどで莫大な富を築いたわけでもない。恐らくほとんどの読者と同じく、平均的な家庭に生まれ、大学卒業までは日本しか知らない生活をし、普通に就職をし、そのキャリアの過程で、たまたまディスラプターと目せられる企業で働いてきた一介のサラリーマンに過ぎない。しかし、そんな私だからこそ、読者にシェアできる視点は多いのではないかと考えている。

本書では、特にPart1を中心に太古の人類の歴史から印刷技術の発明、産業革命や20世紀前後の技術革新に至るまで、数多くのディスラプションの歴史とその背景について触れる。私が本書の執筆にあたって心がけたのは、先進のディスラプターたちの事例をかいつまんで話をした上で、それを法則化して明日からの実践を促す、というような安易なハウツー本、あるいは単なる自己啓発本にはしたくないということだった。

現代は、長い生命の歴史のほんの数十億分の一、あるいは人類の歴史の数万分の一に過ぎない。そして、その歴史の中で多くのディスラプションが起こり、数多くの勝者と敗者を生んできた。今を生きる私たちは、そんな歴史の中の小さな小さな粒に過ぎない。これから起こることも、これまで起こってきた数多くの変化の一つにしか過ぎないのだ。

だから、最新の事例は何か、答えは一体何か、と先を急ぎたくなるかもしれないが、少し辛抱して読み進めて欲しい。視座を広くとった上で、先を見通す癖をつけること自体が本書の目的でもあるからだ。

私たちに残された時間はあまりない。

本書は直接的な回答を、個々の読者に与えるものではない。

しかし、本書をきっかけに、企業人として、あるいは一人の個人として、次の行動に移る読者が少しでもいたならば、著者として望外の喜びである。

破壊――新旧激突時代を生き抜く生存戦略｜目次

プロローグ

Part 1

［生存戦略1］

人間中心に考える

――人類の歴史は「機能拡張」の歴史である

第2章 最強の思考法

ディスラプターに共通するデザイン・シンキング 77

Part 2

［生存戦略2］存在価値を見定める
―サバイバル時代の生存条件

第3章 存在価値のない企業は消え去るのみ
―生き残る企業の絶対条件

第4章

存在価値を作り出していく者たちの時代

新旧が激突するときの勝者の条件

Part 3

〔生存戦略3〕時空を制する
──支配者か奴隷かを決める分水嶺

第5章
消費者の時間を制した者が勝者となる
──「余暇」を巡る果てなき戦い

第6章

空間からネットワーク、そしてコミュニティへ

個人が主役になる巨大なディスラプション

エピローグ

Part 1

［生存戦略1］

人間中心に考える

人類の歴史は「機能拡張」の歴史である

第1章 勝者と敗者を分けるもの

生物の進化に共通する三つの技術進化

テクノロジーとは人間の感覚と機能の拡張である

マクルーハンの予言

カナダの英文学者であり、メディア論の大家でもあるマーシャル・マクルーハンは、テクノロジーとは「人間の機能および感覚の拡張」と考えた。事実、紀元前から現代に至るまで、人間は科学技術の進歩によって、人間自体が肉体的に持つ機能を拡張してきた。

太古の昔から人間は、絵画を描くことによって物理的に直接会うことのできない相手に物事を伝えたり、火によって草原を焼き払って道なき道を進んだり、また食物を調理することで安全に食べられるようにしたり、車輪によってより速く、より多くの荷物を運べるようにしてきた。つまり、マクルーハンにとってのテクノロジーとは人間が本来持ち得なかったレベルまで、人間の感覚・運動器官を外在化することを指す。

過去数千年にわたる人間の技術進化は、まさに人間の機能および感覚を持続的に拡張することで起こってきた。そして、これまでディスラプションを起こしてきた人類の進化の歴史は、基本的には三つの技術の進化の歴史だった。

それは、「インフォメーション」「モビリティ」、そして「エネルギー」である。

破壊を生む「インフォメーション」の進化

「インフォメーション」技術の進化とは、人間のコミュニケーションを行う機能、すなわち情報を認知するための目や耳、情報を伝えるために言葉を発する口、表情を示す顔や目、これらの拡張と言うことができる。

ここで言う「インフォメーション」(=情報)には単純な視聴覚など、あらゆる生物が認知伝達するような情報に加え、人間ならではの概念情報も含まれる。そして、これらの認知伝達を可能にする技術には、絵画や紙に書かれた文字のようなアナログ技術によるものと、コンピューターやインターネットなどのデジタル技術によるものがある。

具体的には、洞穴に描かれた絵画は、一人の人間が目にしたものや、そのときの感情を記録して他者に伝えることを可能にし、紙に書かれた数字は特定の価値を概念として伝える貨幣となり、商取引を支えた。

コンピューターは取得した情報を人間の脳に代わってより高速に処理を行い、インターネットは情報の伝送路としてリアルタイムに世界中の人々を結びつけることで、個々人が等しく世界中に向けて情報を受発信することを可能にした。

そして、ブロックチェーンは、金融取引を含むあらゆる取引（これは概念情報を含む情報の認知伝達だ）に参加するすべての取引主体が互いに対等な関係を維持しながら、中央集権的な機関に頼らずとも、信用を担保することを可能にした。

過去から現在に至るディスラプションの多くは、これらの「インフォメーション」技術の進化の上に成り立っていると言っても過言ではない。

移動を変える「モビリティ」の進化

「モビリティ」という言葉は、機動性や移動性という意味で使われることが多い。しかし、本書では人間自身ないし、人間が移動させたいと思うモノを物理的に移動させる能力を指す。それは陸上であれ、水上であれ、空中であれ、はたまた宇宙空間であれ、移動する能力のスピード、距離、あるいはそのための省力化技術のすべてを指す。

これは、自身が移動する際に使う脚はもちろんだが、モノを移動させたり、投げたりする腕力に該当する機能の拡張を意味する。例えば、車輪などは非常にわかりやすい「モビリティ」技術

図表1｜「人間の機能および感覚の拡張」と「三つの技術進化」

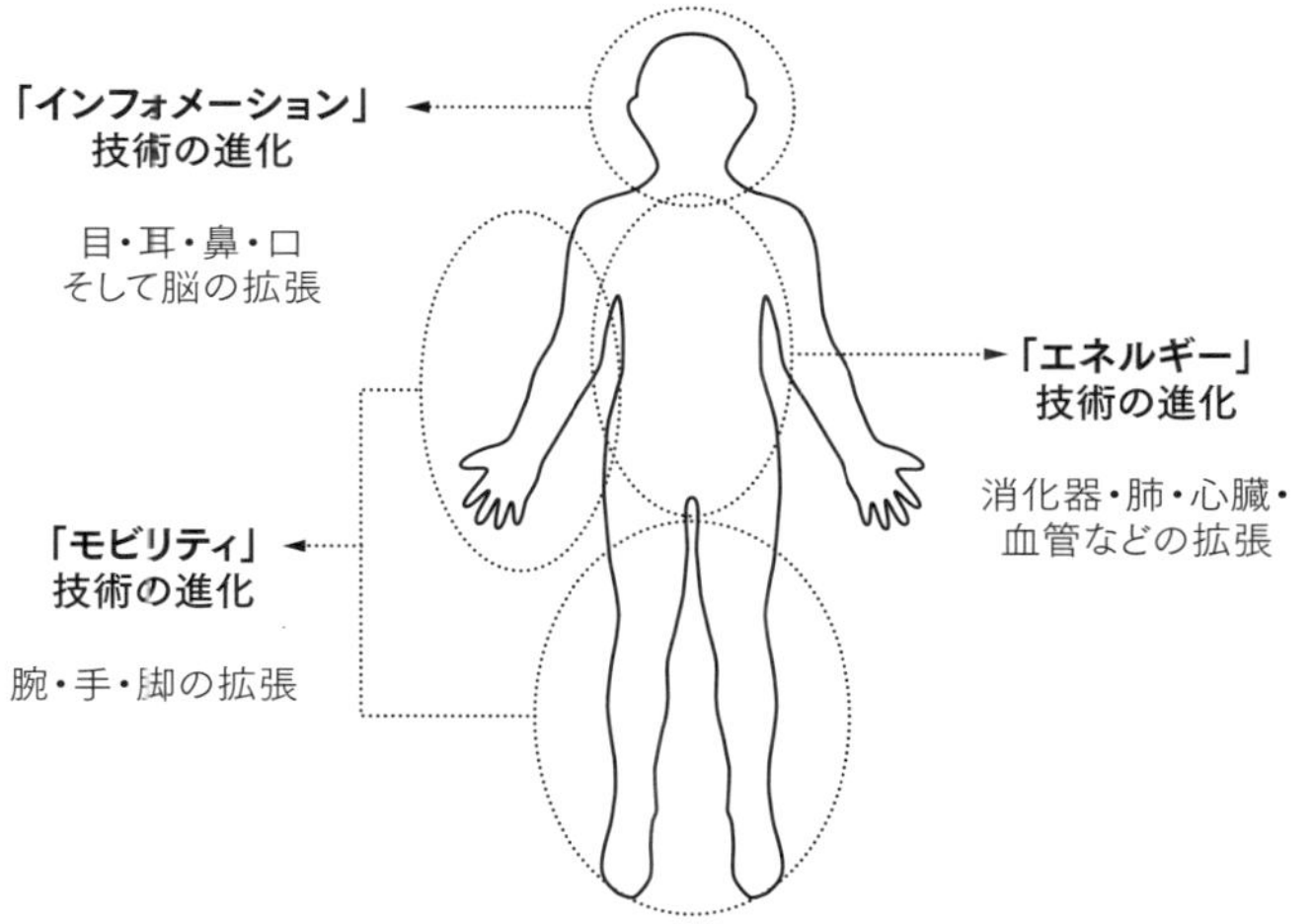

であるが、梃子《てこ》のように人間では不可能だった物理的移動を可能にしたような技術や、弓矢や銃のように、かつては人間の腕力だけに頼っていたものを、より強く、より遠く、より速く行えるようにしたものについても、本書では「モビリティ」技術の進化と定義する。

情報と移動を駆動させる「エネルギー」の進化

そして、これら二つの技術進化の背後には「エネルギー」技術の進化が存在する。コンピューターやインターネットは、現在のような大規模な電力供給なしでは不可能であるし、多くの人が持ち歩くスマートフォンにしても、軽量かつコンパクトで長時間操作が可能な電池の存在が不可欠である。蒸気船や蒸気機関車は石炭、航空機や自動車は石油というように、多様なその動力を生み出す資源（石炭、

図表2｜「三つの技術進化」の関係性

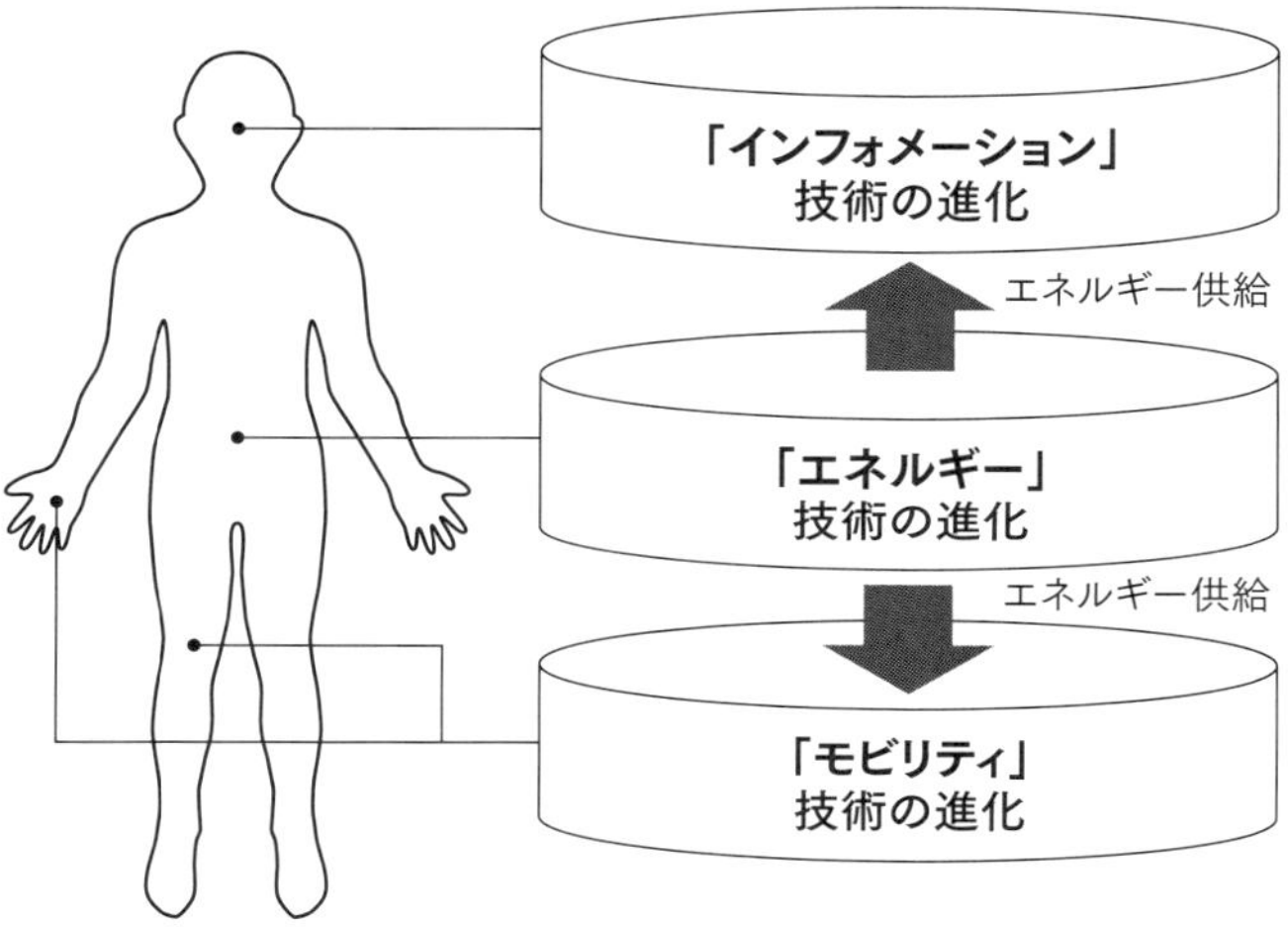

石油、原子力など）の活用技術は、技術進化として極めて重要となる。

一方、人間にとっての動力源は食料であり、それを消化して酸素と結合させて燃焼することであった。すなわち、脳や運動機能のエネルギー源となる食料を消化吸収する消化器と、酸素によってエネルギー転換を行う肺、そしてエネルギーを行きわたらせる心臓と血管といったところだろうか。

つまり、三つの技術進化はそれぞれが並列しているのではなく、むしろ「エネルギー」技術の進化を第一の源として、「インフォメーション」技術と「モビリティ」技術の進化が引き起こされるということだ。

これは人間の脳や腕や脚が、食事から栄養分を吸収しない限り機能しないことと同様だ。

生物はどのように生き抜いたのか？

「眼」が引き起こした史上最大のディスラプション

「カンブリア大爆発」という言葉を聞いたことがあるだろうか？

カンブリア大爆発とは、古生代カンブリア紀の初頭、約５億４０００万年～５億年前頃に、今日見られる動物の門（ボディプラン、生物の体制）の多くが一気に出現した現象を指し、その頃を境に数十単位に過ぎなかった生物種が万単位へと突如（数億年という生命の歴史から見ると）爆発的に増加したと考えられている。*1

このカンブリア大爆発が起こった要因については諸説あるが、近年有力な説となっているのがオーストラリアの生物学者アンドリュー・パーカーが２００３年、その著書『眼の誕生』*2で提唱した「光スイッチ説」である。パーカーはその著書のタイトルのとおり、「眼の誕生」がカンブリア大爆発を引き起こしたと主張している。その主張を簡単に説明すると、次のようなものだ。

38億年前の地球上で生命体が誕生した後、カンブリア大爆発以前から存在していた生物の中から、突如眼を持つものが現れる。眼を獲得した生物は、獲物を効率よく探すことが可能となる。

一方で被食者は、硬い殻やトゲを持ったり、海底の堆積物中に潜るなど、形態を多様化させることによって捕食から逃れようとする。あるいは、さらに精度の高い眼を獲得することで、捕食者から逃れる。もしくは捕食するために素早く動けるヒレを持つものが現れるなど、外部形態を多様化するようになる。このような「食うか、食われるか」が加速する食物連鎖の淘汰圧の中における生存戦略として、生物は形態を多様化、進化させるようになった。

これが「光スイッチ説」である。「光スイッチ説」の要は、単なる明暗を感じる光受容器と、結像機能を持つ眼を区別している点にある。結像機能を持つ眼というものがもたらしてくれる情報量は、単なる明暗という情報しか与えない光受容器に対して圧倒的だ。

より多くの情報を得て、それに対してアクションを取ることができるということは、生存戦略上、圧倒的に優位に働く。すなわち「眼の誕生」は生命の歴史において、情報の受信というメディア機能を自ら大きく進化させることによって、勝者と敗者を分ける壮大な「インフォメーション」技術の進化であり、それによって起こった「カンブリア大爆発」は生命体が進化する上で起こった、初めてかつ最大の「ディスラプション」であったのである。

何がホモ・サピエンスを地球上の勝者へと引き上げたのか？

それから大きく時を下った約5億年後。今から250万年前、現在の私たちに極めて似通った生物が東アフリカで初めて姿を現した。中学の歴史の教科書にも出てくる「アウストラロピテクス」だ。アウストラロピテクスはそれから200万年以上をかけて、多様な「人類」に進化・分化するが、今から20万年ほど前には、まさに私たち現生人類と同じ「ホモ・サピエンス」が姿を現していたという。

そして、今から7万年〜3万年前、このホモ・サピエンスに大きな変化が訪れる。ホモ・サピエンスは、ホモ・ネアンデルターレンシスを始め、他の人類種を一掃しつつ、ヨーロッパや東アジアへと移動すると、舟を発明してオーストラリア大陸に渡り、弓矢や針などの道具を発明した。一体このとき、ホモ・サピエンスに何が起こったのか？　その問いに対する有力な回答の一つが「言語」の獲得である。

もちろん、ホモ・サピエンスに限らず、どんな動物も何かしらの言語を持っている。類人猿やあらゆるサルは、様々な鳴き声を使い分けて、自らの意思を疎通させることができるし、クジラやイルカも海中で様々な音を使い分けて仲間と連絡を取っている。

ただ、人類種を含めた他の動物にはなく、ホモ・サピエンスだけにあったのは、その言語が極めて柔軟で、より複雑でより多くの情報を伝えることができた、ということである。それがホモ・サピエンスの咽頭部の構造によるものなのか、遺伝子の突然変異によるものなのか、ということはわかっていない。

しかし、重要なのはホモ・サピエンスが他の人類種を絶滅に追いやるというディスラプションを引き起こしたのが、言語という、自身が内心で感じ、思考しているものを、柔軟に発信・伝達・受信・共有を可能にした「インフォメーション」技術の進化にあるということである。

他の動物にはない言語の獲得は、カンブリア大爆発に匹敵するくらいのディスラプションを引

図表3｜人類の「インフォメーション」技術の獲得と進化

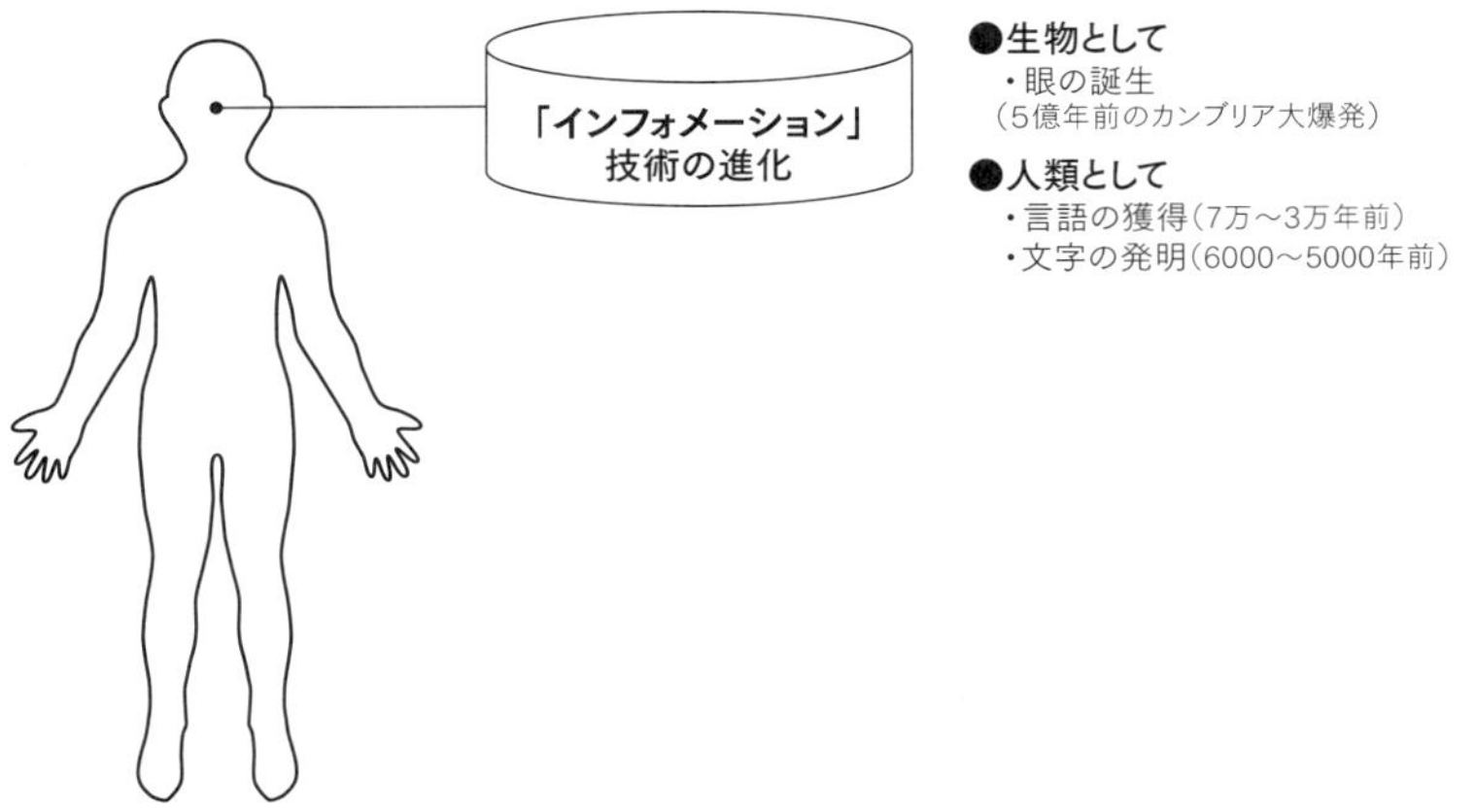

き起こし、ホモ・サピエンスを一躍、地球上の勝者へと引き上げる基盤を作ったのである。

「文字」が人類の機能を初めて拡張させた

ただし、「眼」も「言語」も、マクルーハンの言うところのテクノロジー＝「機能の拡張」ではない。人間にとって初めての「機能の拡張」、それは「文字」である。

人間が文字を発明したのは、今から6000～5000年前、紀元前4000年後半の後期新石器時代から青銅器時代にかかる時期のことだった。人間（ホモ・サピエンス）が「言語」を獲得したと想定される時代から、実に数万年も経てからのことである。

文字のそもそもの目的は、農作物や家畜の数を記録する勘定記録の道具としてであった。既にこの頃盛んに行われていた遠距離交易の記録や領収書代わりに文字は汎用されており、文字が取引の証拠＝市場を成立させるために生まれたということがうかがえる。

数字を含めた文字の発明は、取引という概念的な事柄も含めた様々な事象を、時と場所を超えて伝達することを初めて可能にした。特に、言語での口承伝達ではなかなか理解させることが難しい概念的な事柄を第三者と共有し、共通概念の上でともに生活することを可能にした意味は大きい。これは通貨という概念を作り出し、物々交換で個々人の記憶に依存していた状況から飛躍的に人間の経済活動の領域を広げることになる。

その後、国家や王の歴史の記録、法律文書（ハンムラビ法典）、神話体系（ギルガメッシュ抒事詩）など、文字は多くの支配者たちによる支配道具として活用されていく。しかし、文字を読み書きできるのは国家に仕える神官や官僚といったエリート層のみで、一般に広がったのは、今からわずか600年前の15世紀中盤のことだった。そして、この15世紀中盤に起こった「インフォメーション」技術の進化が、文字の普及をもたらし、人類の歴史始まって以来最大のディスラプションを引き起こすことになる。

人間を拡張させる「メディア」という強力な武器

聖書という人類初の〝マスメディア〟誕生

その嚆矢《こうし》となったのが、１４５５年のグーテンベルクの印刷技術による「42行聖書」である。「42行聖書」とは、ほとんどのページが42行の行組みであることからきており、ヨーロッパ初の活版印刷による聖書とされている。

これにより、それまで手書き版や口頭伝承に頼ってきたキリスト教が急速に世界各地へ布教され、ルネサンス期の文化の発展や識字率の向上にも貢献することになる。そしてグーテンベルクが発明した活版印刷術は、次第にヨーロッパ全土に広まっていく。

印刷所の経営には芸術家、僧侶、貴族、写字生、写本家たちがこぞって新しいビジネスとして参入、当時の高額所得者には印刷所経営者の名前が多く挙がっていたという。あたかも、現代のＩＴベンチャー起業ブームのようである。

活版による印刷物は１４５５年からの45年間に、４万点・１５００万～２０００万部が印刷されたと推定されている。その数は、グーテンベルク以前の１０００年間に作られた書籍の数よりも何倍も多い[*3]。そして、その大半を占めたのが、グーテンベルクが最初に印刷したものと同じ聖書であった。

聖書は神の言葉を一般大衆に伝えるメディアであり、元来は教会で働く聖職者の独占物であった。教会で神の言葉を聖職者の声で伝え、それを教会に集まる信者が耳を傾けて聞き、神の存在を確認する。そもそも文字そのものが、聖職者を始めとしたごく一部のエリートのものであり、一般大衆は声のみが、情報の伝達手段であった。神の言葉は聖職者の声のみで一般大衆に伝わり、聖職者の神格性をも高めることができたのである。

しかし、それが活版印刷の登場によって、すべてを変えてしまうことになる。一般大衆は自ら聖書を手に取って読むことを始めたのだ。そのことは、教会が一般大衆に神の存在を共有させ、信仰による共同体を確立し運営するのに役立った。

これは従来の聖職者の口述による音声伝達によって聖職者を神格化するよりも、活版印刷によって神を遍在化させることで、より強く人々を束ね、一つの方向に向かせることができる、ということを明らかにした瞬間であった。すなわち、聖書＝人類初のマスメディアの誕生である。[注1]

その結果、特にその当時主流だったカトリック教会は、人類初のマスメディア企業となった。そして、ヨーロッパの冒険家たちは、この人類初のマスメディア企業のセールスパーソン（宣教師）とともにアメリカ大陸やアジアへと侵略を進めていく。高い志を持った宣教師は別として、彼らの主な目的は侵略先の資源の略奪、奴隷貿易などの搾取であり、キリスト教の布教自体を目

注1　なお、聖書のこれまでの発行部数はギネスブック（1999年版）によると少なくとも50億冊、最大で約3880億冊といわれ、2位以下を大きく引き離して圧倒的1位である。

的にはしていない。しかし、鉄砲片手に支配し、暴虐の限りを尽くしつつも、安定的に現地を運営することが支配者には求められる。

そこで、先住民に聖書の教えを信じさせることで、共同体を確立し運営するのに協力させる状況を作っていったのである。そうして、それまで独自の文化と文明で栄えていたアメリカ大陸やアジアの一部は、ヨーロッパで興った「インフォメーション」技術の進化で広まった聖書によって支配されることになったのである。

図表4は、西暦1年から2000年に至るまでの全世界の人口と、一人当たりのGDPを示したものである。これを見ると、西暦1年から1000年は世界の人口はほぼ一定かつ、一人当たりのGDPについてはむしろ低下しているくらいであったのが、コロンブスがアメリカ大陸を発見した直後の1500年には人口・一人当たりのGDPともに微増していることがわかる。

そして、それから産業革命が起こる18世紀中頃までにかけて、少しずつ人口・一人当たりのGDPともに、同様の成長率で増加していることがわかるだろう。

しかし、この経済成長の陰で、アメリカ大陸などの先住民は、ヨーロッパから持ち込まれた疫病による大量死、ヨーロッパの侵略者たちによる大虐殺や奴隷売買など、想像を絶するような不幸に見舞われる。侵略者たちが、その地に乗り込むまで、平和に暮らしていた彼ら先住民は瞬く間にその平和を破壊されてしまったのである。

これまで人間の歴史上起こってきたディスラプションには、常に文字どおり破壊される側の敗

図表4｜西暦1年〜2000年 世界の人口と一人当たりのGDP

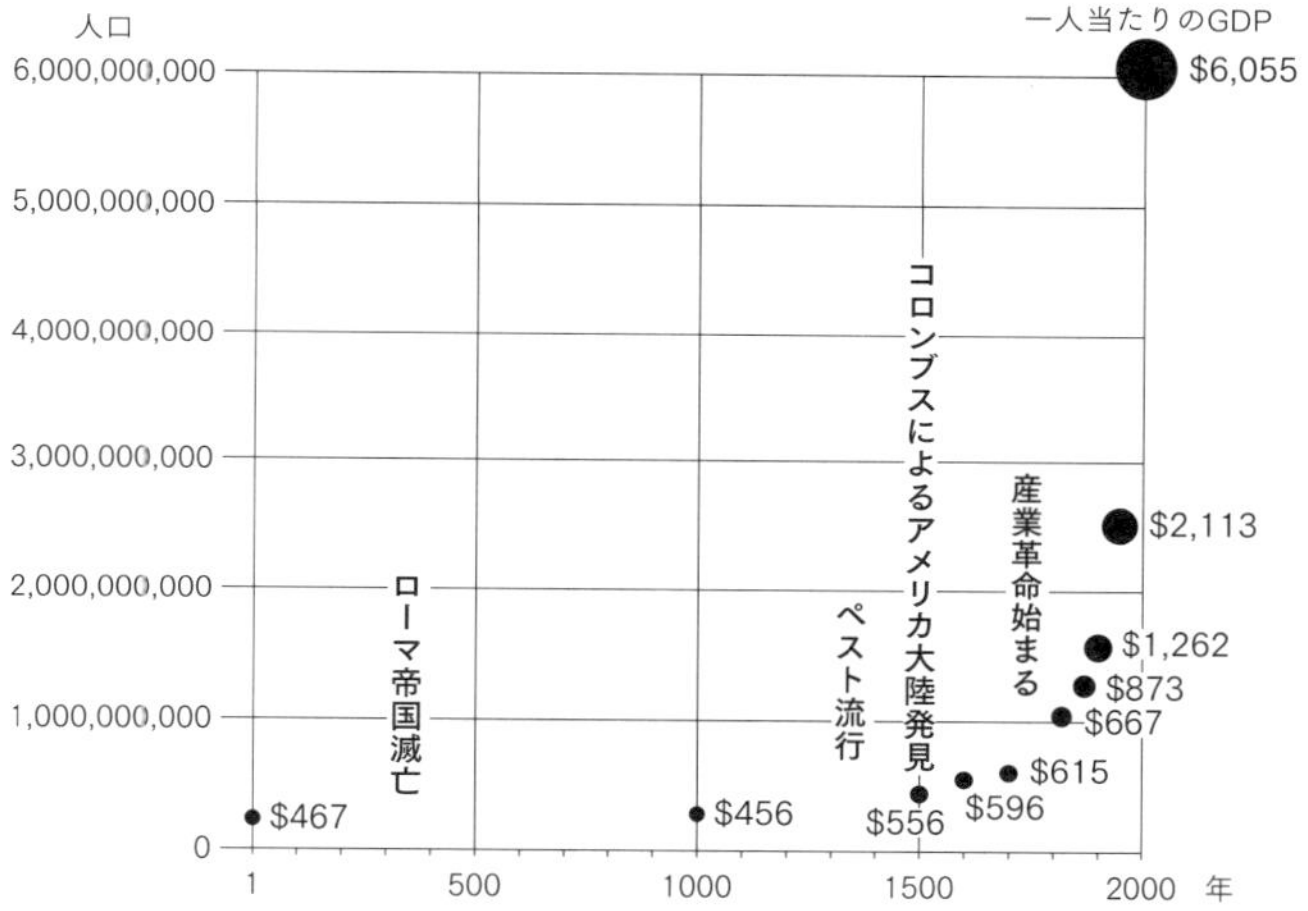

注：http://visualizingeconomics.com/blog/2007/11/11/two-thousand-years-of-growth-world-incomepopulationに記載されたグラフをそのまま利用。

者と、破壊し創造する側の勝者がいる。そして勝者となることは常に、進化を自ら生み、育て、手なずけた者だけに許されたのである。

耳と目に訴えるラジオと映画の誕生

ところが、「インフォメーション」技術の進化は、グーテンベルクの活版印刷から停滞することになる。実に400年以上という長きにわたり、人々は意思伝達手段として文字と印刷物に頼り続けたのである。

しかし、その間、活版印刷の持続的な技術向上は、それまでの硬貨による貨幣経済から、容易に増刷が可能な紙幣による貨幣経済へと、大きな変化を引き起こしていた。これが産業革命と、それに伴う大きな経済成長の背景になったことは疑いようもない事実である。

そして、産業革命は「電気」という新しい

「エネルギー」技術の進化を生み出す。石炭エネルギーを電気へと変換する発電と、発電した電気の配電が可能になったことで、「インフォメーション」技術は急激に進化する。まず、18世紀初頭からテレグラフの研究が始まり、19世紀中盤にはサミュエル・モース（モールス）が発明したモールス通信機とモールス符号による、有線の通信技術が発明された。ただし、それはまだ、あくまで文字（を導き出す符号）に過ぎなかった。

そこで生まれたのが、ラジオである。20世紀も間近な19世紀後半に入ってのことだった。ラジオは、従来の有線通信ではなく、空間を通じた電磁波による無線通信であり、今まで直接届けることが困難だった遠方に、声をリアルタイムに届けられるという、「話す」という人間の機能を大幅に拡張した。まさに活版印刷以降、久々の「インフォメーション」技術の進化であった。

一方、ラジオのような耳に訴える「インフォメーション」ではなく、目に訴える「映画」についても、同じく19世紀後半から、多くの研究が始まった。

映画は、20世紀に入ると、録音技術という当時としては新しい「インフォメーション」技術の進化とともに、さらに発展することとなる。１９２０年代までは画像のみで音声のないサイレント映画というものが映画の主流であったのが、１９２０年代後半に録音による音声を映画と組み合わせたトーキー映画が登場すると、急速に普及する。

面白いのが、このときにもサイレント映画に固執した人々がいたことである。紙からデジタルコンテンツ化が進む現代にも見られるような現象だが、そうした人々の多くは、サイレント映画の音楽伴奏の楽士や日本映画産業に特有の職業であった活動弁士を生業とする人々で、なかには誰もが知る20世紀初頭の映画人チャールズ・チャップリンも含まれていた。

チャップリンはトーキー映画隆盛の1931年、サイレントに固執して3年がかりで撮った『街の灯』で興行的な成功をおさめるが、これ以降、映画の表舞台に出ることは減っていく。さすがのチャップリンも、トーキーというディスラプターには勝てなかったのである。

ナチスはメディアを国民操作に利用した

そんな時代、第一次世界大戦で敗北したドイツにおいてナチスが勃興する。

ナチスが自らの主義・思想を喧伝し、国民をコントロールするものとして最も重視したのが、映画とラジオだった。ナチス党首アドルフ・ヒトラーは、その自らの著書『わが闘争』[注2]において、観衆は映画によって「潜在意識と感情に働きかけられ、操作可能になる」として、映画の効果を極めて重視し、政権を取る1933年以前から映画館ではナチ指導者によるコマーシャルフィル

注2　アドルフ・ヒトラー著の『わが闘争』によると、プロパガンダとは「全国民に教義を強要」し、「思想の視点から一般市民に作用し、この思想の勝利に向けて一般市民を準備させるもの」であり、「真実が他者を利する限り、大衆に向かって教条的に正しく客観的にこれを追求するためではなく、絶え間なく大衆を自らの意のままにするためにある」とされている。

ムを流させていた。

第二次世界大戦突入後の1942年、すべての民間映画企業を国有化することでドイツの映画制作はナチスがすべて握ることになり、映画プロパガンダを可能な限り拡大するため、1500以上の移動映画部隊が動員されたという。

そして、ドイツ国民の身近により浸透するメディアとなったのが、ラジオである。ナチスが急ピッチで開発を推進し、実用化当初から大量生産されたのが、「ナチス特製ラジオ＝国民受信機」であった。このラジオの価格は従来のラジオの4分の1と格安に抑えられ、国民のほとんどが手にすることができた。そのためラジオは、すぐにナチスのプロパガンダで影響力の大きなメディアへと成長することになったのである。

ナチスのアウシュビッツ強制収容所から生還したイタリアの化学者・作家プリモ・レーヴィが「史上初めてヒトラーがかくも権力を持ち、暴力的行為を成し得たか、それはマスコミュニケーションという強大な武器を手にしていたからである」[*4]といみじくも言ったように、20世紀に8000万人に及ぶといわれる犠牲者を生んだ第二次世界大戦は、20世紀とともに花開いた映画とラジオという「インフォメーション」の技術進化によって引き起こされたと言っても過言ではない。

しかし、「インフォメーション」技術の進化を味方につけて、破竹の勢いでヨーロッパを征服し続けたヒトラーは敗戦濃厚となった1945年3月頃からラジオ放送を止め、[*5]同年4月30日、ベルリンの総統地下壕内で自殺、ドイツ軍は全軍降伏する。そして１９４５年8月15日正午、ドイツの同盟国であった日本がポツダム宣言受諾を伝え、昭和天皇による終戦の詔書をラジオで全国民に伝えた。これはまさに、この時代を映し出す、実に象徴的な出来事だったと言えるだろう。

テレビによって人間拡張は最終相へ

第二次世界大戦終結後、世界はいわゆる冷戦時代を迎え、絶え間ない地域紛争を経験しながらも、かつてない経済成長を続けることとなる。終戦からおよそ20年後の１９６４年、本章の冒頭で触れたマクルーハンは、その著書『メディア論』のはしがきで、以下のように述べている。

> 西欧社会は、三千年にわたり、機械化し細分化する科学技術を用いて「外爆発」(explosion)を続けてきたが、それを終えたいま、「内爆発」(implosion)を起こしている。機械の時代に、われわれはその身体を空間に拡張していた。現在、一世紀以上にわたる電気技術を経たあと、われわれはその中枢神経組織自体を地球規模で拡張してしまっていて、わが地球にかんするかぎり、空間も時間もなくなってしまった。急速に、われわれは人間拡張の最終相に近づく。それは人間意識の技術的なシミュレーションであって、そうなると、認識という想像的プロセスも集合的、集団的に人間社会全体に拡張される。*6

マクルーハンをして「人間拡張の最終相」と言わしめた事態、それは一体何だったのだろうか？彼は以下のように続ける。

地球は電気のために縮小して、もはや村以外のなにものでもなくなってしまった。電気のスピードがあらゆる社会的及び政治的作用を一瞬にして結合してしまうために、人間の責任の自覚を極度に高めてしまった。ほかならぬこの内爆発の要因が、黒人、ティーンエイジャー、その他のグループの立場を変えるのである。それらの者たちはもはや封じこめる（連想に制限のある政治的な意味で用いる）ことができない。いまやその連中がわれわれの生に巻きこまれているのは、われわれがその連中の生に巻きこまれているのと同じだ。それは電気メディアのせいである。

ここで述べられている「電気メディア」。まるでインターネットについて語っているようにも思われるが、これは実はテレビのことである。電気という20世紀の「エネルギー」技術の進化が引き起こした「インフォメーション」技術の進化の象徴＝テレビは、地球全体を村と言えるほど小さいものにしてしまったという事実は、マクルーハンをして「人間拡張の最終相」と言わしめるほどのものだったのである。

事実、テレビは大量生産・大量消費・大量廃棄という20世紀後半を象徴する経済社会そのものを作り出したディスラプターであり、グーテンベルク以来のマスメディアの進化の最終形でもあった。

テレビ番組は各家庭にあらゆる人間の欲望と感情を、毎日競って届けた。もちろん、これはラジオや映画でも可能なものであったが、音と映像がセットになって世界中の家庭のお茶の間に届けられるという事態は、人類始まって以来のことであった。

テレビCMが消費者を思うままに操る

そして、テレビの出現によって、広告表現は単純な告知型から人々の欲望を喚起し消費を促す欲望創出型へと変化することとなった。広告はローマ時代のポンペイの遺跡からも発見されたといわれるほど古いものであったが、それはあくまで単純な告知型であった。

しかし、テレビの広告（テレビＣＭ）は消費者に「消費」の意義を説き、消費を促すコミュニケーションとして作用した。もちろん、その情報発信主体は企業であり、情報受信主体は消費者である。利潤の最大化を目指す企業は、消費者を対象に消費を促進させることを目的とした一方向のコミュニケーションによって、消費者を思うままに操ったのである。

そもそも、テレビ局の経営は広告によって支えられている。番組がより多くの人に見られれば広告の価値は高まり、投じた広告で人々がモノを購入すれば、さらに広告の価値は高まるという循環を生み出す。結果として、テレビＣＭは広告を一大産業とするだけの一種の社会経済メカニ

図表5｜「インフォメーション」技術の進化：メディアの誕生から電気メディアまで

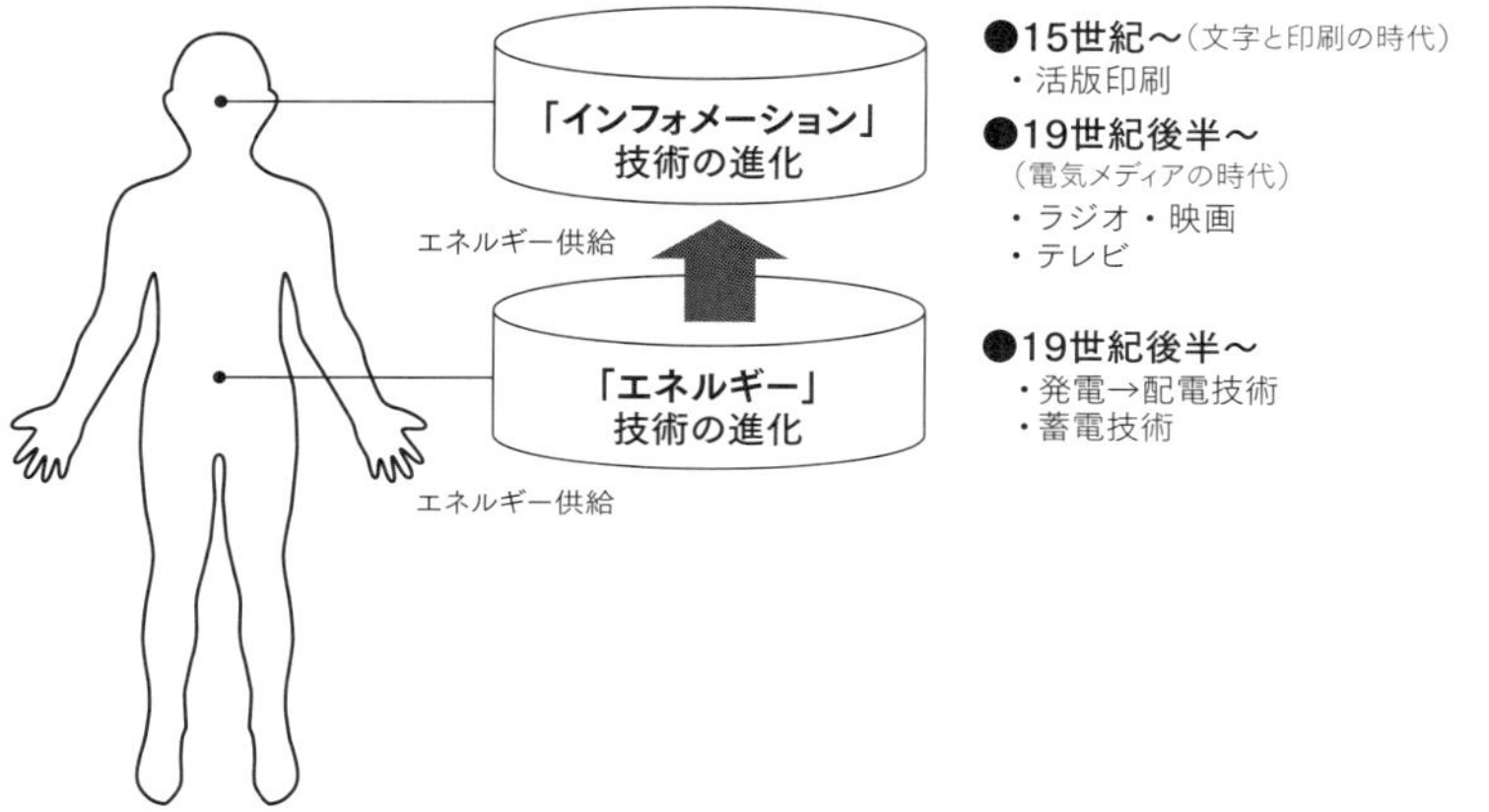

ズムの一つとして機能するに至った。

現在の先進資本主義諸国はどこも一定の広告投下額を示しており、常に国内経済の動向と連動している。日本の2017年の広告費は6兆3907億円で、[*7]国内総生産[*8]（GDP・名目）に占める比率は1・17％。広告費投下額の調査が始まった1955年以降を見ても、毎年の広告投下額はGDPの1％台前半で一定している。米国に至っては広告費のGDP比率は、ここ20年来、2％前後で一定しており、世界でも圧倒的に多い投下量となっている。

広告が社会経済システムに取り込まれたことで、人々が「消費」に第一義的な価値を置き、豊富な商品＝モノの所有とそこから得られる満足感というスパイラルが生成され、大量生産・大量消費・大量廃棄というメカニズムが20世紀後半に構築されるようになる。そして、日本企業はそのメカニズムの構成プレイヤーとして圧倒的な勝者だった。すなわち、生産、物流、流通といった物理的・時間的な品質管理と正確性が求められる領域である。

ここで注力されるのは、「いかにより多く、より早く、より確実に供給するか」が大事で、その視点は常に「供給者」＝企業側からのものであるが、その徹底が生存戦略上、この時代重要なものだったのである。

人間は言語という、自身が内心で感じ、思考しているものを、発信・伝達・受信・共有する手段、すなわちメディアを手にして以来、その技術を文字から、大量印刷、音声記録などと進化させてきた。人間の歴史は、自らの感情や思考の伝達・共有機能の拡張の歴史であり、テレビはその歴史上、極めて大きなインパクトを与えるものだったのである。

勝者と敗者を分ける「モビリティ」の進化

直立二足歩行がもたらしたディスラプション

何度も繰り返すとおり、テクノロジーは「人間の機能と感覚を拡張したもの」であり、人間になにゆえに人間になったのかという視点は、実に多くの示唆を与えてくれる。

それを踏まえ、もう一度、話を人類の誕生に戻そう。今から２００万年前、アウストラロピテクスの子孫の一つである「ホモ・ハビリス」が東アフリカを出て、ヨーロッパ、アジアへと進出し、住み着いた。住み着いた先は、元々いた故郷とは異なる気候、自然環境であるため、その地域に適合した形で、それぞれの地域のアウストラロピテクスの子孫は、別々の進化を遂げるようになる。

元々アウストラロピテクスを生み出した東アフリカは、現在「人類のゆりかご」と呼ばれ、ホモ・ハビリス以外にも数多くの人類種が進化し続けた。現生人類である私たち「ホモ・サピエンス」もその一つで、その誕生は今から180万年~20万年前とされている。

歴史学者であるヘブライ大学のユヴァル・ノア・ハラリ教授の『サピエンス全史』*9によると、ホモ・サピエンスはホモ・ハビリスから直線的に進化を遂げたのではなく、200万~1万年前頃まで、地球上には複数の人類種が同時に存在していたという。そして、ヨーロッパとアジア西部にホモ・ネアンデルターレンシス（いわゆる「ネアンデルタール人」）、東アジアにはホモ・エレクトス、インドネシアのジャワ島にはホモ・ソロエンシス、シベリア地方にはホモ・デニソワが存在したという。彼らは「人類のゆりかご」東アフリカを出自としつつ、それぞれ異なった遺伝子と体格を持つ人類種であった。

これらすべての人類の身体的な共通点は、直立二足歩行を行う点であった。[注3] なかでも、ホモ・エレクトスはその名のとおり（エレクトス=直立の意味）間違いなく直立二足歩行をしていたことが明らかな最初の人類の祖先であり、住み着いた先の東アジアでは実に200万年近く生き延びたという。

人類とその先祖である類人猿を分ける直立二足歩行という移動形態は、まさに生物としての「モビリティの進化」であり、それがその後の人類の繁栄のもととなる生物界における「ディスラプション」を引き起こしたと言える。

直立二足歩行によるモビリティの進化によって、人類が得た果実についての面白い考察の一つが、ユタ大学のデニス・ブランブルとハーバード大学のダニエル・リーバーマンが2004年に唱えた仮説である。それは、初期人類は動物の遺体から屍肉を集め、石を使って骨を割り、栄養価の高い骨髄をすするという腐肉食生物であったとするものだ。

この仮説によると、人類は競合者に先駆けて動物の遺体を手に入れるため、発汗による高い体温調整能力を始め、弾性のあるアキレス腱や頑丈な脚関節といった「速いピッチでの長距離移動の能力」に特化して、広い地域を精力的に探し回る生物として進化したという。*[10]

そして、この「速いピッチでの長距離移動の能力」を直立二足歩行によって進化させたことで、人間が東アフリカから地球全土に広がる繁栄の基礎を築いたという点では、この「モビリティ」技術の進化は人間にとって極めて重要な進化である。

しかし、ここで見過ごしてはならないことがもう一つある。「石を使って骨を割り」という記

注3　このことはもちろん、人類と類人猿は、生物学的には直立二足歩行ができるか否かによって区別されるということにもよっている。

述である。人類は直立二足歩行によって、前足、すなわち人類にとっては手、が歩行から解放され、その手で石を掴み骨を割ったのである。そして、その自由になった前足はモノを掴むだけでなく、モノを運ぶことにも使えるようになる。つまり、見つけた獲物のそばで骨髄をするだけではなく、それを安全な住居まで運び、集団で分け合うことも可能となったのである。

非直立の二足歩行をする生物ということでは、人類以前の地球の覇者・恐竜にも存在するし、哺乳類の中にもカンガルーなどが存在するが、これらと比べても人類は自らの体格および体重に対して、より大きな腕を持ち、重量物の運搬能力が高い。

そして、自由になった腕そして手によって、人類は石を掴み、投げることも可能となった。人類は他の生物より際立って投擲《とうてき》が得意であり、有史以前から投擲によって狩猟や戦闘を行っていたという。[*11] このことは道具の高度化と並行して、人類が狩猟・自衛能力を獲得する上で重要な要素であったと考えられる。

石で骨を割り、重い食料を運び、そして投擲によって外敵を追い払ったり、狩猟を行ったりする。これらは人類以外の生物には極めて困難な仕事である。つまり、人類の直立二足歩行は、生物の歴史において、純粋な物理的な移動以外の副次的なインパクトをもたらしたということだ。

ただし、重量物を運ぶという行為は、その個体の仕事をする能力そのものであるため、マクルーハンの言うところの「人間の機能および感覚の拡張」ではない。しかし、他の生物にはできないことを可能にしたという点では、極めてディスラプティブなものであったと言えよう。

「火の利用」がモビリティを進化させた

直立二足歩行という「モビリティ」技術の進化とともに、人類は初めての「エネルギー」技術の進化を経験していた。それが「火の利用」である。

既に80万年前には一部の人類種が火を使い始め、約30万年前には、ホモ・サピエンスの祖先が、日常的に火を使うようになっていたという。火によって、人類は日没後の光と、寒い冬の暖かさ、そして捕食者を追い払うための武器を手に入れた。また、うっそうと茂った植物を焼き払うことで、食物と住むべき場所を求め、より遠くへと移動していくことが可能になったのである。

そして、火を使った調理によって、人類は自らの消化器では消化できなかった穀物を食料に変え、病原菌や寄生虫を殺して伝染病を防ぐだけでなく、ナマのままだと負担の大きかった食料の消化を楽にすることで、食事も短時間で済むようになった。火の利用によって、他の動物と比較して、エネルギーを効率的に素早く摂取できるようになった人類は、時間あたりの仕事量も大きく向上させることになったのである。

つまり、「火の利用」という人類初の「エネルギー」技術の進化は、人類がより遠くへ移動し、より多くの仕事をするという「モビリティ」技術の進化をもたらしたのである。

三大発明による破壊と大航海時代

次に人類が体験する「モビリティ」の進化は、「火の利用」から数十万年の時を経た、いわゆる大航海時代のことだった。大航海時代は、グーテンベルクの活版印刷の時代と一致する。そして、当時ヨーロッパで発明された羅針盤と火薬は、活版印刷と合わせて「ルネサンスの三大発明」と呼ばれ、注4 この「三大発明」は、当時世界の辺境の一つに過ぎなかったヨーロッパ諸国を、より豊かなアジアへ、そして新大陸＝アメリカ大陸へと向かわせる「大航海時代」へと突入させた。

ルネサンスの三大発明を、本書の「三つの技術進化」に当てはめると、活版印刷が「インフォメーション」の進化であるのは既に見てきたとおりだが、羅針盤は航海術を飛躍的に高めたということで、「モビリティ」技術の進化といえよう。それ自体が移動能力に関わるものではないが、方角という情報を得ることによって「モビリティ」を進化させる結果をもたらしたものと言える。

そして、火薬は鉄砲のような特殊な訓練を必要としないにもかかわらず、それまでにはない殺傷力を持つ武器として、渡航先を武力で制圧することになる。従来の自らの腕からの投石、そして投擲機、弓矢といった物理的移動スピードと標的に与える衝撃によって、相手を殺傷する武器の進化は、言ってみれば「モビリティ」技術の進化である。そして、火薬はこの「モビリティ」に長足の進化をもたらしたのである。

この「大航海時代」は、１４９２年のコロンブスのアメリカ大陸到達を皮切りに、１５１９年のマゼランによる世界周航までの、わずか四半世紀の間に、「モビリティ」技術の進化による恩恵として、多くの成果を達成する。しかし、既に見たとおり、その成果は多くの先住民の平和な暮らしが文字通り破壊されるという多大な犠牲の上に成り立っていた。

しかし、人類にとって、この「大航海時代」は、「モビリティ」技術の進化の序曲でしかなかった。人類は、より強大な「モビリティ」技術の進化を、18世紀後半から19世紀にかけて体験する。いわゆる「産業革命」である。この時代、人口は格段に成長し、一人当たりＧＤＰも飛躍的に拡大していく（前節の図表４参照）。マクルーハンの言うところの「機械の時代」の到来である。

ディスラプションを恐れる人々の暴動

産業革命は、綿織物業におけるちょっとした技術革新を端緒として始まった。元来、両手を使ってたて糸の間によこ糸を通す作業に使っていた「シャトル（杼《ひ》）」と呼ばれる道具を飛ばす機構が考案されたことで、片手でより広い範囲を織ることが可能になったのである。

これが「飛び杼」と呼ばれるもので、飛び杼の普及によって綿布生産のスピードが大幅に向上、需要の拡大もあいまって、生産能力の不足に見舞われることとなる。その結果、エドモンド・カートライトが蒸気機関を動力とした世界初の動力式の力織機（Power-loom）を１７８５年に発明すると、さらに生産能力を拡大することになる。

注4　活版印刷技術、火薬、羅針盤の三つの発明を「ルネサンスの三大発明」と呼ぶが、それぞれは既に中国で発明されていた。金属活字による印刷はグーテンベルクを遡ること２００年以上前の13世紀、羅針盤については、11世紀の中国の沈括の『夢渓筆談』にその記述が現れるのが最初とされる。また、火薬についてはさらに遡り7世紀には黒色火薬が発明されていたと考えられている。この三つの発明に紙を加えて、古代中国の四大発明と称される。

この時代は、何か問題点が発生すると、それを解決するための改良が行われる、ということの繰り返しにより、生産性が加速度的に向上するという相乗効果が生まれた時代でもあった。

この頃、蒸気機関は、ジェームズ・ワットによる改良で、エネルギー効率が大幅に改善され、動力源として革命的なものになっていた。ジェームズ・ワット以前の炭鉱では馬が動力として利用されていたが、馬の飼料が高騰したことを受けて、馬に代わる動力として安価に入手できる石炭を使った蒸気機関に炭鉱経営者が着目したことが、蒸気機関の普及を促進させた。蒸気機関によって、大量の石炭が使用され、炭鉱で蒸気機関が使われることで、より生産性高く石炭を産出するという好循環が生まれたのである。

産業革命は、このように元々はちょっとした機械的な改良のアイデアを端緒としているが、究極的には石炭と蒸気機関という「エネルギー」技術の進化によるディスラプションから始まった。そして、このようなディスラプションは少数の勝者と多数の敗者をもたらす。

前述のエドモンド・カートライトによる蒸気機関を動力とした力織機500台を導入した工場を、ロバート・グリムショーが1790年にマンチェスターに建設しようとしたが、わずか30台を導入した段階で、火災によって工場を失うという事件が起こった。この火災は手織機の職人が職を失うことを恐れて放火したものと見られているが、[*12] この動きはのちのラッダイト運動につながっていく。

ラッダイト運動は英国では時に力織機暴動（Power-loom-riots）とも呼ばれ、失業の恐れを感

図表6｜1823年ランカシャーにおける暴動の様子

じた手工業者・労働者が起こした機械破壊運動である。まさに「エネルギー」技術の進化によるディスラプションに職を失う恐怖に駆られた人々が起こした暴動だったと言える。

それはあたかも、現代においてＩＴを始めとしたテクノロジーの進化によって、自らの業界の存亡や、個人の雇用機会の喪失を恐れて、物理的な暴力には訴えないまでも、ディスラプションの進展に対して異議を唱え、法的規制に向けたロビーイングを行ったり、規制を盾にディスラプターの経済活動を阻止しようとしたりする姿と重なる。

例えば、２０１７年９月、日本旅館協会が、Airbnbなどの民泊の営業ルールを定めた住宅宿泊事業法（民泊新法）の政省令案の公表を受けて、当該協会の各都道府県支部長に地元自治体などへの陳情を要請する文書を発出したという。*13

その陳情では、民泊を悪用した犯罪、民泊による騒音やゴミ問題といった住民生活への影響に対する懸念に加え、民泊と旅館・ホテルの競争条件の平等化などの要望も入っているというが、まさにこれは現代のラッダイト運動と言えよう。

石炭と石油による「移動」のディスラプション

ともあれ、19世紀の産業革命に話を戻すと、ラッダイト運動に代表されるディスラプションへの抵抗も虚しく、石炭＋蒸気機関による「エネルギー」技術の進化は新たな「モビリティ」技術の進化をもたらすことになる。最も早く実用化されたのは蒸気船であった。

初期の蒸気船は外輪船だったことから、運行は内陸河川に限られ、石炭の積み下ろしに時間がかかった。また、スピードもクリッパーと呼ばれる快速帆船には敵わなかったため、スクリュープロペラが主流となる１８４０年代までは蒸気船が帆船を駆逐することはなかった。

しかし、１８５３年に浦賀沖に現れた4隻の米国の蒸気船が、時の江戸幕府の肝を潰したことを思い起こせばわかるように、10年もしないうちに、蒸気船は完全に主要な海洋交通手段となる。

そして、蒸気機関は陸上交通機関にも応用されるようになる。数多《あまた》の先駆者たちによる試行錯誤の後、１８２５年に「鉄道の父」と呼ばれるジョージ・スチーブンソンが、ストックトン・アンド・ダーリントン鉄道に蒸気機関車を走らせると、蒸気機関車と鉄道という組み合わせの陸上交通機関のフォーマットは、瞬く間に世界中へ広がっていくことになった。

その後、産業革命でもたらされた技術進化は持続的進化を続けながらも、大きな変化をもたらすことはなかったが、20世紀に入って起こった「エネルギー」技術の進化が、顕著な変化をもたらすことになる。石炭から石油への燃料の移行である。

石油の採掘技術が発展し、米国国内、中東、インドネシアで大規模な油田が開発されると、石油は大量に安価に入手できるようになった。石油は液体であるため、貯蔵・移送に便利な上、発熱量が大きく、煤煙が少ないので石炭に代わる燃料として使われるようになったのである。

例えば、世界の海軍の主要艦艇の燃料は１９１０年代までは石炭であったのが、少しずつ重油に切り替わり、日本でも１９２０年代以降に建造された艦の燃料は、ほとんどすべて重油に切り替わっていったという。

そして何よりも石炭から石油へという「エネルギー」技術の進化がもたらした「モビリティ」の進化として重要なのは、航空機の誕生である。１９０３年に初飛行したライト兄弟の飛行機の燃料には既に石油燃料であるガソリンが用いられていた。重い石炭を燃料としていては、ライト兄弟の飛行は到底実現しなかったであろう。

そして、ライト兄弟の初飛行からわずか十数年後、第一次世界大戦で航空機は既に兵器として使われるようになり、次の第二次世界大戦では戦闘の主役に躍り出るようになる。この人類最初で最大の戦争において、陸上・海上を問わず制空権を握った側が戦いに勝利することになったのである。

この戦争で叩きのめされたドイツと日本は、石油を自給する能力がなく、石炭からガソリンや軽油に類似の燃料を合成し、軍用燃料にしようとしたが、性能面以上にコスト面で問題があり、最後は燃料枯渇により、ろくに航空機も飛ばせないような状況に陥った。空を飛ぶ、という人間の歴史始まって以来の「モビリティ」技術の進化の勝者が結局、戦争の勝者となったのである。

そして、航空機（とそれを支える航空網と空港など航空関連施設）は戦後、国家間の経済競争の優劣を決する要素の一つとなり、石油産業は20世紀の中心の産業となった。

20世紀の王者が入れ替わるとき

20世紀後半は、先にも触れたとおり、大量生産・大量消費・大量廃棄の時代であった。戦時中に発明された原子力という「エネルギー」技術の進化と、その時々の国際政治情勢の変化を背景として、核戦争への恐怖をたまには思い出しながらも、消費者は大量生産・大量消費・大量廃棄の時代を享受した。

そして、その時代の王者は、「インフォメーション」の進化の観点ではテレビ、そして、「エネルギー」と「モビリティ」の進化の観点では石油とクルマであったと言えよう。消費者は、1日の5分の1から6分の1に相応する時間をテレビに奪われ、プラスティック製品はもとより化粧

図表7｜「モビリティ」技術の進化：二足歩行から自動車・航空機・核兵器まで

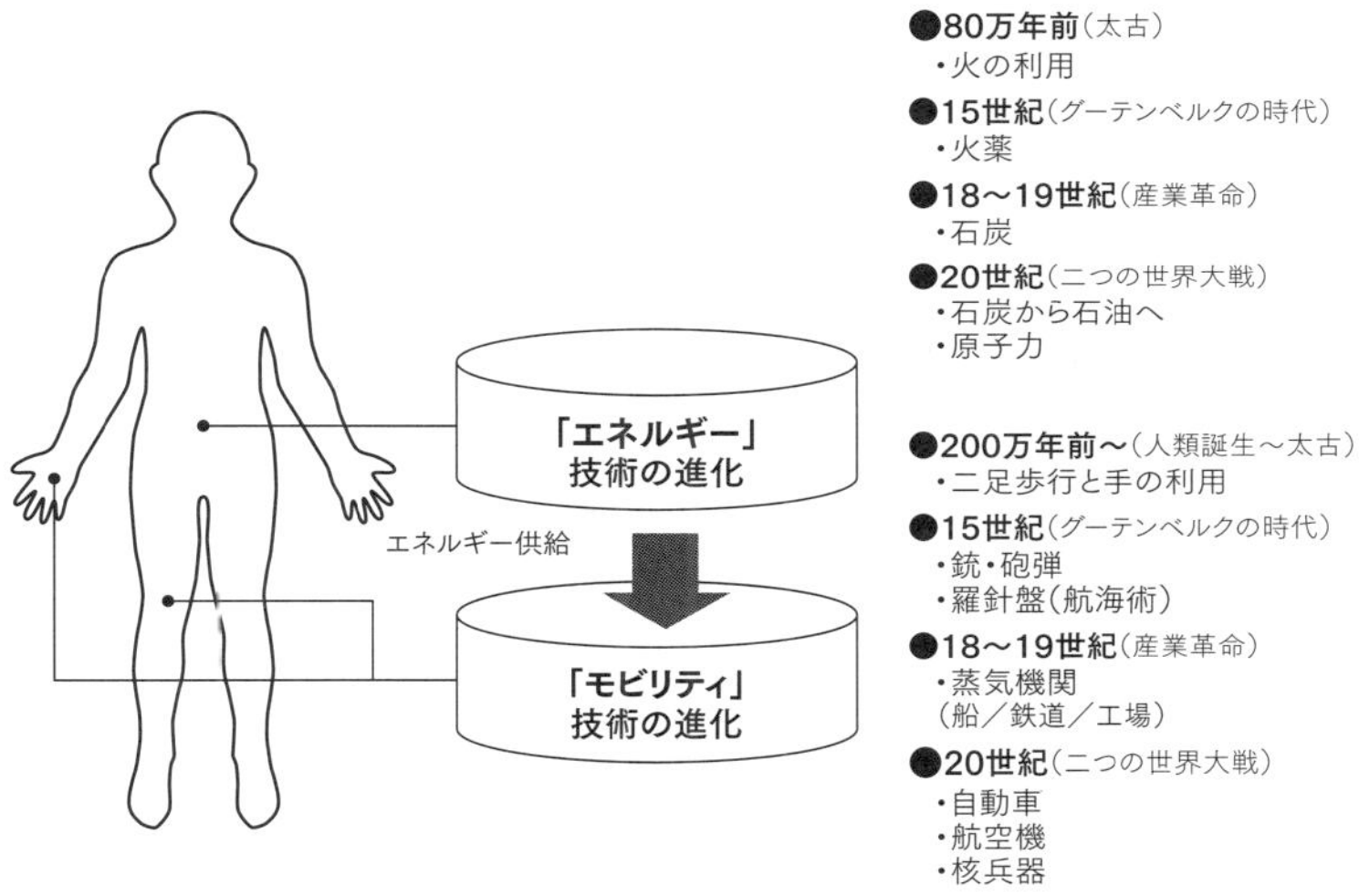

品、そしてかつては食品にも石油が使われ、これらの商品はテレビCMの常連でもあった。

そして、石油から精製されたガソリンによって動く自動車は、テレビCMでも日用品や化粧品と並んで、出稿額トップ10の常連として、消費者の欲望を刺激し、この時代の消費を牽引する存在となった。

２０１７年の時点で、日本企業の時価総額トップには、依然としてトヨタ自動車が君臨している。その他の自動車会社ということでは、10位圏外ではあるが本田技研工業、日産自動車が上位にランクインしている。彼らが現在でも時価総額上位に留まっていられるのは、この時代の栄光の残滓《ざんし》と、発展途上国において大量生産・大量消費・大量廃棄モデルを牽引する存在として、依然威光を放っているためだ。しかし、それもいつまで続くかわからない。

産業革命以降、現在に至るまで、人間は多くの技術進化と、それに伴うディスラプションを経験してきた。そして、その経験はいくつかの示唆を与えてくれる。

一つ目は、あらゆる技術進化で引き起こされるディスラプションは、そもそも人間の機能と感覚の拡張として引き起こされているもので、誰も抗うことのできない不可逆のものということ。

二つ目は、そのディスラプションを主導した者と、その流れに乗る条件を備えることができた者だけが、生き残ることができるということだ。

新しい技術進化によって生まれたモノの消費者としてカネや時間を奪われる者たちは、かつて第一次世界大戦における敗北に打ちひしがれたドイツ国民の多くがナチスのプロパガンダに踊らされたように、欲望や感情を刺激するテレビ番組と合間に流れるテレビCMに惑わされている。必ずしも生きる上で必要でないものを買い、必要以上のカロリーを摂取し、頭の先から足先までを着飾り、金融機関に金利を払いながら高価な商品を買う。彼らは喜んで搾取され、そして経済を活性化させながら、人生を終えることになる。

しかし、映画とラジオを駆使して喧伝し、国民を操縦したナチスが滅んだように、20世紀の大量生産・大量消費・大量廃棄の時代の王者たちは、21世紀に入ってかつての栄光の面影を失いつつある。それは、新たな「進化」によるディスラプションが、今まさに起こっているからである。

現代のディスラプションはまだ始まったばかり

iPhoneが人間機能を大きく拡張させた

２０１８年現在、「インフォメーション」「モビリティ」「エネルギー」の三つの人間機能の拡張が現在進行形で進んでいる。これらの人間機能の拡張の波にうまく乗れた者と乗れない者で勝者敗者を分かつ現象はますます加速し、その拡張そのものの主導権を握るための企業間の競争は激しさを増している。

２００８年7月11日。日本で初めてiPhone（iPhone3G）が発売された。

それからわずか10年。世界中にあまねく普及したスマートフォンは私たちの日常生活シーンだけでなく、社会経済環境に大きな変化を与えてきた。

２０１８年という今は、iPhone誕生以前の１９９５年から始まるおよそ10年のインターネットの普及による影響以上に、iPhone誕生の影響を大きく受けている。

フェイスブックやツイッターなどソーシャルメディアによる国際政治や経済へのインパクトは、スマートフォンの存在なしでは語れない。ソーシャルメディアは、スマートフォン以前からあったものだが、スマートフォンによって普及が加速することとなった。そして、人々は文字どおり自らのポケットに入った端末から、ソーシャルメディア上に自分の情報や意見を発し、それが瞬く間に世界中に広がり、多くの人たちを動かすことが可能になったのだ。

ソーシャルメディア上では、新聞、テレビといったマスメディアよりも早く個人から情報が発せられ、場合によっては、マスメディアより大きな影響を持ちうるようになった。今や、ソーシャルメディア上の話題が、しばらく経ってからテレビで取り上げられるようなケースは枚挙にいとまがない。

「メディアの進化」を上手に活用できた者が勝者となる

２０１６年６月、英国の欧州連合（ＥＵ）離脱の是非を問う国民投票が行われ、ＥＵ離脱への投票がＥＵ残留への投票を上回る事態となったのは、まだ記憶に新しいだろう。そして半年後の２０１６年11月、ドナルド・トランプが米大統領選に勝利する。

いずれもマスメディアが行った世論調査に基づく予測とは異なる結果であり、多くの人々に驚きをもたらした。しかし、SocialbakersやSimplyMeasuredのようなソーシャルメディア分析を提供する企業の多くは、ソーシャルメディア上の発言をウオッチしていれば、彼らはドナルド・トランプが選挙で勝つ可能性があるとずっと前からわかったという。

トランプ陣営は、かつてバラク・オバマがそうであったように、ソーシャルメディアをうまく活用した。特に不特定多数にメッセージが拡散する効果の高いツイッターをドナルド・トランプは好み、自ら支持者に対して頻繁にメッセージを届けた。

一方、ツイッターユーザーは選挙期間中、ヒラリー・クリントンよりもドナルド・トランプについて肯定的な感情を表す表現とともにツイートすることが多かったという。そして、11月8日の投票開始から9日の深夜1時30分（東海岸標準時）までに、トランプは４９０万回以上もツイートされていた一方、クリントンに関するツイート数は２７０万回程度だった。

トランプは、「any press is good press（どんな評判であっても話題になるのは良いこと）」という米国の古いことわざのとおり、[*14] ソーシャルメディア上で話題になることに勝利し、選挙[注5]にも勝利したのだった。トランプはソーシャルメディアという「メディアの進化」の波にうまく乗った勝者であった。

トランプが米国大統領に当選した翌年の２０１７年5月、グーグルDeepMindによって開発されたコンピュータ囲碁プログラムAlphaGoが「世界最強の棋士」と呼ばれる柯潔《かけつ》を3局連続で破った。

かつて囲碁はテクノロジーでは力の及ばない複雑なものと考えられていたため、このAlphaGoの勝利はＡＩ研究における画期的な進展として世界中で騒がれた。AlphaGoの開発者のデミス・ハサビスは「人間との対局はこれを最後とする」と発表したが、この対局は、ＡＩ全般の継続的な進化に向けての初期のエピソードに過ぎない。

注5　フェイスブックは２０１８年4月、その前月に明らかとなった選挙期間中のケンブリッジ・アナリティカ社によるデータの不正利用を受けて、ソーシャルメディアが選挙に与える研究を支援することを発表している。

新旧が覇権を目指してぶつかり合う自動車業界

自動運転技術もそうした進化の一つだ。この領域はグーグルやテスラなどの新興勢とトヨタ、ＧＭなどの自動車大手に加え、アップルも本格注力を宣言、自動車業界は新旧入り乱れての技術競争を演じている。

そんな中、２０１７年４月にはテスラの時価総額はＧＭを超え、米国の自動車メーカーで最大となった。テスラの２０１７年４～６月期の最終損益はマイナス４億１４２万ドル（約４４０億円）と四半期ベースでは最大の赤字であったにもかかわらず、である。

フランスや米国などのヨーロッパ各国が２０４０年までに化石燃料を動力源とした自動車（ガソリン車およびディーゼル車）の販売を禁止するとしたことも、電気自動車専売のテスラへの期待を押し上げた。さらに自動運転についても、まだレベル２とはいえ、市販車最高レベルのものを提供しており、未来に対する期待がテスラに集まっていると考えられる。

しかしそれにしても、自動車の未来への期待が、従来の自動車メーカー以外に集まっているというのは皮肉なことである。

レベル４と呼ばれるドライバーが不要なレベルの自動運転を可能にするには、ＡＩにおけるディープラーニング技術による完全自動運転のソフトウェアの存在が必要で、先のAlphaGoに代表されるように、グーグルはこの領域においてテスラを始め他の競合を凌駕している。

画像認識できる「眼」は、カンブリア大爆発に匹敵する進化

ディープラーニングでは周りの人間や自動車の動きに対して、この状況ではこのように走るのが「最も正しい」といったことを、あらゆるデータから把握して学習する。複数の対象物を同時に早く正確に認識するなど、人間には不可能なこともやってのけ、結果的には、まるで人間が運転しているかのごとく自動運転車が走るようになる。そして、この際に重要となるのが、画像認識技術である。

画像認識技術は、先に触れた「カンブリア大爆発」を引き起こした「眼」をAIが手に入れるという「インフォメーション」技術の進化であり、これは「カンブリア大爆発」に匹敵しうるディスラプションを今後引き起こす可能性がある。

ディープラーニングによって学習した画像認識は、2015年には既に人間のエラー率より低く、これが自動車に搭載されることで「モビリティの進化」を引き起こす。テスラのオートパイロット（レベル2）では「カメラビュー＋レーダー＋超音波センサー」という3種類のセンサーを搭載し、テスラCEOのイーロン・マスクは、将来的な完全自動運転についてもこれらのセンサーを駆使すれば可能になるとしている。

一方グーグルは、LiDAR（Light Detection and Ranging）と呼ばれる、元々地質学や地震学の分野で活用されていた、光（レーザー）を用いて距離をセンシングする技術に着目している。イーロン・マスクはこの技術に対して懐疑的らしいが、これは短い波長の電磁波を照射するため、

従来の電波レーダーよりも精度の高い検出が行えるという利点がある。

言うまでもなく、眼のもたらす情報量は圧倒的だ。自動運転車を巡る競争を経て、画像認識技術がより進化し、あらゆる機械が眼を持つことによって、あらゆる人間の機能が機械へと拡張されることとなる。それによって生まれる市場規模は巨大なものとなる一方、それによって仕事を失う者も多数現れるだろう。自動運転車によって失われる仕事には、自動車関係だけではなく、重機や農業機器関係、ドローン関係などもあろう。

また、人間が従来目視で行っていたような警備・防犯・防災などの見守り業務、あるいは医療手術や調理のように手と眼を駆使して行っていたような仕事も、画像認識技術の進化とともにロボットによるものとなるかもしれない。

ネット時代の覇者たちによる「ポストスマホ」時代の覇権争い

こうした画像認識技術の進化より早く進化しそうな分野に、音声認識技術がある。

日本では2015年末には既に普及率72％となったスマートフォン*15に代わる、人々をインターネットにつなぐデバイスないしインターフェース、すなわち「ポストスマホ」についても取り沙汰されるようになってきている。

日本では2017年にLINEを皮切りに、グーグル、アマゾン、そしてアップルが家庭向けの音声認識スピーカーを続けざまに発売した。この動きは「ポストスマホ」に向けた各企業の打ち手の一つと見られている。

アマゾンのものは「Amazon Echo」、アップルのものは「Home Pod」、グーグルのものは「Google Home」、そしてLINEのものは「Clova WAVE」と呼ばれる音声認識スピーカーであるが、それ単独では何も機能しない。

それぞれの音声認識スピーカーの先に、アマゾンは「Alexa」、アップルは「Siri」、グーグルは「Google Assistant」、そしてLINEは「Clova」と呼ぶクラウドAIプラットフォームが存在し、ユーザーの声による指示に対して、音楽をかけたり、買い物をしたりしてくれるのである。

パソコン時代からのインターネット界の巨人であるアマゾンとグーグル、まさにスマホ時代を切り拓いたアップル、そして日本でのスマホ時代を制した感のあるLINEといったインターネット時代の勝者とも言える企業が、期せずして同じようなプロダクトを投じるにはわけがある。

かつてパソコン最盛期に「ポータルサイト」（インターネットへの入口となるウェブサイト）として一時代を築いたがその後衰退した米ヤフーに対して、アンドロイド社の買収によりうまくスマホ時代にシフトできたグーグルのように、次の動きに対して素早く動けた企業だけが、生き残ることができるからである。米国の調査会社VoiceLabsによると、特にこの家庭向けのサービスについては、いわゆる「First Mover Advantage（先行者利益）」が効く市場であるという。

恐らく、音声認識スピーカーはリビングルームだけでなく、各自の寝室やバスルーム、トイレにまで配備される可能性があろう。そして、それぞれのスピーカーを通じて提供されるサービスは、わざわざそれぞれの部屋で異なるプラットフォームで行うより、同じプラットフォームでシームレスに提供される方が合理的である。すなわち、これは極めてスイッチングコストの高い（＝他サービスに切り替えるのに多大なコストを要する）サービスなのである。*16

加えて重要な視点は、この現象は、従来のパソコンやスマートフォンなどの目や手に依存したＧＵＩ（Graphical User Interface）から、これら音声認識スピーカーなどの口と耳に依存したＶＵＩ（Voice User Interface）への移行の始まりであるということだ。

ＵＩ（User Interface／ユーザーインターフェース）という言葉を聞きなれない読者のために説明すると、元々機械とそのユーザーとの間で情報をやり取りするための媒介となる部分のことを意味し、大きくは「入力」部分と、ユーザーの入力に対して結果を機械が返す「出力」部分がある。

例えば、クルマを運転する場合、運転手はハンドルを操作して進行方向を制御し、アクセルやブレーキを使って速度を制御する。運転者は前後左右を見ることでクルマの位置を把握し、スピードメーターを見ることで正確な速度を知ることができる。このように、クルマのＵＩは様々な機器群で構成され、それぞれすべて「目で確認」し、「手で操作」し、また「目で確認」する、ということを行っているのである。

このように、これまでのあらゆるＵＩというものが、何かしら人間が「目で確認して」「手で操作」、また「目で確認」していたというＧＵＩであったのが、言葉を「口で発して」「耳で聴く」

というＶＵＩへ移行する。これが極めて大きな変革であるというのは、本章で見てきた「人間が人間たる歴史」とテクノロジーという名の「人間機能と感覚の拡張の歴史」から理解できるであろう。

人間が人間として進化を遂げたものの一つに、言語の獲得があったというのは先に見てきたとおりだが、言ってみれば、ＶＵＩはＡＩによる言語の獲得である。そして、これをいち早く手に入れ、実用的なＵＩとすることは、技術をビジネスとする者たちにとっては、生死を決することなのである。

何よりも、人間の話し言葉という自然言語の解析と音声認識技術の向上は、どれだけ多くのデータをどれだけ早く手に入れられるかにかかっている。より大量のデータをより早く手に入れるためには、まずはより多くの人に毎日使ってもらい、日々解析を繰り返して改善をしていくことが必要なのである。

このように、インターネット時代の勝者と見なされている企業ですら、次の一手に向けて素早い動きを繰り出している。さもなくば、築き上げた栄光はもろくも崩れ去れってしまうことを彼らは知っているからである。

例えば、かつてパソコン全盛の時代に隆盛を誇ったマイクロソフトが、スマートフォンの時代にiPhoneのアップル、そしてアンドロイドのグーグルによって、その地位を奪われた。しかし、そのマイクロソフトは、「ポストスマホ」となるディスラプターの地位への返り咲きを虎視眈々と狙っている。

視覚情報というのが人間にとって極めて重要な情報であるのは「カンブリア大爆発」に関連して既に話したとおりだが、今後のＵＩはスマートフォンのＧＵＩから、グーグル、アマゾン、ＬＩＮＥが三つ巴で争うＶＵＩにただ直線的にシフトするのではなく、むしろＶＵＩは入力として、出力はスマートフォンから大幅に発展させたＧＵＩで行う、というような複合的なシフトが現実的な未来と考えられる。

スマートフォンも実は過渡期のＧＵＩに過ぎない。手のひらサイズの画面を操作して情報を得るという行動は、便利なように見えて、まったく便利とは言い難い。わざわざポケットから取り出し、老眼鏡をかけ、寒さでかじかむ手でスワイプをする行為なんてものは、近い将来「ああ、そういう時代もあったね」と過去の遺物のようにいわれることだろう。

未来のＧＵＩは、恐らく広視野角の網膜投影ディスプレイ技術のように、目の網膜に直接映像を投射することで、ＣＧなどによる人工的な仮想世界に現実世界の情報を取り込み、現実世界と仮想世界を融合させるというMixed Reality（ＭＲ／複合現実）という技術が主流になる可能性がある。

そして、実はマイクロソフトのHololensはＭＲ技術の先端をいっているといわれ、そうなるとマイクロソフトが再び、ポストスマホの時代の覇者となる可能性を秘めている。

テクノロジーの進化より、それで何を解決するか？

米国の発明家・未来学者でＡＩ研究の世界的権威のレイ・カーツワイルが、ＡＩの性能が全人類の知性の総和を超える「シンギュラリティ」（技術的特異点）が訪れるとする２０４５年まで既に30年を切った。

30年前と言えば、日本はバブル経済華やかなりし頃。あのときから現在に至るまでに起こった変化以上の変化が起こることを考えると、インターネット時代の勝者である企業が、常に前を向き、いかに自身が未来を切り拓く存在になるかに躍起になるのもわかるであろう。

今まさに起こっていることは、過去に繰り返し起こってきたディスラプションの歴史の再来である。ただ、これまでに見てきた過去に起こったディスラプションと、現在起こっているディスラプションには唯一かつ最大の違いがある。

それは、過去に絶えず起こってきたディスラプションは、手動織機を力織機が代替し、帆船を蒸気船が代替し、有線のモールス信号機をラジオ通信機が代替したように、既存のモノ（ハードウェア）を新しいモノ（ハードウェア）が駆逐するというものであったということだ。

新たなハードウェアの開発には、そのハードウェアそのもの、そして製造のための設備開発、そして流通のためのサプライチェーンの構築を必要とするため、莫大な投資を必要とする。すなわち、産業革命以降の「機械の時代」というのは、いきおいディスラプションを起こすことができる企業の数は限定されることになるし、ディスラプションの発生プロセスにもある程度の時間が必要となるのである。

その点では、現在起こっているディスラプションは異なる。

Airbnbはいわゆる「民泊」と呼ばれるサービスを提供するインターネットサービス事業会社であるが、彼ら自身がやっていることは、簡単に言えば、一般人が有する空き家や空き部屋をインターネット上で宿泊先を探す人たちに公開し、宿泊費から一定の手数料を得るという、テクノロジーを活用したビジネスである。

また、Uberは街中をクルマに乗って走っているドライバーをインターネット上で公開し、ユーザーはそのクルマをタクシーとして呼び出して目的地に連れて行ってもらうというサービスであるが、Uberはその際の運賃の一部を手数料としてもらう形となる。

これらの特徴は、彼らは部屋やクルマを所有することなく、普及したインターネットやスマートフォンなどのプラットフォームを利用し、様々なサービスを直接ユーザーに提供するということである。彼らが有するのはあくまで既存のプラットフォームに依存したソフトウェアや仕組みであり、ハードウェアではない。

別の言い方をすると、現代のディスラプターの多くはテクノロジー企業ではあるが、これまでのテクノロジー企業が「テクノロジーそのものを売る企業」であったのに対して、「テクノロジーを使った新しいサービスを売る企業」であるということだ。それゆえに誰でも参入可能でありながら、先にマーケットを制した者が勝つという、かつてないようなスピードが要求される状況

図表8｜「人間中心で考える」ことの意味と、手段としての「技術」

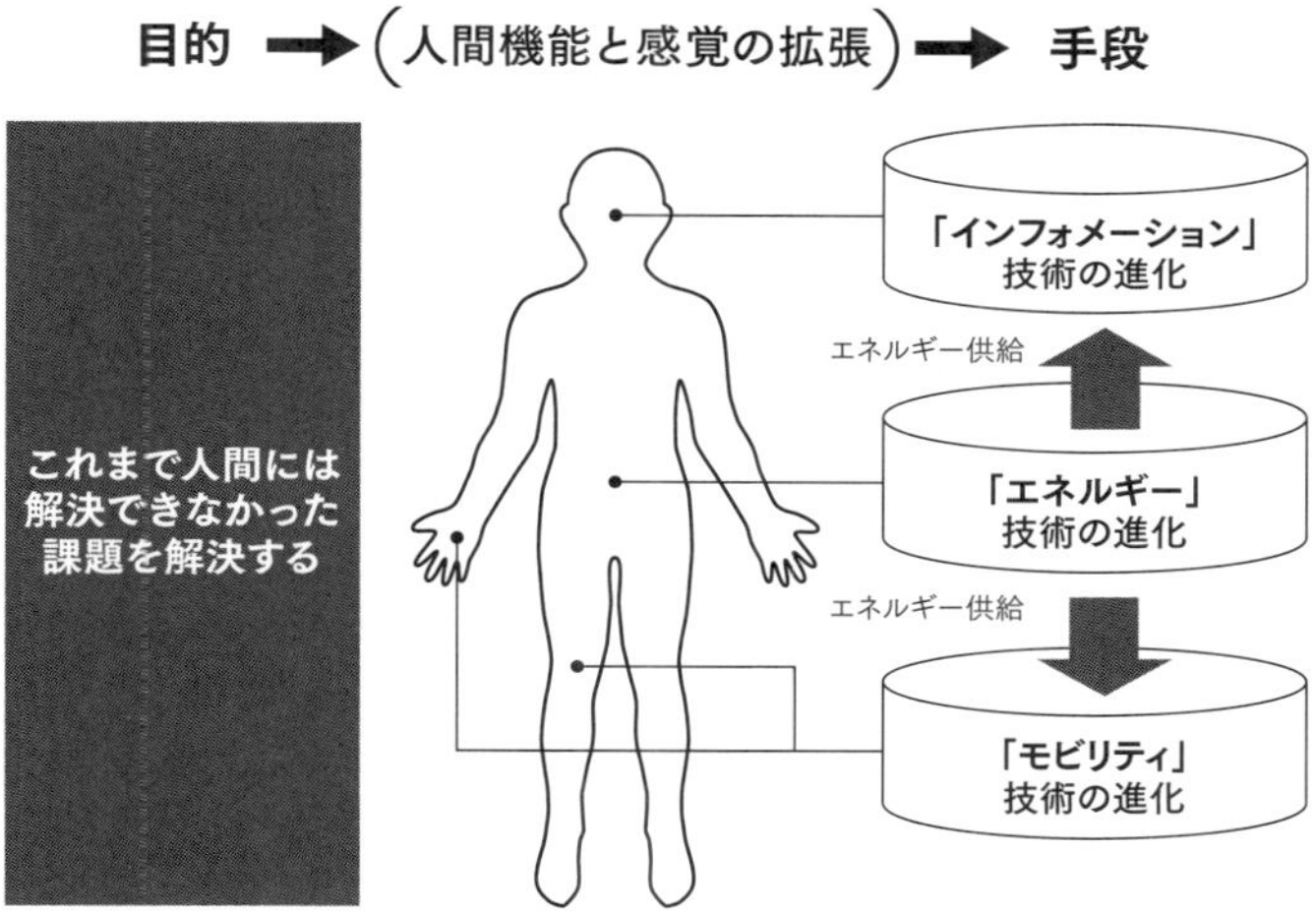

を生み出している。

「テクノロジーを使った新しいサービス」を考える上では、そのテクノロジー（＝技術）が「インフォメーション」技術であろうと「モビリティ」技術であろうと、その技術によって、「これまで人間には解決できなかった課題を解決する」ことが最も重要となる。なぜならば、技術はあくまで手段であり、課題を解決することが目的だからだ。

生命の誕生から現代に至るまでに起こったディスラプションの歴史において、すべての技術進化の歴史は「人間の機能および感覚の拡張」の歴史であった。しかし、技術は単に「視力が良くなる」とか「耳がより聞こえるようになる」ということでしかない。重要なのは良くなった視力で、いかに目の前の課題を解決するのかということで、もし良くなった視力が何の役にも立たないようであれば、まったくの無価値である。

人はテクノロジーに畏怖を感じ、そのテクノロジー自体に価値を見出し、プログラマーやエンジニアの重要性をしきりに説く。しかし、人間がテクノロジーによって、自らの機能や感覚を拡張することで、どのように課題を解決するのか、それをまず中心に考えることが重要なのである。

これがＰａｒｔ１のタイトルを「人間中心に考える」とした理由だ。

この「人間中心に考える」が具体的に意味することは何か。それを実現するアプローチはどのようなものか。それについては、第２章で詳しく見ていくことにしよう。

第1章のまとめ

本章では、「インフォメーション」「モビリティ」「エネルギー」の三つの技術進化に着目して、これらが太古の昔から現代に至るまでに引き起こしてきたディスラプションについて概観してきた。

まず章の最初では、なぜ「インフォメーション」「モビリティ」「エネルギー」の三つの技術進化に着目するのかについて言及しているが、その要点を抜き出すと以下のとおりである。

■テクノロジーとは「人間の機能および感覚の拡張」と捉えられる。

■その主要な技術は三つある。

■一つ目は頭部に集中する目・耳・鼻・口そして脳といった情報の入出力と認識を担う機能としての「インフォメーション」。

■二つ目は腕・手・脚のように、モノを投げたり振り回して攻撃したり、モノを加工したり、作ったり、そして自分自身が移動したりモノを動かしたりという「モビリティ」。

■三つ目は胴体部分に多く集中している消化器・肺・心臓・血管など、外部から取り入れた

エネルギー源をエネルギーに転換し、全身に行きわたらせる機能としての「エネルギー」技術。

■この三つの技術進化の中で、特に重要なのは「インフォメーション」である。なぜならば、「眼の誕生」が生命史において最初で最大のディスラプションを引き起こしたこと、人類と他の生物を分ける大きな違いが「言語」の獲得であったこと、そしてその後の人類の飛躍的進化が「文字」の発明であるからだ。

■一方で、「モビリティ」技術の進歩は人類の行動範囲と物理的な力を拡大したという点での重要度が高い。人類がかつてないほどの経済成長を最初に経験した、いわゆる「産業革命」と、現代に至る工業化社会の形成は、いずれも「モビリティ」によって引き起こされている。

■「エネルギー」技術の進化は、「インフォメーション」ないし「モビリティ」の技術進化に結びついて初めて価値を持ち、それ単体ではあまり意味を持たない。「エネルギー」技術の進化が、新たな「インフォメーション」、あるいは「モビリティ」技術の進化に通じるという意味で重要な存在である。

その上で、これら三つの技術進化がもたらしたディスラプションについて概観してきた。

■「インフォメーション」技術は、グーテンベルクの活版印刷から始まり、ラジオ、テレビ、そしてインターネットへと進化してきた。

■活版印刷技術からしばらく「インフォメーション」技術は停滞していたが、電気という「エネルギー」技術の進化によって、ラジオ、テレビ、そしてインターネットが生まれた。「エネルギー」技術の進化は、それ単独ではなく、他の二つの技術進化の源泉となる。

■「モビリティ」技術は、常に「エネルギー」技術の進化と不可分に進化してきた。石炭による蒸気機関の誕生は産業革命を引き起こしたが、産業革命は現代を彷彿させるようなディスラプションの時代であった。

■ディスラプションに抵抗しても、それは不可逆なものであり、それを先導するか、それにうまく乗っかるかして、利用した者だけが勝者となり生き残ることができる。

さらに、現在起こっている多くのディスラプションについて、概観している。そこからわかるのは、以下のとおりである。

■「インフォメーション」「モビリティ」「エネルギー」の三つの人間機能の拡張が現在進行形で進んでいる。

■これらの人間機能の拡張の波にうまく乗れた者と乗れない者で、勝者敗者を分かつ現象は

ますます加速している。

■また、その拡張そのものの主導権を握るための企業間の競争は激しさを増しており、先進テクノロジー企業と見なされている企業ですらも必死だ。

■現代のディスラプションが、過去に起こったディスラプションと異なるのは、過去のディスラプターが「テクノロジーそのものを売る企業」であったのに対して、現代のディスラプターが「テクノロジーを使った新しいサービスを売る企業」であること。

■「テクノロジーを使った新しいサービス」を考える上では、その技術によって、「これまで人間には解決できなかった課題を解決する」ことが最も重要となる。

■つまり、人間がテクノロジーによって、自らの機能や感覚を拡張することで、どのように課題を解決するのか、それをまず中心に考えること＝「人間中心に考える」が重要である。

「人間中心に考える」が具体的に意味すること、そしてそれを実現するアプローチについては、第2章で見ていくが、それが「デザイン・シンキング（Design Thinking）」というものである。

第2章

最強の思考法
ディスラプターに共通するデザイン・シンキング

競争戦略論のアンチテーゼ

デザイン・シンキングとは?

デザイン・シンキングという言葉を聞いたことがあるだろうか?

デザイン思考とも呼ばれるこの思考法は、そもそも暗黙知であった優秀なデザイナーの思考法を形式知として、そうではない人たちでも新しい発想を生み出せるようにする手法であるが、「人間中心アプローチ(Human-centered Approach)」とも呼ばれている。

この数年、新しいサービスやプロダクトの創造を狙う日本の大手企業にも、注目されているものである。私もＰｗＣコンサルティングにおいて、デザイン・シンキングのアプローチによる戦略コンサルティングを、小売やホテルなどのサービス業、銀行や保険などの金融機関などにも提供していた。

しかし、現実には「デザイン・シンキング」に関する理解は、あくまでバズワード（流行り言葉）に過ぎないのが実態で、その言葉が具体的に意味すること、そしてその意義というものがきちんと理解されているとは思えないケースに出会うことが多い。読者の中にも「またデザイン・シンキングなんて言葉が出てきたよ。何だかわかったようでわからなくて苦手なんだよな」という人がいるかもしれない。

デザイン・シンキングの思考法を簡単に説明すると、「人間を中心に」問題点を見出し、それを解決するアイデアの発散と収束を繰り返すことで、最終的に新しい発想を得るといった流れである。

その手法にはいくつかの種類があるが、デザイン・シンキングのムーブメントの中心とも言えるスタンフォード大学のd.schoolによると、デザイン・シンキングは以下のようなプロセスで構成されるという。*1

1　Empathize（共感）

プロダクトやサービスのユーザーを観察したり、インタビューしたりすることで、相手が感じている問題意識に「共感」し、情報収集を行う。

2 Define（問題定義）

前のステップで得られた膨大な定性データをもとに、インサイト（＝潜在的ニーズ）を探り、解決すべき「問題」を対象となるユーザーの視点で「定義」する。

3 Ideate（創造）

ブレインストーミング、ブレインライティング、SCAMPER法など様々な発散思考の手法を用いて、問題を解決するためのアイデアを「創造」する。

4 Prototype（プロトタイプ）

創造したアイデアを必要最低限の機能が装備されたレベルで、受容度を確認するために、目に見える「プロトタイプ（試作品）」という形で製作する。

5 Test（テスト）

プロトタイプを実際のユーザー層が現実に使うような状況で使ってもらうテストを実行し、ユーザーの反応を観察し、問題点や改善策を明らかにする。また、改善策を講じたプロトタイプを再度製作し、改めてテストにかけて反応を確かめる。

要は「対象者の問題意識に共感し、問題を明らかにして、それを解決するアイデアを導出したら、アイデアを形にしたプロトタイプを製作、プロトタイプを実際に対象者に使ってもらい、試行錯誤を繰り返す」というのが、デザイン・シンキングということなのだが、理解できる人はど

図表9｜スタンフォード大学 d.schoolによるデザイン・シンキングのプロセス

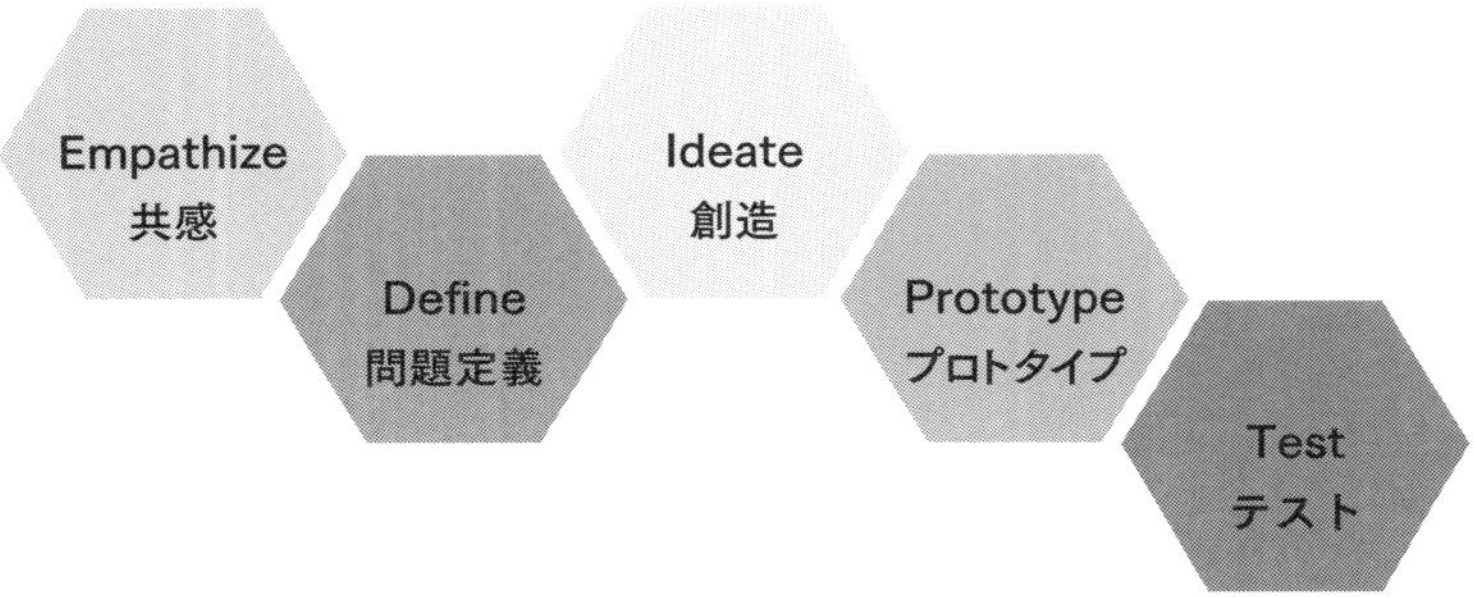

出典：Stanford University d.school “Introduction to Design Thinking PROCESS GUIDE”

れだけいるだろうか？　少なくとも私は、これではまったく理解できない。

理解するには、まずデザイン・シンキングが注目されるようになった背景を理解する必要がある。

デザイン・シンキングが注目されるようになったのは、実はこの数年のことではない。既に20年近く前から始まっていた。

具体的には戦略コンサルティングファーム大手のマッキンゼー＆カンパニーが１９９０年代に大量にデザイナーを採用したことが、最初の動きだ。

さらに２０００年代に入ってから、同じく戦略コンサルティングファームのモニターグループが次々とデザインファームを買収したことがあった。モニターグループは経営学者であるハーバードビジネススクール教授マイケル・E・ポーターが設立したファームとして知られるが、実はこの経営のデザインへの傾倒には、マイケル・E・ポーターも絡んでいる。と言っても、ポーター自身が関わっているということではない。

競争優位の源泉はポジションか強みか？――ポーターVSバーニー論争

1990年代後半の米国の企業戦略分野の学会において、「ポーターVSバーニー論争」というものが繰り広げられた。日本では2001年5月号の「DIAMONDハーバード・ビジネス・レビュー」誌に岡田正大氏（当時、慶應義塾大学大学院経営管理研究科専任講師）の「ポーターVSバーニー論争の構図」と題した論文が掲載されて有名になったので、ご存知の方も多いかもしれない。

企業の競争優位の源泉として、ポーターは、自らが利益のあがりやすい構造を持つポジションを選択し、そこに経営資源を投下するという「ポジショニング戦略アプローチ」を提唱。対するジェイ・B・バーニーは競争優位の源泉を個別企業の特殊性・異質性に求め、いかに自社固有の経営資源を保有するかを重視する「リソース・ベースド・バリュー（RBV）アプローチ」を提唱したのだが、どちらが企業の持続的競争優位（もしくは企業業績）への寄与度が高いか論争が巻き起こった。

時はまさに、マイクロソフトからウィンドウズ95が発売され、インターネットが瞬く間に一般に普及していく、というインターネットの時代に突入しようという変革期。インターネットによって、持つものと持たざるものの情報の非対称性が消失し、電子商取引により容易な市場参入が可能となったとき、ポーターの提唱する業界を軸とした自らの立ち位置により戦略を求めるというアプローチは、業界という枠組みが意味をなさなければ無用のものとなる。

例えば、同じ頃、書籍を販売する電子商取引事業者としてサービスを開始したアマゾンは、従来の書店とは異なる取引、コスト構造、競争環境にあるので、業界の中でどこに位置するかということは意味をなさない。

同じく、バーニーのRBVについても、インターネットを使った新しい業態やビジネスモデルの登場によって、自社の独自優位性を担保していた経営資源が、単なる重荷になってしまった場合、まったく的外れなアプローチとなってしまう。同じくアマゾンを例に取ると、旧来の書店にとっては競争優位の源泉であったはずの店舗網や店舗当たりの床面積のような自社の経営資源も、アマゾンにとっては邪魔なものでしかなく、これを後生大事に守り続けようとすれば、競争優位性を瞬く間に失うことになるのだ。

そこで注目されたのが、デザイン・シンキングのアプローチである。デザイン・シンキングは、企業としての業界ポジショニングや、自社の経営資源を考える以前に、まずは自らの顧客（消費者・ユーザー）のことを考える。アマゾンでたとえると、本をどう売るかを業界における自らの立ち位置や、競合と比較した場合の強みは何か、から考えるのではなく、本を必要としている人の立場になって、その人にとって最も良い「本の提供の仕方」を考えることが最強の競争戦略となるのである。デザイン・シンキングはディスラプターの競争戦略そのものなのである。

恋愛は生存をかけた競争戦略

これは実は男女間の恋愛において、いかに持続的競争優位を確保するか、という観点で話をすると実にわかりやすい。恋愛は性淘汰という生物の進化の歴史の大きな要素の一つであり、その時々に、自らのDNAを残すという生存戦略が存在しており、戦略を考える上で、大袈裟でなく、極めて重要な示唆を与えてくれる。

もしあなたが男性で、ある女性とお付き合いしたいと考えたとする。そのとき、あなたはどうアプローチするだろうか？　彼女をとりまく恋愛市場環境を分析し、あなた自身、その市場においてどこにポジショニングするかを明確化、そのポジショニングに位置するあなた自身を認知、理解してもらえるよう、声をかけたり、プレゼントをしたり、お店に連れて行ったりするだろうか？

それとも、もしあなたがスポーツ万能で、美声の持ち主だったならば、それを手っ取り早くアピールするために、一緒にスポーツをしたりカラオケに行くなどして、あなたの強みについて最大限アピールするように努めるだろうか？

いずれも、相手によっては功を奏するかもしれない。しかし、ポーターのポジショニング戦略よろしく、うまいポジショニングを取っても、移り気な相手の女性は一度「ああ、こういう立ち位置の人なのね」と思ったら二度と振り向いてくれないかもしれないし、バーニーのRBVよろしく、あなたの強みである運動神経や美声をアピールしたところで、彼女はスポーツにまったく興味がなく、カラオケを親の仇のごとく嫌悪する女性かもしれない。

ある程度の恋愛経験のある者なら、普通に考えれば、そのようなアプローチは取らないというのはわかるだろう。まずは、何よりも彼女自身を知ろうとするはずだ。

その女性は何が好きで、何が嫌いで、何を欲していて、何に悩んでいるのか。どういったサポートを男性から得たいと思っているのか、彼女が男性と付き合いたいと思うようなシチュエーションは何なのか、付き合うことで手に入れたいと思っている気持ちは何なのか。そこまでわかれば、その女性はあなたの手中に落ちたも同然だ。

あなたがやるべきは、そんな彼女の気持ちになりきること、すなわち彼女への「共感」を通じて、彼女が抱える問題が何なのかを「定義」し、その上で彼女が何を望んでいるか、アイデアを「創造」し、まずは気軽にあらゆる手立てを試して、うまくいかなければ、次の手立てを試すという「プロトタイプ」の「テスト」を繰り返すことだ。つまり、必要なのは、まさにデザイン・シンキングなのである。

これまで何度も「デザイン・シンキング」に関する書籍を読んだり、講演を聞いたけれども腑に落ちなかった人は、この男女の恋愛戦略の話を覚えていれば十分である。

ただし、もう一つだけ覚えておいて欲しい。それは、これまでの歴史上に現れてきたディスラプターたちの思考には、常にこのデザイン・シンキングがあり、現代のメディアの進化によるディスラプションの時代にも例外なく当てはまるということだ。

例えば、今から話をするアマゾンはその典型とも言えるディスラプターであり、だからこその強さをこの時代に発揮しているのである。

容赦なきディスラプター「アマゾン」は何を目指すのか？

地球上で最もお客様を大切にする企業

1995年、インターネット書店として設立されたアマゾンは、わずか2年後の1997年にはナスダックに上場した。このとき、アマゾン株についた初値は一株18ドル、アクティブユーザー数はわずか150万人であった。

しかし、そのわずか20年後の2017年には、株価最高値1953ドル、アクティブアカウント数3億超になると、どれだけの人が予想していただろうか。1995年の設立時、アマゾンは自らの企業としてのミッションを「世界最大のオンライン書店になる」と定めていた。しかし、今や書籍以外がアマゾンの売上の大半を占めると考えられ、名実ともに、世界最大のオンライン商取引プラットフォームとなっている。

そんなアマゾンであるが、現在は自らのミッション・ステートメントを設立時の「世界最大のオンライン書店」から以下のように変更している。

Our vision is to be Earth's most customer centric company; to build a place where people can come to find and discover anything they might want to buy online.

私たちのビジョンは地球上で最もお客様を大切にする企業であることです。私たちは人々がオンラインで買いたいと思うものすべてを見つけることができるような場所を作ります。

アマゾンを単なるオンライン商取引事業者だと考えるのは大間違いだ。このミッション・ステートメントにあるように、彼らはあくまで顧客利便性を提供することで収益をあげている企業であり、アマゾンは今の事業形態がオンライン商取引であるだけで、あくまでもかりそめの姿なのである。アマゾンを語るとき、それが一番重要な視点だと私は考える。

２０１６年も暮れる頃、米国シアトル中心部にまったく新しいタイプの店舗がオープンした。[注1]

No Lines. No Checkout.
(No, Seriously.)

行列なし。会計なし。

――（本当です）

店頭にこのようなスローガンが飾られたその店こそ、アマゾンが自社社員向けにパイロット的に開店した無人店舗Amazon Goであった。アマゾンは、この無人店舗をオープンの4年前から構想し、コンピューターによる最先端の画像認識技術と、ＡＩによるデータ分析を駆使することで会計をなくし、行列をなくす店舗のあり方を突き詰めたという。

アマゾンが〝Just Walk Out〟と称して、来店客の手を煩わせることなく、ただ店に入り、歩いて出て行くだけ（Just Walk Out）で、買い物を終了させることができる店は話題を呼んだ。

Amazon Goで買い物をするのに必要なのは、専用アプリをダウンロードして、ゲートのセンサーにスマートフォンをタップすることだ。それ以外は何も必要ない。買い物客は、自分が買いたいものを何でも手に取ってバッグに入れるだけだ。精算レジやそのための店員は存在しない。

買い物客は入店時と同様のゲートを、立ち止まることも、ライトの点灯や信号音を待つこともなく通って出て行く。購入した商品は、スマートフォンのアプリを通じて記録され、それぞれのアカウントに請求される。

注1　一般客へのオープンは2018年1月22日と、最初の公開からはおよそ1年後となった。システムの技術的な問題で開店が延期になっていたという。

図表10 | Amazon Goを紹介する動画映像

出典：“Introducing Amazon Go and the world’s most advanced shopping technology”(https://youtube.com/watch?v=NrmMk1Myrxc)

天と地ほど差があるローソンの無人店舗

一方、日本でAmazon Goが報道されたのと同じ日、ローソンは「ローソンパナソニック前店」でローソンとパナソニックが始めた無人レジ「レジロボ」の実証実験の様子を公開した。

「レジロボ」のポイントは電子タグを活用する点にある。最初の実証実験では、一つ一つの商品に付いているバーコードを、カゴに取り付けた読み取り機に来店客がかざす仕組みだったが、最終的な実験では、店内の延べ7万点の商品に貼り付けた縦2センチ・横7センチの薄い電子タグをレジロボ内で読み取り、素早く精算する。バーコードのように来店客が読み取る必要がない。機器の開発でパナソニックは工場の自動化技術を活用して、コンビニでの実際の運用に耐えうるものにアレンジした。まさにローソンとパナソニックのコラボレーションである。

しかし、このローソン&パナソニックの取り組みとアマゾンでは、天と地ほどの違いがある。ローソンが人手不足解消と人件費削減を最大の目的とし、パナソニックは自社の工場自動化技術をこれに応用することでビジネス拡大を企図しているのに対し、あくまでアマゾンは買い物客の面倒を極力排することに注力している。

ローソンの無人店舗は、バーコードであれ電子タグであれ、店員の代わりに来店客に何かしらの作業を強制する。一方で、アマゾンの無人店舗Amazon Goは買い物客の手を煩わせない。そして、それを可能とするのが、カメラとセンサーで買い物客を追跡し、手にした商品を把握する機会学習とディープラーニングによって強化された画像認識技術というわけだ。この画像認識技術は、元々はアマゾンの倉庫内の作業の省力化を目的として開発されたものだが、それを「買い物客の作業の省力化」のために店舗内に展開したのである。

インサイドアウトVSアウトサイドイン

アマゾン、ローソン双方の報道がなされた際、多くの識者が人件費の削減による効率化を両社の取り組みの価値として挙げた。しかし、ことAmazon Goに限っては、それは本質ではない。

日本企業の多くは今の事業の枠組みの中で効率性を上げるためにテクノロジーを導入することを考えた後に、顧客の利便性を図るための調整を行うという「自社事業の観点=インサイドアウト（Inside-Out）」の発想に終始しがちだ。

しかし、アマゾンの強さは、それとは逆の「自社事業の外側の観点＝アウトサイドイン（Outside-In）」にある。まずは顧客利便性が先にあり、それを実現するためにテクノロジーがあり、そして事業モデルがあるのだ。

アマゾンの株価がほぼ一貫して、右肩上がりにあるのは、彼らが小売市場の覇者と目されているからではない。彼らはそんな狭いマーケットに閉ざされた企業ではなく、顧客利便性の改善の可能性のある市場であれば、すべてが彼らの市場に成り得るからだ。

実はこの違い、アマゾンを始めとした現代のディスラプターと日本企業の違いとして、象徴的なものだ。

日本企業の多くは、自らが属する業界や企業の都合に合わせて新たな技術を導入する。そのとき、しわ寄せを受けて手を煩わさなければならないのは顧客なのだが、企業としてはコスト削減ができれば良いのだから、目的は遂げられる。

一方で、アマゾンは彼らのミッション・ステートメントのとおり「最も顧客を大切にする」ことを目的にしている。カメラとセンサーで会計という行為そのものをなくすというのは、アマゾンだからこその発想なのである。

ローソンはあくまで店舗の「人手不足解消と人件費削減」というローソン自身の目的と、パナソニックの「自社の技術を売り込みたい」という目的が結びついたものに過ぎない。

ホールフーズ買収の戦略的な意味

Amazon Goから時を置かずに、アマゾンは高級スーパー、ホールフーズ・マーケットを137億ドル（約1兆5000億円）で買収すると発表した。このニュースはリアル店舗とeコマースの融合という論調で報道されることが多かったが、アマゾンのホールフーズ買収の最大の目的は、消費者に最も近い場所に生鮮食料品の倉庫と宅配拠点を獲得することにある。高所得者層に支持される高級スーパー「ホールフーズ」というブランドの魅力は確かにあるが、実はもっと戦略的な意味を持っている。

ホールフーズは、米国の買い物代行ベンチャー、インスタカートに出資しており、これを使った受け取りサービスを既に展開している。インスタカートは物流倉庫は持たず、店舗を倉庫のように使っている。消費者はインスタカートのアプリを使ってホールフーズなどの提携先スーパーの商品リストの中から買いたいものを選ぶ。

そして、インスタカートが仲介した買い物代行者が買い物を済ませ宅配するか、店舗内のロッカーに預けて後で消費者が受け取る仕組みとなっている。いわば、買い物代行に特化したシェアリングエコノミーと言える。

そして、買収によってアマゾンはこれを簡単に自社技術に置き換え加速することができるのである。アマゾンはあくまで「最も顧客を大切にする」ことだけを考えている。行うことのすべてはそれを第一の目的とし、もしそれを実現するには従来の小売販売モデルでは立ち行かないとあれば、新しいビジネスモデルを考える、というのがアマゾン流と言えよう。

だからこそアマゾンは「自社事業の観点＝インサイドアウト」のアプローチでしか事業戦略を語れない企業には容赦ない。

UI時代のアマゾンの優位性とは？

第1章の最後に音声認識スピーカーのAmazon Echoについて触れたが、このジャンルにおいてアマゾンは既に米国では圧倒的な勝者となっている。米国の調査会社eMarketerによると、2017年における音声認識スピーカーのユーザーは3560万人、そのうちAmazon Echoのシェアは実に70・6％という。*2

アマゾンが優れているのはamazon.comというオンライン最大の販売チャネルを自社で持っているということもあるが、Amazon Echoシリーズの端末上で使える「スキル」の数が既に3万を超える（2018年3月時点）ということが挙げられる。

スキルとは、スマートフォンでいうところのアプリのようなもので、Amazon Echoシリーズの端末の先にあるクラウドAIプラットフォームのAlexaを活用した音声制御アプリである。例えば、Amazn EchoでAlexaにUberを呼んでもらったり、ピザの宅配をお願いしたりするのは、すべて「スキル」によって可能になる。

アマゾンは、このスキルの開発について、サードパーティの開発者が収益をあげられるようにすることで、より多くの優れたスキルを追加し、ユーザーの利便性を上げることを可能としている。

音声認識スピーカーについては、先にも見たように、新しいインターネットサービスへの入口として最も重要なUIとして、多くの企業がしのぎを削っているところである。

そのうち、インターネットのあらゆるサービスは、音声による入力・出力（VUI）がメインになるのは疑いがないであろう。そうした近未来の世界の実現に向けて、日本ではLINEとグーグルが先に販売を開始したが、アマゾンの徹底した「最もお客様を大切にする」姿勢は、ここでも優位に働く可能性が高い。

実は無邪気な現代のディスラプター

ディスラプターに共通するアウトサイドインの視点

GAFAという言葉がある。グーグル、アップル、フェイスブック、そしてアマゾンの4企業の頭文字を並べて、これらをまとめた呼称である。これらの米国西海岸を発祥地とする企業は、デジタル技術によってそれぞれの分野で市場を席巻、既存の業界構造を破壊した上で、寡占状態を生んでいる現代の代表的なディスラプターである。

4社にはそれぞれの個性があるものの、彼らに共通するものが一つある。それは常に「自社事業の外側の観点＝アウトサイドイン」でアプローチしていることである。言い方を換えると、常に顧客視点であるということだ。そして、それを無邪気なまでに信じ、実践しているということである。

私がグーグルに入社したのは今から10年以上前のことであるが、新入社員時にそれとなく見せられて、とても衝撃を受けたものがある。それが「グーグルが掲げる10の事実」である。

■グーグルが掲げる10の事実

1　ユーザーに焦点を絞れば、他のものはみな後からついてくる。
2　一つのことをとことん極めてうまくやるのが一番。
3　遅いより速いほうがいい。
4　ウェブ上の民主主義は機能する。
5　情報を探したくなるのはパソコンの前にいるときだけではない。
6　悪事を働かなくてもお金は稼げる。
7　世の中にはまだまだ情報があふれている。
8　情報のニーズはすべての国境を越える。
9　スーツがなくても真剣に仕事はできる。

――10「すばらしい」では足りない。

これは、社是のようで社是ではない。あくまでグーグルが見つけた客観的な「事実」であることが重要だ。「これを守れ！」と上からスローガンを押し付けるのではなく、「こういう事実が存在していますよ」ということを提示するという形を取っている。まるで冷静な科学者のようなアプローチである。

改めて「10の事実」の一番初めを見て欲しい。「ユーザーに焦点を絞れば、他のものはみな後からついてくる」とある。アマゾンが「お客様」としていたのが、グーグルでは「ユーザー」となっているが、言っていることはまったく同じである。

それは本当にユーザーのためになるのか？

私がグーグルに在籍していたとき、問題にぶち当たったときに社内の共通言語として常に言われていたセリフが「それはユーザーのためになるのか？」であったが、この考え方は社内の上から下まで極めて徹底して浸透していた。それに関連していつも思い出すエピソードが一つある。

グーグルの収益のおよそ9割以上が広告事業によるものであることは、多くの人が知っていることだろう。私のグーグル在籍時は、その広告事業収益のうちの9割近くが検索連動型広告によるものだった。

グーグルで検索をして出てきた検索結果の上位の検索キーワードを企業が事前に入札していれば、その企業の広告が表示されるのだが、その広告のクリックの状況やクリック後の遷移先のサイトでの滞在時間などによって、表示されたりされなかったりするというアルゴリズムが導入されている。

つまり、表示されてもクリックされる割合が少なかったり、クリックされたとしてもユーザーが遷移先にほんのわずかの時間しか滞在せず、すぐに離脱するようであれば、その広告はユーザーの「ためになっていない」広告として表示されないようになるのである。

一方で、毎週の売上の予実管理を担う身であった私としては、少しでも広告が表示されてクリックされる方が良い。クリックされれば、それは成果報酬として広告主からグーグルへ、お金が支払われるからだ。

ある年の四半期末、売上がターゲットに行くか行かないか微妙なラインになった。私は広告表示のための「蛇口」を少し緩めてもらえないか、日本法人の検索広告プロダクト担当のプロダクトマネジャーを通じて、本社の担当に交渉をした。しかし、なかなか首を縦に振らない。ちょっと蛇口を緩めるだけで、売上は上がる。しかし、簡単にそれをしないのが、グーグルなのである。

しつこく交渉を行い、最終的に本社は折れてくれたが、それでもそれは条件付きのものだった。言われた言葉は、「一部で条件を緩めてテストを行う。しかし少しでもユーザーエクスペリエンスを損なうものであったら、すぐに元に戻す」。

広告表示の条件を緩めて、表示数は増えたものの、下位に表示された広告をクリックした人たちの多くは、遷移先のページをほとんど見ずに離脱していた。蛇口を緩めたのは一部の地域を対象としてわずか1日だけのことで、翌日には元に戻された。すべてはユーザーのためという実に「無邪気な」想いのために、その四半期の日本法人は、結局ターゲットにわずかに届くことができなかったのである。

アップルの「ユーザーのため」という愚直さ

これは極めて典型的な出来事であるが、スマートフォンを巡ってグーグルと激しいシェア争いを行っているアップルも、ユーザーの重視＝人間中心主義という点では同じである。

アップルは２０１７年９月、「インテリジェント・トラッキング・プリベンション（ＩＴＰ）」というサードパーティのクッキー（あるサイトを訪れたとするＩＤのようなもの）をブロックする機能を自社のウェブブラウザー・サファリに標準装備した。これにより、広告主はユーザーを追跡できるのは24時間だけに制限され、それ以降30日間そのサイトをユーザーが再訪しなかったら、クッキーを完全に削除される。ユーザーは広告で追いかけられることから逃れることができる。

これに対し米国の広告やマーケティング関連の団体が、ＩＴＰの搭載を見直すよう、アップルに公開書状で訴えた。しかし、アップルは、ＩＴＰはあくまでもユーザーが安心してサファリを使ってウェブをブラウジングできるようにするためだと説明、この要求をはねのけている。

この「ユーザーのため」を愚直に進めようという姿勢は、レコード業界から多くの反発を呼んだiTunesにも共通する。アップル自体は決してＣＤなどの音楽パッケージ市場を潰したくてiTunesを着想し、開発を行ったわけではない。あくまで、ユーザーが1曲単位で手軽に手に入れ、どこにでも持ち歩いて聴くことができるようになることが、彼らの願いだったのである。

そして、案の定、人々はＣＤというＡＶ機器メーカーの都合で作られた物理的な縛りや、アルバムといったレコード会社やアーティストの都合で作られていた世界から逃れて、好きな曲だけを持ち歩き、自由に好きな場所で楽しむということが可能となったのである。

「人間らしい旅行」を求めるAirbnb

世界的に宿泊施設関連事業者の目の敵《かたき》となっているAirbnbにしても、何もホテルなどの既存の宿泊施設事業者を滅亡させたくてビジネスを始めたわけではない。

Airbnb創業者でありＣＥＯのブライアン・チェスキーは「1000 days of Airbnb」と題した講演を行っているが[*3]、その講演によると、Airbnbの創業は「困った人を助ける」という感覚で始まっている。

米国でも有数の芸術大学であるロードアイランド・デザイン大学を２００４年に卒業したブライアン・チェスキーは、親友の同窓生ジョー・ゲビアと「一緒に会社を始めよう」と２００７年にカリフォルニア州サンフランシスコに移り住んだ週末、ある国際的なデザインカンファレンスが開催されていることを知る。

旅行関連のウェブサイトを見ると、ホテルはすべて満室で、あっても法外な価格の部屋しか空いていない。デザインスクール出身の二人は、「クリエイティビティが問題を解決する」と学んだ学生時代を思い出し、まさにこれはサンフランシスコを訪れるすべての人々にとって問題であり、何か解決策はないかと考えた。

そして30分後、アイデアを思いつき、ウェブサイトを即席でつくったのである。リビングルームから家具を運び出し、そこに空気マットレス（Airbed）を敷き詰め、簡単な朝食（Breakfast）を提供しようと考えた。まさにこのAirbedとBreakfastを一つの単語にした「Airbedandbreakfast.com」というのがサイトの名称だった。

最初の客はインドから来た男性と、ボストンから来た35歳の女性、そしてユタ州から来た45歳の、5人の子供の父親である男性の3人だった。

ただし、それから1年はサイト訪問者は毎日100人程度で、2件ほどの予約が入る程度だったという。

その頃、彼らはしきりに「もうホテルの時代は終わりだ！　宿泊費を節約！」と、ホテルに代わる滞在先を安値で探すことができますよ、というメッセージを世に送っていた。

しかし、これを「人間らしい旅行を」というメッセージに替えたのが転機の一つになった。まるで大昔の村のように、誰もが旅人を喜んで受け入れるような、旅先で現地の人と旅行者の心の触れ合い、交流が起こるような旅にして欲しい、そんな想いを訴求することで多くの支持を集めるようになる。

「Airbedandbreakfast.com」という名称は、「Airbnb.com」に変わり、今や世界中に広がっているが、人間にとってより良い世界を作りたいという、この無邪気な気持ちが多くの支持を集める背景なのである。

実はディスラプター企業に多いデザイン出身者

なお、Airbnbだけでなく、現在注目を浴びるいわゆるディスラプター企業の創業者にデザイン業界の出身者が多いことは注目すべき点だ。例えば２０１７年9月に日本に進出した米国最大のクラウドファンディング、Kickstarterの創業者ペリー・チェンは元々アーティストであり、デザイナーとしても知られる。

また、昨年２０１７年に日本でもブームを迎えて飛ぶ鳥を落とす勢いのインスタグラムの創業者の一人、マイク・クリーガーはスタンフォード大学でシンボリックシステムを専攻し、ＵＸデザインなどが専門である。

企業評価額が10億ドル以上で、非上場のベンチャー企業を指すユニコーンのトップ10の常連であるPinterestの創業者の一人、エヴァン・シャープはコロンビア大学建築・都市計画大学院で建築デザインを専攻している。

そして最近Airbnbに次ぐ注目のユニコーンであるWeWorkの創業者の一人はオレゴン大学で建築を学び、デザイナーとして建築やデジタルメディアのデザイン業務についた後、起業している。

日本ではITベンチャーというとコンピュータープログラマーとMBAというイメージだが、世界では新しいイノベーションは建築家やデザイナーなどが抱く無邪気な夢＝デザイン・シンキングから生まれるということの証明なのかもしれない。

日本企業とデザイン・シンキング

ホンダも「人間中心」から生まれた

グーグルやアップル、Airbnbの無邪気な姿勢は、すべては人間を中心に考える「デザイン・シンキング」のアプローチそのものである。しかし、これはシリコンバレー企業の専売特許というわけではない。

共感→問題定義→創造→プロトタイプ→テストというデザイン・シンキングのプロセスそのものは、あくまで人間中心で問題点を見出し、問題を解決する手立てを講じるというデザイナーの暗黙知を形式知化した「手段」でしかない。しかし、多くの問題解決を生むプロダクトというものは、そのようなプロセスを踏んで自然に生まれてきたものが多い。

例えば、ホンダの創業者である本田宗一郎は、第二次世界大戦の終戦直後は何も事業をせず、土地や株を売却した資金で合成酒を作ったり、製塩機を作って海水から塩を作って米と交換したりして生活費を稼いでいた。

しかしこの時期に、自転車で苦労して買い出しをしていた妻の姿と、たまたま目にした旧陸軍の6号無線機発電用の50ｃｃエンジンが結びつき、「自転車にエンジンをつけたら買い出しが楽になる」と3～4昼夜ぶっ通しで、オートバイ研究を始める。店の外には「本田技術研究所」の看板を出し、早速試作車を妻にテストしてもらう。その妻はこのときの出来事を、後年以下のように語っている。


「『こんなのができたから、お母さん、乗って走ってみろよ』、って1台家に持って来たんです。私が自転車を漕いで、食料の買い出しに行く苦労を見かねてあれをつくったなんて、あとでカッコいいことを言ってますけど、そんな気持ちも少しはあったかも知れません。だけどそれより、女でも扱えるかどうか知りたかったのが本音だわね。私はいわば実験台。人がいっぱいの表通りを走らされるんですから、1番きれいなモンペをはいて乗りましたよ」[*4]

まさに苦労している妻への共感から始まり、問題定義、創造、プロトタイプ、テストを一気に

行ったのがホンダの始まりだったのである。

松下電器の誕生も課題解決アプローチから

本田宗一郎の話をしたならば、パナソニック創業者・松下幸之助の話もせねばなるまい。

第二次世界大戦以前の1918年に創業した松下電気器具製作所（パナソニックの前身）は、創業2年目にいわゆる「二股ソケット」を大ヒットさせ、現在に至る基盤を作る。

当時、多くの一般家庭は電力会社と「一戸一灯契約」という契約を結んでいた。しかし、これは家庭内に電気の供給口として電灯用ソケットを一つだけ設置し、電気使用料金を定額とする契約であったため、電灯をつけているときには同時に電化製品を使用することができないという不便があった。

そこで登場したのが二股ソケットである。二股ソケットは、電気の供給口を二股にして、電灯と電化製品を両方同時に使用できるようにしたもので、既に米国製のものなどが販売されていた。これに着目して使いやすくかつ壊れにくく改良した上で、価格についても半額近くに下げて販売することで、松下幸之助は大ヒットを生み出したのである。

このエピソードの背景として、パナソニックミュージアム松下幸之助歴史館には「アイロンを使いたい姉と、本を読むために電灯をつけたい妹が口論をしている姿を町で目撃した松下幸之助が、姉妹同時にアイロンと電灯を使うことができるようにと二股ソケットを考案した」という内容のビデオが流れている。[*5]その真偽はわからないが、「一戸一灯契約」で困っている人々に対する共感をもとに、プロダクトのアイデアを着想し、改良を重ねて販売をするというアプローチは、本田宗一郎のものと同じ「デザイン・シンキング」に基づくアプローチと言うことができる。

テクノロジーはユーザーの課題解決のために生まれる

こうしたエピソードからは、デザイン・シンキングが決してシリコンバレー企業の専売特許ではないということがわかる。そんな言葉が流行する約100年前には松下幸之助、50年前には本田宗一郎が実践していたアプローチなのである。

彼らは決して発明家だったわけではなく、ゼロから何かを生み出したわけでもない。言ってみれば、既にあるものを改良したに過ぎない。しかし、起業家として日本の高度成長を支える企業を作り上げた。今、イノベーションの波に揉まれて苦しむ日本企業と一体何が違うのか？

究極の違いは、本田宗一郎も松下幸之助も、妻や町で見かけた姉妹の抱えている課題を解決することから始まっている。「ドリルを買う人はドリルが欲しくて買うわけではない。穴が欲しいのだ」とは、マーケティングの世界では使い古された言葉だが、[*6]一旦ドリル屋になってしまったドリル屋は、ただただドリルを高機能化することしか考えられないし、ましなドリル屋でも、せいぜい新しい穴の開け方を考えるだけになってしまっている。

本来は、穴を開けずに問題が解決する（ないし目的を遂げる）なら、それが一番で、テクノロジーは、それを実現するためにあるというのにだ。

私が前職のコンサルティングファームで受けた依頼の中でも特に多かったのが「我が社にはかくかくしかじかの新技術があるのだが、これを事業化するにはどうすれば良いか？」というものだ。

企業名は明かさないが、正直に申し上げると、依頼者は日本の電機メーカーでも苦境に陥っている企業ばかりであった。そもそも「この技術を何に活用すれば良いか？」という時点で、その技術が人間に必要とされている技術なのか疑問がある。

これまで見てきたように、技術（テクノロジー）は人間の機能および感覚の拡張であり、何かの課題や問題を解決するために生まれるものであるにもかかわらず、何に使うのか、これから考えるとは本末転倒も甚だしい。まさにインサイドアウトの典型例で情けない限りである。

「ＡＩを使って何かできないか？　ビッグデータは？　ＩｏＴ[注2]は？　ロボティクスは？　ＡＲやＶＲは？[注3]」

注2　Internet of Things（モノのインターネット）のこと。様々な「モノ（物）」がインターネットに接続され（単につながるだけではなく、モノがインターネットのようにつながる）、情報交換をすることにより相互に制御する仕組み。

注3　ＡＲとは拡張現実（Augmented Reality）のこと。人が知覚する現実環境をコンピューターにより拡張する技術、およびコンピューターにより拡張された現実環境そのものを指す言葉。ＶＲとはバーチャルリアリティ（Virtual Reality）のこと。現物・実物（オリジナル）ではないが機能としての本質は同じであるような環境を、ユーザーの五感を含む感覚を刺激することにより理工学的に作り出す技術およびその体系。

今日もこんな言葉があちこちで飛び交っている。

しかし、新しいテクノロジーはあなたのビジネスを何も変えない。新しいアイデアや技術を組み合わせて、プロトタイプを作成し、テストを高速で実行する。そうすれば既存の市場を破壊し、新しい市場の創造主となれる、ということに対する理解が極めて乏しい。

この数年、この手のバズワードを入れたセミナーやカンファレンスは、スーツ姿のおじさんたちで連日満員だそうだが、そんなバズワードに振り回されている間は自称デジタルコンサルタントたちの良いカモになるだけだ。

日立とコマツを伸ばした原動力

日本の多くの電機メーカーが沈む中、辣腕経営者たちの改革で蘇り、今やグローバルIoT企業との勝負に挑んでいる企業がある。それが売上高10兆円・従業員数30万人の巨大重電企業の日立製作所である。

そんな辣腕経営者の一人に中西宏明会長（2018年現在）がいる。彼は2010年、日立が約7800億円の巨額赤字を計上した翌年、社長に就任、日立の復活を主導した。

そんな中西会長が様々なインタビューなどで強調することがある。言い方は異なるものの、要点としては「テクノロジーではメシは食えない」、そして「お客様が望むのは課題を解決してくれること」の2点である。

この原材料はいくらで買って製造コストはこれだけだから、いくらもうかります、というモデルでは、もう通用しない。自分たちのソリューションを提供することで、お客さんの売り上げが増え、どのくらいコストを下げられるから、得られたプロフィットを「7対3」とか「6対4」でシェアしましょうという発想・説明をしなければいけない。顧客体験をどう創るかが競争軸です。[*7]

第1章で見たとおり、「テクノロジーそのものを売る」ことでは今はビジネスは成り立たない、「テクノロジーを使った新しいサービスを売る」ことでやっと成り立つものなのだということを、中西会長流に表現した言葉と言える。

同様の観点でビジネスを構築して成功しているのが、建設機械メーカーの小松製作所（コマツ）である。製造業の中でもコマツは建設機械を遠隔監視する「コムトラックス」で、モノを売った後のサービスで稼ぐということを実践している。

コムトラックスはGPSを搭載したコマツの建設機械の稼働管理システムで、どの機械がどの場所にあって、エンジンが動いているか止まっているか、燃料がどれだけ残っているか、どれくらいの時間稼働したのか、といったすべてのデータをコマツのオフィスで把握することができるようになっている。

コムトラックス誕生のきっかけは1998年と20年も前のことで、盗難された油圧ショベルで

ATMを壊して現金を強奪するという事件が日本で多発していたことから、盗難対策としてGPSをつけたことに始まる。

2001年にはコムトラックスはコマツの建設機械の標準装備となり、現在、GPSを搭載したコマツの建設機械は全世界で30万台を超え、その30万台から継続的に収集されるデータは競争上の優位性にもなっている。

盗難防止という課題解決から始まったGPS搭載が、世界的企業を支えるバックボーンとなったというデザイン・シンキングの典型的な成功例である。

「人間中心に考える」とは「いかに人間がよりよく生きられるか」

ビッグデータを集めることが目的になっていないか?

しかし、日立やコマツのような成功事例はごく一部に限られた話で、今もバズワードに多くの企業は振り回されっぱなしだ。あくまでテクノロジーは手段であるにもかかわらず、それを目的化して、それ自体で何かを提供しようという姿勢から脱することがまったくできないでいる。それは、単純にテクノロジーということだけでなく、「デザイン・シンキング」というアプローチしかり、「ビッグデータ」という新しいテクノロジーで得られるようになった新しいナレッジしかり、「これを使って何かやれないか」という本末転倒思考に陥っているのが実態だ。

例えば「ビッグデータ」は、データを集めること自体が目的ではない。何かしら解決したい課題があり、その課題を解決するための解析に、従来は取得できなかったようなデータがＩｏＴのセンサーやソーシャルメディアから手に入れられるようになったに過ぎない。音声認識スピーカーからは人間の話し言葉（自然言語）による会話データを大量に収集することができるが、そのデータ収集自体には意味はない。

あくまで自然言語解析と音声認識の精度を上げることで、より人間が気軽にインターネットにつながり、サービスを受けることを可能にするという目的のための手段なのである。

サイズ自体をなくすゾゾスーツの衝撃

２０１７年末、アパレル系ｅコマースサイトとして大きな存在感を示すゾゾタウンを運営するスタートトゥデイが、プライベートブランド（ＰＢ）「ゾゾ」を開始すると発表した。

スタートトゥデイは、不振の続くアパレル業界にあって、既に時価総額で１兆円規模と、主要百貨店の時価総額を超え、文字どおりディスラプターとして業界では今や向かうところ敵なしの状況である。

そして、スタートトゥデイは、このＰＢ向けに「あなたの身体を瞬時に採寸することのできるボディースーツ」と銘打ち、伸縮センサー内蔵の「ゾゾスーツ」を発表、ただちに無料配布を開始した。

図表11｜スタートトゥデイの採寸ボディースーツ“ゾゾスーツ”

出典：http://zozo.jp/shop/zozo/goods/25782997/

S、M、Lといった既成のサイズから選ぶという「人が服に合わせる」のではなく、「服が人に合わせる時代」を実現することがミッションだとスタートトゥデイの前澤友作社長は自らツイッターに投稿したが、ゾゾスーツはトップスとボトムスの上下に分かれており、これらを着用した上で、胸元のセンサーとスマートフォンをブルートゥースで接続することで、「体のあらゆる箇所の寸法が瞬時に計測」できる。

インターネットを通じてあらゆるものが買えるようになった現代、実店舗で服を買う理由がもはや試着にしか見出せなくなってきている中、そもそも既成のサイズという概念そのものをなくすという発想は衝撃的だ。

ゾゾスーツを無料で配布することによって、スタートトゥデイは多くの人々の細部にわたる体格データを入手することができることとなった。しかし、スタートトゥデイがデータを取得することは目的ではなく、あくまで顧客の利便性を高め、顧客にゾゾを選んでもらうための手段でしかない。

入手したデータは既にあるアパレルeコマースサイト「ゾゾタウン」内での検索やレコメンド時に活用されるほか、ＰＢのゾゾの顧客はただ発注するだけで、カスタマイズされた服を購入できる。

世界中の人々が服を買う上で面倒だと思っていること、なくなれば良いと思っていること、それが何かから考えなくてはならない。データとテクノロジーはあくまで手段でしかない。

目的と手段を履き違えることはよくある話だ。そしてその結果、致命的な間違いを起こすこともよくある。だからこそ、今一度、自身がやっていることを振り返って考えることが重要だ。果たして最も重要な課題は何なのか？（＝目的は何か）、その見極めが重要となる。

今こそ考えたい「**失敗の本質**」

かつて、第二次世界大戦中の技術競争にも目的と手段の混同による悲劇があった。日本がかつて犯した過ちについて振り返って、Ｐａｒｔ１の締めくくりとしたい。なぜなら、技術大国といわれた日本がその座からすべり落ちようとしている今、冷静になって振り返るべき事実と考えるからだ。

第二次世界大戦期における日本海軍の主力艦上戦闘機である零式艦上戦闘機（以下、零戦）は、日中戦争から太平洋戦争初期にかけ、2200キロの長大な航続距離、20ミリ機関砲2門の重武装、そして優れた運動性能で、米英の戦闘機に対し常に優勢を誇り、日本の技術の結集とまでいわれた。

その運動性能を実現するための速力、上昇力、航続力を満たすため、特に軽量化に強くこだわり、ボルトやねじなどに至るまで徹底して軽量化、機体骨格に多くの肉抜き穴を開けたり、空気抵抗を減らすために製造工程が複雑な沈頭鋲を機体全面に使用するなど、大量生産には向かない設計となっていた。

これは当初、少数精鋭の艦戦ということで工数の多さは許容されたためである。零戦の優れた運動性能は防弾性能ともトレードオフで成り立っていた。すなわち、零戦には防弾燃料タンク・防弾板・防弾ガラス・自動消火装置が搭載されておらず、被弾に極めて弱く、それは早い段階で乗組員から指摘されていたという。

大戦中期になると、米陸海軍の対零戦戦法の確立やF4UコルセアやF6Fヘルキャットなど新鋭戦闘機の投入で零戦は次第に劣勢を強いられるようになる。なかでも癖がなく未熟なパイロットにも扱いやすい操縦性と、生残率を高めるパイロット背面の堅牢な装甲板、自動防漏タンクなどの装備に加え、良好な運動性能と折畳み式の主翼を備え、1隻の航空母艦に多数が搭載可能であったF6Fヘルキャットは、瞬く間に太平洋の制空権を零戦から奪うこととなる。

図表12｜零式艦上戦闘機（上）とF6Fヘルキャット（下）

零戦の設計者である堀越二郎は、零戦開発時に防弾を施さなかったことは、優先順位の問題であり、戦闘機の特性上仕方がなく、結果的に防弾性能が必要になったのは、パイロットの練度が落ちたせいで、それがなければ問題がなかったと後年述べたという。*8

しかし、それは戦争の一部に過ぎない戦闘機同士の空中戦で優位に立つための運動性能を「目的」として設計したからであって、戦争で生き延びることを「目的」としていたら違ったのではないだろうか。

確かに零戦の運動性能は他の戦闘機を凌駕しており、米陸海軍は零戦との一対一の空中戦を禁じてチームで戦うことを徹底させるほどだった。そして、新たに誕生したF6Fヘルキャットは、零戦を大きく上回るパワーのエンジンを搭載し、重武装の上、コックピット周りの防弾鋼板を始めとする防弾装備を強化することで対抗した。

重量的に不利になる防弾装備と重武装は、その大出力のエンジンで可能になるため、エンジン技術に劣る日本には取れなかった選択肢だったという話もあるが、F6Fヘルキャットの美点は、実際の空中戦での能力だけではなく、被弾や故障の際の修理がしやすい構造など、戦場での運用、すなわち「いかに生き残ることができるか」を第一の「目的」に設計されていた点にあると考えられる。

個々の空中戦でいかに優位に立ったとしても、戦争は結局どれだけ人と武器を失わないかが勝敗を決する。旋回性能などの運動性能は空中戦で勝つための手段でしかなく、また一つ一つの空中戦も戦争自体に勝つための手段の一つでしかない。大出力のエンジンを作る技術がなかったゆえの苦肉の策だったとしても、実際に搭乗するパイロットの命や戦場での運用を軽視するような設計は、「人間中心に考える」というデザイン・シンキングとは相容れぬだけではなく、そもそも戦争に勝つということは「いかに生き残ることができるか」と同義であり、その目的からも大きく逸脱したものと言える。

多くの手段の一つに過ぎないことを目的化してしまった失敗は往々にしてあり得る。そもそもあの戦争に突入した日本の決断はどうなのか、という指摘もあるだろうが、ここでは触れない。ただ、Ｐａｒｔ１を締めくくるにあたり強調しておきたいのは、人間中心に考えてさえいれば、目的と手段を履き違えることはないということである。

個人も企業も、お客様中心の課題解決を考える

Ｐａｒｔ１を通じて見てきたとおり、人間の歴史は「いかに人間がよりよく生きられるか」を目的とした「テクノロジー＝人間の機能および感覚の拡張」の歴史だった。そして、現代のディスラプターたちが、自社の短期的な利益に惑わされず、まさに人間を中心に、人間がよりよく生きることができる世界を実現することを目的としているという事実を、私たちは改めて肝に銘じる必要があるだろう。

個々の企業、我々個々人が「人間中心に考える」というのはどういうことか？

例えば、あなたが保険会社の経営者だったとする。保険会社のサービスとは保険商品という一種の金融商品で、個人や法人のリスクが何かしら顕在化した場合、それを金銭的に補償するものである。しかし、これを「人間中心に考える」と、その万一のリスクを事前に摘み取って、リスクそのものが顕在化しない方が良いわけだ。

現実には命ある限り、死ぬ可能性は１００％であるわけだから、死亡保険のような保険商品はなくならないが、例えば日常の食生活と運動の状況をモニターした上でそれらをすべて適切化してくれるサービスで確実に寿命を延ばしてくれるサービス、旅行者であれば、盗難やひったくりの多い街角に入ってしまったらアラートを出した上で、リスク回避のヒントをリアルタイムで教えてくれるサービスなどがあれば良いかもしれない。

あるいは、自動運転車で１００％事故が回避できれば自動車保険そのものが不要となりうる。自動運転技術はまさしく人間の機能および感覚の拡張であり、その結果として「事故」というリスクを事前に回避することができるわけだ。

そうした場合、保険会社はどうすべきなのか？　それは自社の存在価値を見定め、目的を「リスクによる損害をゼロへ近づける」と決め、保険商品に固執せず、リスクを事前に察知してあげたり、リスクを軽減したり、未然に防いだりするビジネスへとシフトすべきなのである。

存在価値を見定めて愚直に実践する

もう少し別の例を挙げてみる。あなたの自宅の近くには、毎日朝晩通って利用しているコンビニエンスストアがある。会社の近くでは、異なるチェーンのコンビニを使っており、特にどっちにロイヤリティがあるというわけでもなく、近くて便利であれば利用する程度だ。そんなあなたの自宅近くのコンビニの本部が、自ら銀行を立ち上げて、これから独自のポイントシステムや電子マネーを作ろうとしているらしい。さて、このコンビニ本部の動きは「人間中心」の考えか否か？

答えは否である。

そのコンビニ本部にとっては、ポイントプログラム事業者に手数料を払っているのに顧客データも詳細に取れない現状は多いに不満だろうし、自前のポイントと電子マネーで自社に顧客を囲い込みたい。

しかし、一消費者であるあなたの財布の中には、Ｔカードや Ｐｏｎｔａカードを始め、ドラッグストアや近所の定食屋まで何枚あるのかわからないほどのポイントカードがあり、電子マネーならばＳｕｉｃａもあるし、ＬＩＮＥ Ｐａｙカードもあり、少しでも財布の中をすっきりさせたい。どこかのコンビニだけを使うというのをわざわざポイントのためにしたくはない。むしろ、これらを全部一本化して、より多くの店で使うことができれば最高だ。

「人間中心に考える」というのは、一消費者であるあなたの気持ちに応えることだ。先に「インサイドアウト」「アウトサイドイン」についてローソンとアマゾンの対比で話したとおり、自社都合ではなくお客様の目線で考えることが「人間中心に考える」ということと同義と考えて良い。

顧客であるあなたにとってみれば、ポイントカードや電子マネーをさらに新しく加えることは面倒でしかない。それよりも、ポイントカードが一本化され、電子マネーも一本化され、そのことによってより利便性が高まるのであるならば、コンビニ本部はむしろそれを実現することに心を砕くべきなのである。そもそも、コンビニエンスストア（＝便利なお店）と自ら名乗る限りは、それを自社の存在価値・目的と肝に銘じるべきであり、これは明らかに自らの存在価値・目的を否定する動きと言えよう。

つまり、お客様は「ポイントカードや電子マネーを一本化したい」と思っており、そういう課題を抱えている。これは、お客様自身には解決できない課題である。その課題を解決するため、

図表13｜「人間中心で考える」ということ

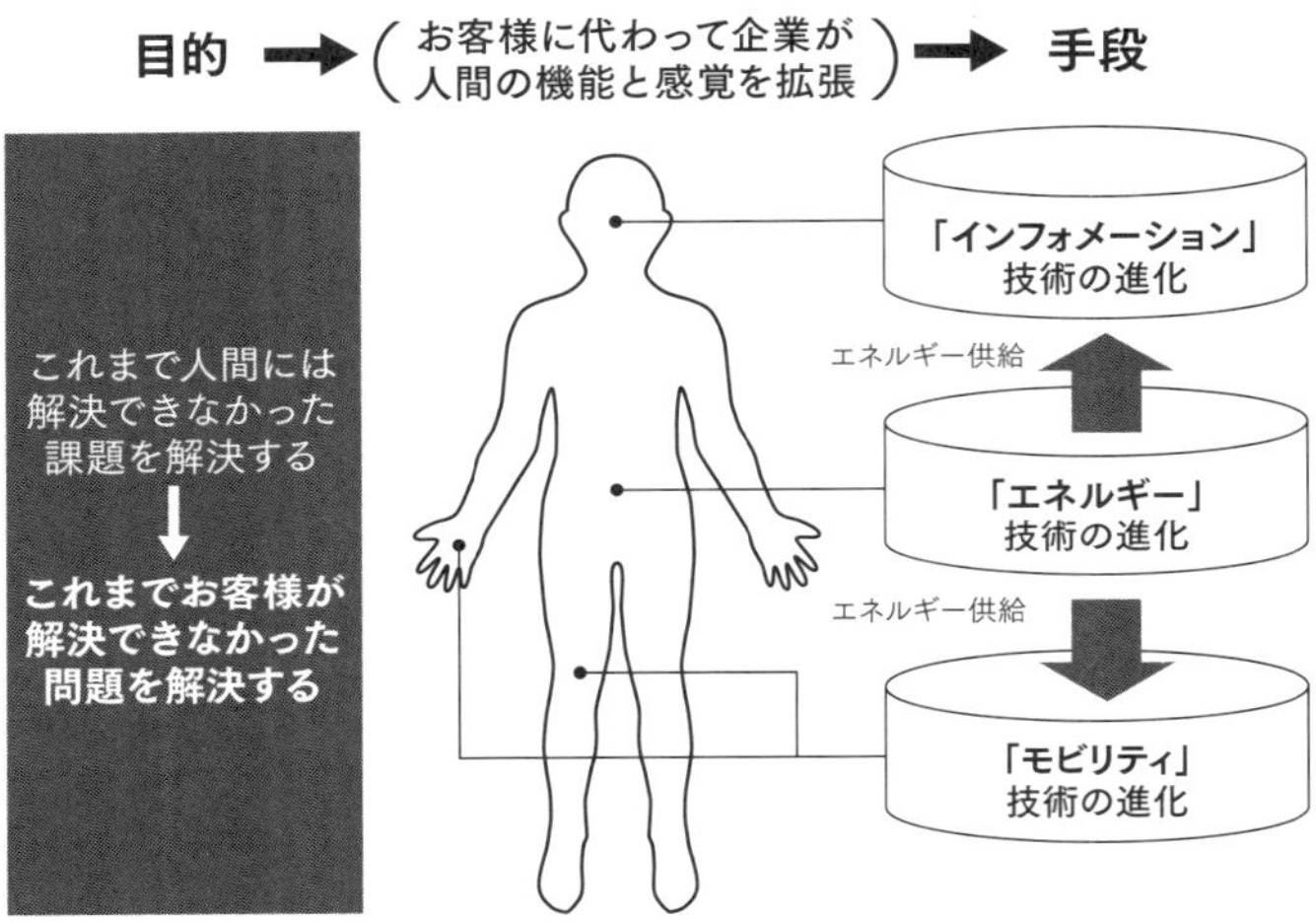

手段としてどんな技術が必要かを考えることが、「人間中心に考える」ことなのである。

これを個人レベルに落とし込むと、案外そのような間違いは引き起こしにくい。それはデザイン・シンキングを恋愛にたとえた際にも触れたが、個人が向かい合う相手は常に目の前の人間であるから、自分都合の行動によるしっぺ返しは幼少期から何度も経験することだからだ。したがって、企業経営よりは「人間中心」というものを意識しやすいと言える。

それでも、ソーシャルメディアなど、個人レベルでの情報受発信・拡散ができるというメディアの進化によって、存在すら怪しい不特定多数とコミュニケーションが取れるようになったことで、「人間中心」という意識から離れがちになった。

見知った者同士の人間関係においては意識せずともできていた「人間中心」＝「お客様目線」が今、改めて求められるようになっているのだ。そして「お客様目線」で自分自身を見つめ直したとき、自分が何者か、自分が他者に対して貢献できることは何か、ということを明らかにすることが重要となる。

我々一人一人は何かしらの目的のために生まれ、この世に存在する企業一つ一つは何かしらの目的のために存在している。一人一人の人間、一つ一つの企業、それぞれが生まれついた目的・存在価値を明確にし、それを愚直なまでに実践していくということと「人間中心に考える」ということはまったく不可分なのである。存在価値を見定め、それを実践していくことの重要性については、Ｐａｒｔ２でじっくり見ていくことにしよう。

第2章のまとめ

本章では、「人間中心に考える」のアプローチ手法として、デザイン・シンキングを取り上げ、アマゾンを始めとした現代のディスラプターたちと、日本企業などの事例を通じて、その具体的な方法を見てきた。

まず、章の最初は、デザイン・シンキングについての説明を行っている。概要は以下のとおりである。

■デザイン・シンキングは、企業としての業界ポジショニングや、自社の経営資源を考える以前に、まずは自らの顧客(消費者・ユーザー)のことを考えるアプローチである。

■アマゾンでいえば、本をどう売るかを、業界における自らの立ち位置や、競合と比較した場合の強みは何か、から考えるのではなく、本を必要としている人の立場になって、その人にとって最も良い「本の提供の仕方」を考える、というのがデザイン・シンキングであり、最強の競争戦略である。

■そのプロセスは、まずは顧客に対する「共感」から始まる。顧客が抱える問題が何かを「定

義」し、何を望んでいるかアイデアを「創造」し、まずは気軽に手を替え品を替えてアプローチするという「プロトタイプ」を「テスト」しては繰り返すというもの。

このデザイン・シンキングの実践者としての代表格は、アマゾンである。

■そもそも、アマゾンのミッション・ステートメントは「地球上で最もお客様を大切にする企業」。
■例えば、アマゾンの無人店舗Amazon Goは、まさにデザイン・シンキングの実践である。
■日本のローソンは同様の無人店舗を同時期に発表したが、これとAmazon GOでは、まったくその発想は異なる。
■ローソンのものは、今の事業の枠組みの中で効率性を上げるためにテクノロジーを導入することが前提で、「自社事業の観点＝インサイドアウト（Inside-Out）」の発想。
■しかし、アマゾンの場合は、まずは顧客利便性が先にあり、それを実現するためにテクノロジーがあり、その上での事業モデルを考えるという「自社事業の外側の観点＝アウトサイドイン（Outside-In）」にある。
■アウトサイドインはまさに、デザイン・シンキングのアプローチそのものであり、アマゾンはAmazon GOに限らず、他の事業でもこのアプローチを徹底している。

そして、このようなアプローチは、グーグルやアップル、そしてAirbnbといった現代の新旧ディスラプターにも共通である。そのときに彼らに共通しているのは、次の点である。

■彼らは「人間にとってより良い世界を作りたい」という無邪気な思いから、ビジネスを創造している。

■仮にビジネスとしては儲かることであっても、それが彼らが考える「より良い世界」につながらないものであれば、彼らは決してそれに手を出さない。

しかし、これは何も現代のシリコンバレーのディスラプターたちの専売特許ではない。

■ホンダもパナソニックも、創業者のデザイン・シンキングのアプローチで大きく成長した。

■また、多くの電機メーカーが苦境に陥る中で、好調を維持する日立、そして建設機械業界でグローバルで唯一無二の存在感を放つコマツなど、今なお高い成長を誇る日本企業もデザイン・シンキングを実践している。

それでも、日本企業で実践できている企業は極めて限られている。なぜなら、

■テクノロジーは手段であるにもかかわらず、それを目的化して、それ自体で何かを提供しようという姿勢から脱することができないでいるから。

■また、テクノロジーということだけでなく、「デザイン・シンキング」というアプローチ、あるいは「ビッグデータ」という新しいテクノロジーが可能としたナレッジについても、「これを使って何かやれないか」という本末転倒の思考に陥っている。

■例えば、ゾゾスーツは、ビッグデータとIoTの組み合わせだが、これはeコマースでも個々のお客様が自分のサイズに合った商品を注文できるようにするためには、という発想から作られており、ビッグデータとIoTで何かできないか？から始まっているわけではない。

■目的と手段を履き違えることはよくある話だが、それが致命的な間違いを引き起こす。

■だからこそ、今一度、自身がやっていることを振り返り、最も重要な課題は何なのか（＝目的は何か）、その見極めが重要であり、それこそが「人間中心に考える」ということである。

その「人間中心」を実現する上で、一人一人の人間、一つ一つの企業、それぞれの目的・存在価値を明確にし、実践することは重要である。これについては、Part2で見ていく。

Part 2

存在価値を見定める

［生存戦略2］

サバイバル時代の生存条件

第3章

存在価値のない企業は消え去るのみ

生き残る企業の絶対条件

シリコンバレー企業にあって、日本企業にないもの

ツイッターの存在価値とは？

2010年夏、日本ではまだ月間アクティブユーザー数（MAU）[注1]が5000～6000万人程度だったツイッター社が日本法人を設立するので面接を受けないか、とツイッターのサンフランシスコ本社に勤務する私のグーグル時代の米国人同僚から連絡があった。

私は当時ソフトバンクでiPhone事業の責任者を務めていたが、ツイッターのオープン性とリアルタイム性にインターネットの未来を感じており、「ぜひ面接を受けさせて欲しい」と二つ返事

で面接を受けることにした。

最終的に私はツイッター日本法人二人目の社員（全世界では300人目）としてツイッター社に潜り込むことに成功するのだが、オファー（採用通知）をもらうまでに行った8人とのインタビュー（面接）で、多くのインタビュアーの口から発せられたのが、「ツイッターのバリュー・プロポジション（Value Proposition）は何だと思うか？」という質問だった。

当時の私には聞きなれない言葉で最初は戸惑ったが、要は「ユーザーに提供することのできるツイッターならではの価値は何だと思うか？」という意味であった。

当時のツイッターは、ユーザーがつぶやいた言葉などのデータを販売するというビジネスで、本格的な収益化を行っていなかった。全世界でのMAUはやっと4000万〜5000万人[注2]に届こうかという規模、米国で広告事業を始めたばかりだったため、そのビジネスモデルすら不明瞭な段階だった。

インタビューで、バリュー・プロポジションについて答えた後に決まって聞かれたのが、「それではそれを踏まえると、ツイッターの広告事業はどのようなビジネスモデルになるべきだと思うか？」であった。

注1　ソーシャルメディアのような会員制のウェブサイトやインターネットサービス、スマートフォンアプリなどで、1カ月の間に1回でも利用や活動のあった利用者の数。MAUはMonthly Active Userの略。
注2　なお、ツイッターの2016年12月時点での日本国内MAUは4200万人である。

図表14｜バリュー・プロポジション=存在価値

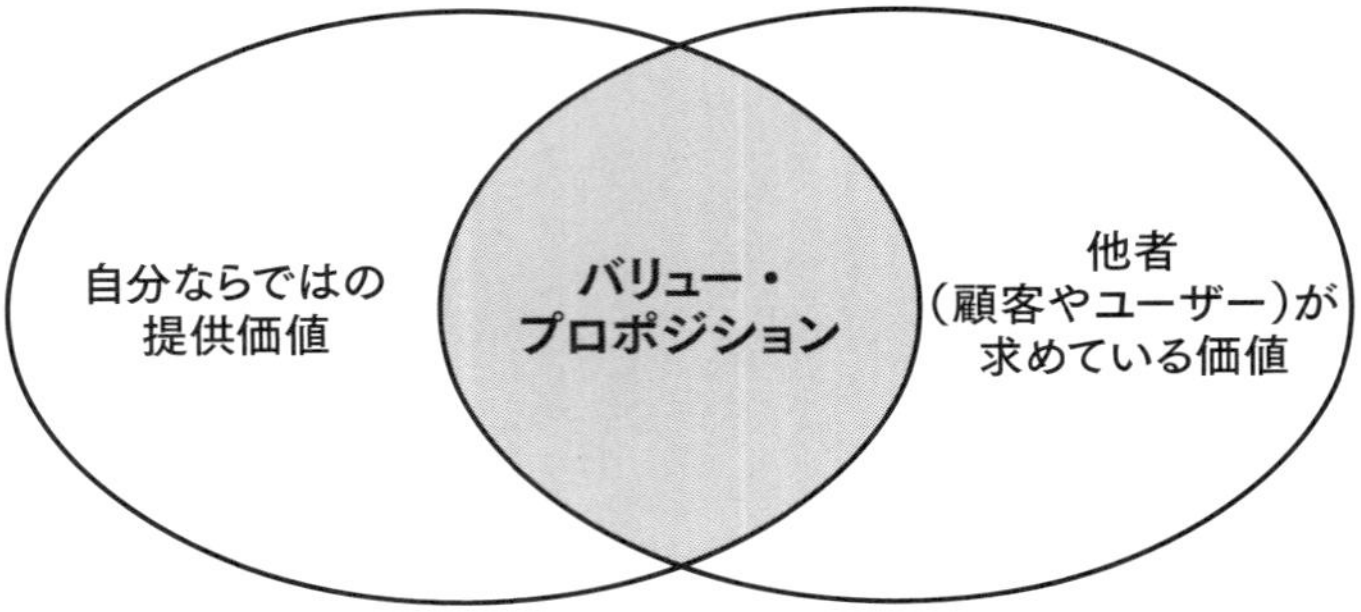

バリュー・プロポジションとは直訳すると「価値命題」だが、むしろ「存在価値」という言葉の方が近い。これをよりわかりやすく言うと、他には提供できない「自分ならではの提供価値」と、自分以外の「他者（顧客やユーザー）が求めている価値」の両方を満たす価値ということだ。

顧客やユーザーに何らかの価値を提供し、その価値の対価としてお金を受け取るというのがビジネスの本質であるとすると、自らのバリュー・プロポジションを常に強く意識することは、ビジネスを行う上での前提となる。

Ｐａｒｔ１で見たように、ディスラプターがこの世の中に出現するとき、彼らには既存の顧客や販売チャネルがあるわけでも、低コストで生産するための生産施設を持っているわけでもない。彼らにとっての唯一の武器は、どのような「他では得られないユニークな価値」を提供できるか、ということに尽きる。それは言い換えると、その企業がこの世に存在する価値＝存在価値は何なのか、ということだ。

ツイッターは、自らのバリュー・プロポジションを「The Global Town Square」と位置づけ、具体的には、「Our Mission」と称して、以下のように表現している。

To give everyone the power to create and share ideas and information instantly, without barriers.

Global Town Squareという表現は、かつてヨーロッパの町の広場で多種多様な人々の自由な発言と対話によって民主主義が生まれたことをなぞらえたものだが、前記の「Our Mission」を和訳してツイッター自身は「言語や文化などの障壁をなくして、思いついたアイデアや見つけた情報を一瞬にして共有する力をすべての人に提供すること」としている。

しかし、バリュー・プロポジションとしては、英語の「To give everyone the power」と「instantly」、そして「without barriers」という部分が端的にツイッターを表現していてわかりやすい。様々な人がスマートフォンから短い文章でどこからでもアクセスできるという極めてオープンな環境で、リアルタイムに情報を受発信できるというツイッターならではの価値、そして世の中の人たちがツイッターに求める価値を、まさに端的に表現している。

グーグルの存在価値を規定するミッション・ステートメント

本書のＰａｒｔ１では、アマゾンのミッション・ステートメントが「地球上で最もお客様を大切にする企業」であるということに触れたが（アマゾンはシリコンバレー企業ではないが）、グーグルにも同様にミッション・ステートメントが存在する。

Google's mission is to organize the world's information and make it universally accessible and useful.
グーグルの使命は、世界中の情報を整理し、世界中の人々がアクセスできて使えるようにすることです。

20年前の１９９８年に設立され、ページランクをもとにした検索エンジンを提供し、短期間で急成長を遂げたグーグルは、このミッションをもとに、ウェブページだけでなく、様々な情報を収集して整理してアクセスできるようにしている。

YouTubeを買収し、世界中のビデオを視聴することを可能とし、アンドロイドによってより多くの人がインターネットにアクセスできるようになった。グーグルマップによって地図や渋滞情報、ストリートビューによって景色までわかるが、これらも情報である。

自動運転技術というのも、車の運転状況の情報を整理し、さらに道路の状況などを収集・整理

図表15｜グーグルのバリュー・プロポジション

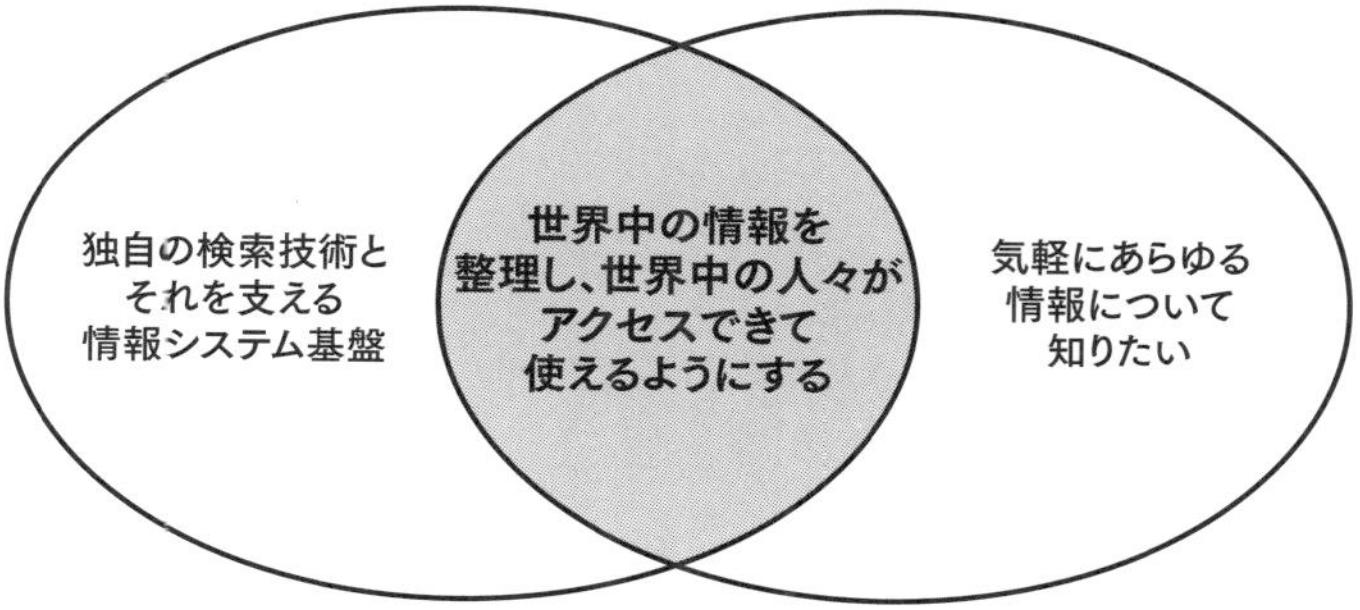

独自の検索技術と
それを支える
情報システム基盤
世界中の情報を
整理し、世界中の人々が
アクセスできて
使えるようにする
気軽にあらゆる
情報について
知りたい

することで可能になるわけだから、まさにグーグルは「世界中の情報を整理し、世界中の人々がアクセスできて使えるように」しているのである。

これを先ほどのバリュー・プロポジションを表す図に当てはめると、まさにグーグルは「グーグルならではの提供価値」と「インターネットユーザーが求めている価値」の交わるところをミッションとしていることがわかる。

グーグルの検索エンジンを支える技術はグーグルだけが提供できる価値であり、一方で多くの人々は様々な情報について気軽に知ることができる利便性を欲している。そして、現実に世界中の多くの人々は、何かについて知りたいと思ったときにグーグルで検索するという行為が一般化している。

どのような価値を世の中にもたらすかという視点

ところが、このような自らのバリュー・プロポジションを規定するようなミッション・ステートメントを日本企業が掲げることは極めて稀である。

「いや、日本企業にだって経営理念とか社是・社訓などがあるではないか?」という読者もいるだろう。確かに規模の大小を問わず、日本企業の多くには社是や社訓の類いがあり、社員証や手帳などに刷られたり、場合によってはオフィスの壁に掲示されたりするなどして、後生大事に扱われていることも多いと聞く。

ミッション・ステートメントも多くの企業にある社是やフィロソフィー、行動規範、経営理念などのうちの一つである。組織を一つの方向へ導き、企業としての価値を高める上で、極めて有効なものだからだ。

それらはシリコンバレー企業に限らず、多くの欧米企業では、社会に対しての企業のバリュー・プロポジションを表現したミッション・ステートメントと、それを実現するための行動規範で構成されることが一般的である。しかし、日本企業の場合は仮に「ミッション」と呼べるようなものがあったとしても、先ほどのグーグルのものとは異なり、どんな企業でも当てはまりそうなもの、つまり「その企業ならではの価値」を定義づけたものになっていないことがほとんどだ。例えば、次のものはどうだろうか?

"Leading Innovation"
私たち、××××（企業名）の使命は、
お客さまに、まだ見ぬ感動や驚きを、
次々とお届けしていくこと。
人と地球を大切にし、
社会の安心と安全を支えて続けていくこと。
そのために私たちは、技術・商品開発、生産、営業活動に
次々とイノベーションの波を起こし、
新しい価値を創造し続けます。

テレビCMなどで目にしたことのある読者もいるかもしれないが、これは東芝のミッション・ステートメントである。現在経営再建中の東芝であるが、きっかけとなった粉飾決算事件では、かつて見たことのないような驚きを次々と私たちに届けてくれたのは極めて皮肉であった。しかし、テレビCMで"Leading Innovation"というタグラインを見たことがなければ、恐らくどの企業のミッション・ステートメントかはわからないだろう。

それでは、次はどうだろう。

「世界人類との共生のために、真のグローバル企業をめざす××××（企業名）」

企業理念：世界の繁栄と人類の幸福のために貢献すること

そのために企業の成長と発展を果たすこと

これは、日本国内の時価総額ランキングトップ20の常連、日本を代表する企業キヤノンのミッション・ステートメントである。なるほど、確かに何を目指すかという使命＝ミッションを表しているからミッション・ステートメントの体は成している。

だが、この場合も、企業名の「キヤノン」を外した場合、これがどこのミッション・ステートメントであり、企業理念なのかが、わかる人はいるだろうか？

これが定義されたのは、今から30年前の1988年、日本はバブル真っ盛り。キヤノンにとっては創業50周年の翌年という節目だったという。世界人類だとかグローバルということだから、より世界に冠たる企業になろうという意思を感じる。

また、この時代、企業の社会的責任などが叫ばれ、一企業としての利益を求めるのではなく、社会との「共生」を目指すということが多く喧伝されたのだが、この流れに乗ったのであろう。しかし、社会と敵対的であろうと公言する企業があるだろうか？　「共生」はどの企業でも等しく企業としてこの世で生きていく上で前提となるものだろう。

ここで東芝やキヤノンを批判したいわけではない。論点は、ともに日本を代表する模範的企業であった東芝やキヤノンですら、自らの存在価値＝バリュー・プロポジションには無頓着であるということである。

トヨタや京セラなど日本を代表する企業の多くの企業理念やミッション・ステートメントに目を通してみるとわかるが、日本企業に特徴的なのは、企業としてどういう価値を提供するか？ なぜその企業は存在するのか？ という「ＷＨＹ」に関する定義が少なく、あくまで行動規範や行動理念のような「ＨＯＷ」や「ＷＨＡＴ」に留まっているということである。

しかも、それらの多くは、創業者や中興の祖の言葉として神格化され、お題目のように従業員に浸透させることだけに終始しているのが実態だ。

シリコンバレー企業が社会の中で、あるいは顧客に対して、どのような価値を創造・提供していくかに力点を置くのに対して、「どのような価値を世の中にもたらすのか」という視点の欠如は、企業の新旧を問わず、そして勝者か敗者かを問わず、日本企業の多くに共通する点だ。ただ、だからと言って、企業としての存在価値の有無が、今後の生存可能性を左右するものであるかどうかということを断じることはできない。

「持続的イノベーション」と「破壊的イノベーション」の違い

しかし一方で、数多くの破壊的イノベーションによるディスラプションが古くは中国、グーテンベルク以降は欧米を中心に起こっているのに対し、日本企業は持続的イノベーションによるキャッチアップで競争優位を獲得してきたという事実はよく指摘されることだが、それはこのことと大きく関係するのかもしれない。

日本企業が得意な持続的イノベーションとは、例えば自動車ならば燃費改善、カメラであれば高画質化というように、現在市場から求められている価値をより高くすることを主眼としているため、既存の技術の改善と高度化、そして効率化による低価格化によって市場を拡大していくことが競争力の源泉であり、その競争力維持のために必要なのは、究極的には右向け右で一丸となって進む社員が集まっていることだ。

しかし、破壊的イノベーションは、現在市場から求められている価値を低下させ、別の価値を向上させることを主眼とするため、社会に提供すべき本質的な価値が何なのかを見極めることが重要となる。

そういう観点では現在対象としているマーケットが持続的イノベーションによってまだまだ優位性を保つことができる限りにおいては、存在価値があろうとなかろうと、その企業の未来は明るいと言える。

東芝が苦境に陥ったきっかけは、コモディティ化で利益の出にくくなったパソコン事業、リーマンショックで落ち込んだ半導体事業、そして巨額の資金で買収したにもかかわらず東日本大震災の原発事故で新規受注が落ち込んだ米ウェスティングハウスの原子力発電所事業など、彼らが主力事業においてマーケット環境の変化の波を受けたことにある。

逆に言うと、それがなければ彼らも安穏としていられたわけだ。企業にとっての「存在価値」の重要性について、もう少し見ていくことにしよう。

グーグルはなぜヤフー・ジャパンに検索エンジンを提供したのか？

グーグル社員の高いモチベーションを支えるもの

実は、企業としての社会での存在価値の有無というものは、組織として、そこで働く人たちを動かす上でも大きな違いをもたらす。人間のモチベーションというのは、個々人の欲求をいかにコントロールするかにかかっており、それが高次なものであるほど、人はより高いモチベーションを維持しうる。

マズローの段階欲求説に基づくと、「自己超越」が最も高次の欲求に位置付けられているが、これは個々の自己を超えた存在に向けて奉仕を行いたいという欲求で、「目的の遂行・達成を純粋に求める」という領域であり、見返りを求めずエゴもなく、自我を忘れてただ目的のみに没頭し、何かの課題や使命、仕事に貢献している状態だという。

シリコンバレー企業の多くは、この「自己超越」を自社のミッション・ステートメントに盛り込んでいる。そこに集う人々のモチベーションを、組織の一員として自己を超えたところ＝社会

図表16｜マズローの段階欲求説

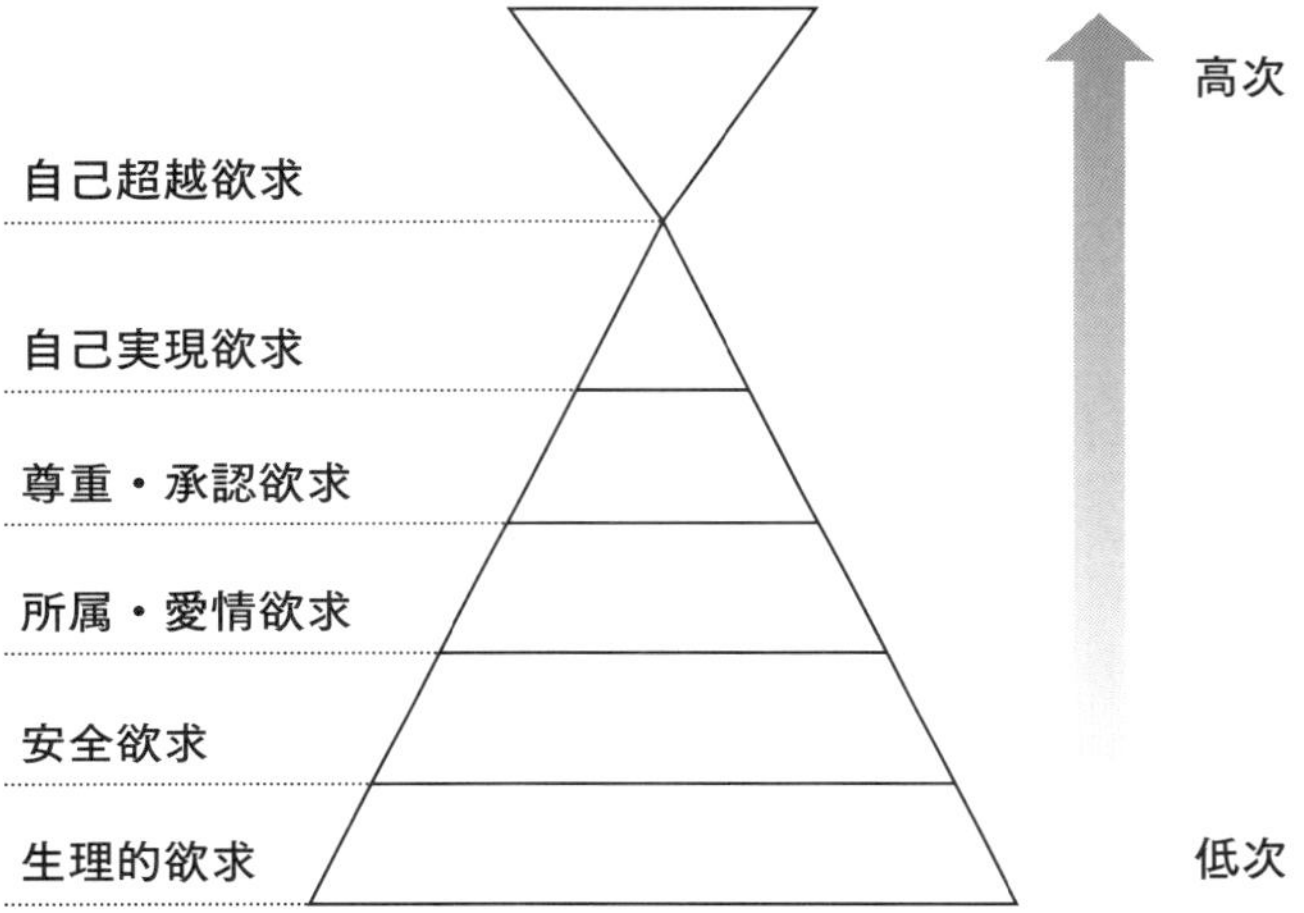

に対して何を提供するのかへと向かわせる、極めて強力なものとしている。

「自己超越欲求」を企業のミッション・ステートメントとすることで、社員のモチベーションコントロールをうまく行っている企業の一つがグーグルだ。そして、この企業のミッション・ステートメントが、様々な経営的判断を行う上での基準となっているという点でも、グーグルは極めて特筆すべき企業と言える。

グーグルの社員というと多くの人がAlphaGoに代表されるＡＩを研究・開発するコンピューターエンジニアやプロダクト開発者を想像するだろうが、その半数近くは広告事業に関する営業や事業開発など、ビジネスに従事する人たちで占められている。彼らはあくまで「お金を稼ぐ」ことが仕事であり、彼ら自身がグーグルのミッション・ステートメントである「世界中の情報を整理し、世界中の人々がアクセスできて使えるようにすること」に直接貢献しているわけではない。

しかし、彼らは誰よりもこのミッション・ステートメントに貢献しているとの自負心を持っている。その背景には、グーグルの収益の9割以上が、検索連動型広告を始めとした広告事業に負っているが、グーグルの抱える天才的なエンジニアや開発者たちが「世界中の情報を整理」するプロダクトを次々と生み出していけるのも、これらの収益あってこそ、ということを会社としても明確に打ち出していることがある。

グーグルには毎週金曜の夕方5時から開催される全社ミーティングがある。TGIF（Thanks God It's Fridayの略）と呼ばれるこの集会では、フリーフードにビールが振る舞われ、経営陣と社員が直接対話を行うことができる。そして、そのTGIFの場で多くの社員が楽しみにしているのが、まだ世の中に出ていない新しいプロダクトに関するプレゼンテーションである。

私がグーグルに入社して間もない2008年当時、日本でもグーグルストリートビュー[注3]を開始するとの発表があったとき、プロダクト担当者よりも、むしろ営業部門の社員が興奮して盛り上がっていた光景を昨日のことのように思い出す。なかでも私の印象に残っているのは、「こうい

注3　グーグルストリートビュー（Google Street View）は、グーグルが2007年5月25日に開始した世界中の道路沿いの風景をパノラマ写真で提供するインターネットサービス。

う素晴らしいプロダクトを生み出すのを支えているのは自分たちだからこそ、もっともっと頑張らなければ」というような、営業部門の社員たちの無邪気なまでのモチベーションの高さだった。

ウェブページの被リンク数とその質によって、その重要度を評価することで検索語に対する適切な結果を表示することを可能としたグーグルが、自らのミッション・ステートメントを「世界中の情報を整理し、世界中の人々がアクセスできて使えるようにすること」と定義づけたのは、まさにグーグルならではのバリュー・プロポジション＝存在価値と言える。そして、この価値をもたらすことが、営業職員であれ、カフェの給仕職員であれ、働く上での価値基準にもなる。

それを実感するエピソードが私のグーグル在籍時にあった。

エリック・シュミットは何を基準に意思決定をしたのか？

２０１０年７月、ヤフー・ジャパンは２００４年から使い、日本で独自に開発していたＹＳＴと呼ぶ検索エンジンを捨て、グーグルの検索エンジンを採用するという報道がなされた。[*1] 同年12月には、ヤフー・ジャパンの検索エンジンは完全にグーグルのものに切り替えられ、現在両社の検索結果は広告枠以外、ほぼ同じものとなっている。

この提携のそもそものきっかけは、２００９年７月に米ヤフーが独自の検索エンジン開発を止めると発表したことに遡る。米ヤフーは開発停止に伴い、マイクロソフトの検索エンジンBingに乗り換えることを決定したが、この時点では、米ヤフーから検索エンジンの根幹部分の提供を受けていたヤフー・ジャパンは果たして米ヤフーと同様にBingを採用すべきか、他の検索エンジンの可能性を探るべきか、決めあぐねていている状況だった。

当時、私はグーグル日本法人の経営企画室兼営業戦略企画部のトップとして、日本法人社長の辻野晃一郎氏をサポートする立場だった。ちょうど、米ヤフーが検索エンジンBingに乗り換えるとの報道がされたとき、経営企画室の他のメンバーおよび事業開発メンバーから、すぐにでもヤフー・ジャパンに検索エンジンをグーグルに変更するように働きかけるべきとの声があがった。

当時、日本国内ではパソコンからの全検索数についてヤフーが52%、グーグルが48%と両社はしのぎを削っており、グーグル社内では毎週その数値が発表されるたびに、社員はやきもきしてはがっかりするという状況だった。

それでも、以前はヤフーが圧倒的だったわけだから、かなり頑張った上での結果だった。グーグルツールバーの普及に、ポータルサイトやモバイルキャリアへの検索エンジンの提供。様々な取り組みが功を奏し、ヤフーを上回るまであと少しというところだったので、最大のライバルへの検索エンジンの提供には社内でも反対の声が大きかった。

しかし、まずは肝心のヤフー・ジャパンが興味を示さなければ話は始まらない。そこで、ヤフー・ジャパン社長（当時）の井上雅博氏に提案に行ったのだが、けんもほろろに断られてしまう。そこで私たちは方針変更。ヤフー・ジャパンの親会社ソフトバンク社長であり、ヤフー・ジャパンの会長でもある孫正義氏に直接アプローチすることにした。

東京・汐留のソフトバンク本社26階のある部屋に私たちは通され、ほどなくして忙しない早足で孫社長が部屋に入って来た。私にとって、これが巨人・孫正義との初対面だった。想像以上に小柄だったことに私は一人驚いていたのだが、当の本人はその小柄な体をご機嫌そうに揺らすと(少なくとも私にはそう見えた)、「ようこそいらっしゃいました」と破顔一笑。辻野社長を見据えた孫社長の返答は「ぜひ、やりましょう」であった。説得のために用意した資料も必要ないくらいの即決だった。

これで孫社長を押さえることはできた。あとは、最終的に社内で最終承認を取るだけだ。しかし、社内でもプロダクトサイドからの反発が大きかったのは先に書いたとおりだった。そして何よりも、カリフォルニア州マウンテンビューにある本社、特に共同創業者であるサーゲイ・ブリンが反対しているという話がまことしやかに、当時渋谷にあった日本法人オフィスに伝わっていた。

サーゲイは、言ってみればグーグルの検索エンジンの父であり、エンジニアとしては当然の反応とも言えた。過去にもグーグルは2001年から2004年までの3年間、ヤフー・ジャパンに検索エンジンを提供した時期があったとはいえ、当時はグーグルでの検索数が圧倒的に少なく、まずはデータを集めるという意味があった。しかし、それから検索技術を高め、マーケットシェアも逆転まであと少しというところで、ライバルに提供するというのは、自らの魂を敵に売り渡すようなものだ。

２００９年の秋、辻野社長と私はマウンテンビューに赴き、米グーグルＣＥＯのエリック・シュミット（現在グーグルの持株会社Alphabet会長）を始め、ボードメンバーが一堂に会した会議に臨んだ。朝一番の会議、私だけは会議室の外のベンチに座って、会議が終わるのを待っていた。秋の澄みわたったカリフォルニアの青空の下、きっと正しい判断を経営陣は下してくれるはず、と祈るような想いで、Googleplex[注4]の芝生に反射する日光を眺めていた。眩しい。長い時間に感じられた。

プレゼンは当時アジア・太平洋地域の責任者だったダニエル・アレグレ（現Alphabetグローバル戦略パートナー部門プレジデント）が行った。実際の時間は、20分程度だっただろうか。ダニエルが会議室から出て来た。わずかに微笑んでいるように見える。結論は〝Ｇｏ〟だという。

案の定、サーゲイからは反対意見が挙げられたという。しかし、最終的に下された判断は、ＣＥＯであるエリックから発せられた一言が決定的な一打となった。その一言とは、「我々のミッションは『世界中の情報を整理し、世界中の人々がアクセスできて使えるようにすること』だ」であったそうだ。そう言われて反対する者はいまい。そして、これ以上の判断基準はいらない。これがグーグル自身の存在価値なのであるから、その存在価値に従って判断すれば良いことなのである。私は、さすがエリックと感嘆すると同時に、自分の役目は終わったと溜め息をついたの

注４　Googleplex（グーグルプレックス）はアメリカ合衆国カリフォルニア州マウンテンビューにあるGoogle本社の愛称。

を覚えている。

そうして、グーグルはヤフー・ジャパンに検索エンジンを提供することになった。それから10年近く経った現在、日本におけるグーグルとヤフーの検索数シェアは、グーグル70に対してヤフー30と、完全にグーグルがヤフーを上回る形となっている。

あのとき、グーグルは自社の検索技術に関して、マイクロソフトのBingには負けないという絶対の自信を持っていた。選択肢として自社の検索エンジンをヤフー・ジャパンに提供せずに、Bingへと移行させることで、最終的に市場シェアを奪取することもあり得た。なによりも、検索エンジンは自社の屋台骨であり、魂とも言えるものである。それを自社とつばぜり合いを演じる企業に提供するというのは、簡単にできる判断ではない。

しかし、日本にいた私たちにとっては明らかにグーグルが日本において「世界中の情報を整理し、世界中の人々がアクセスできて使えるようにすること」を実現する最初で最後のチャンスだった。そして、最終的には最高経営責任者であるエリック・シュミットによって下された判断は、結局間違いではなかったのだった。

情報革命で人々を幸せにする会社

ソフトバンクは「何のために」事業を行っているのか？

それでは、グーグルから検索エンジンの提供を受けることにした孫社長の判断は間違いだったのだろうか？　あのとき、私たちグーグルからの申し出を受けていなければ、米ヤフーと同様にBingを検索エンジンとして採用するのが規定路線だったという。

グーグルがヤフー・ジャパンに検索エンジンを提供するとの報道がなされた頃、私は既にグーグルを去り、ソフトバンクでiPhone事業推進室長の任についていた。私はあのときの判断について孫社長に尋ねる機会に恵まれることはなかったが、彼にとっては迷うまでもないことだったと思う。

私がソフトバンクに入社した2010年は、ソフトバンクにとっては創業30周年の年であった。「ソフトバンク 新30年ビジョン」と称する、いわばソフトバンクのミッション・ステートメントを孫社長が発表した。それが「情報革命で人々を幸せにする」であった。

孫社長はこれをソフトバンクが「何のために事業を行っているか」（すなわちソフトバンクとしての存在価値＝バリュー・プロポジション）を表したものだと述べ、その重要性を社員向けのイベントでも、株主総会でも強調している。

そんな孫社長にとって、グーグルから検索エンジンの提供を受けるという判断が迷うまでもないことだった理由は、ただ一つ。それは、グーグルの検索エンジンが世界で一番の検索エンジンだったからだ。

2009年の段階で、既にグーグルの検索シェアは主要国では90%を超えていた。検索技術においてもグーグルは圧倒的だったので、日本と韓国（Naverが検索エンジンの1位）、そしてグーグルが禁止されている中国（Baiduが検索エンジンの1位）がむしろ世界でも例外的な国だったのである。

「情報革命で人々を幸せにする」ことをソフトバンクのミッション・ステートメントとする限りは、ソフトバンクが提供するものは、ナンバーワンであることが何よりも重要だ。特に自身が最新テクノロジーを持つわけではなく、海外の先端技術を輸入することで、20年先のものを日本に持ち込むという「タイムマシン経営」により驚異的な成長を果たしてきた孫社長にとっては、それは基本中の基本だったのである。

ソフトバンクに入社した初日、私は部下となった課長から、厚さ20センチほどの紙のファイルを2冊、「これ読んでおいてくださいね」と手渡された。iPhoneの専売モバイルキャリアとしてソフトバンクがアップルと取り交わした契約書のコピーだった。

さすがに全部を一字一句読むのは骨の折れる仕事なので、重要と思われる箇所から目を通していった。そこに具体的に何が書かれていたのか、ということをここで開示することはできないが、「よくもこの条件で社長はアップルと契約をしたな」といった内容の羅列であった。

それほどまでに欲しかったアップルとのiPhone専売の権利。私が担当していたiPhone4が最後のソフトバンク専売の時代だったが、iPhoneはソフトバンクの端末販売数の優に6割を超えていた。

圧倒的にナンバーワンのプロダクトを、一番安い価格で、一番多く売ることで、ソフトバンクは他キャリアから契約者数を奪うMNP[注5]ナンバーワンと、契約者数純増ナンバーワンを続けていた。iPhoneは名実ともにナンバーワンのスマートフォンであり、そのナンバーワンのプロダクトをエクスクルーシブで扱う権利を得るということに対して、並々ならぬ思いをかけていた。新たな革命は、二流品からは生まれないということを、孫社長は誰よりも知っていたのである。

一貫性のないように見えるソフトバンクほど、一貫している企業はない

私のソフトバンク在籍時、忘れられない思い出が一つある。

2011年3月11日、東日本大震災が発生した。被災地では通信インフラが壊滅的な状態となり、ソフトバンクも他の通信会社と同様、不眠不休でそのインフラ復旧に取り組んだ。

数多くの若い社員が被災地に送り込まれ、私は、本社で被災によってiPhoneを紛失・破損した被災者に、代替となるiPhone端末を提供することを可能にするために、アップル本社と調整をするとともに、システム担当者たちに指示を行うなど、インフラ企業としての責任を強く感じる日々

注5　モバイルナンバーポータビリティ（Mobile Number Portability）の略。携帯電話会社を変更した場合に、電話番号はそのままで、変更後の携帯電話会社のサービスを利用できる制度のこと。

だった。

まさにそのような状況下、孫社長の興味は再生可能エネルギー（当時、孫社長は「自然エネルギー」と呼んでいた）に向かっていた。その情熱たるや、恐らく外からはうかがい知れないほどのものだったと思う、孫社長は社長室にヨーロッパの再生可能エネルギー先進国の役人や企業を呼んでは、毎日のように再生可能エネルギーの勉強会を行っていた。

そして、いち早く「自然エネルギー財団」を立ち上げると、あとは電力事業参入へまっしぐら。被災地の通信施設復旧など、実務担当領域に関係なく、課長以下の現場が、災害支援でてんやわんやの状態の中、一体社長は何をやっているんだ、と非難する社員も少なくなかった。

しかし、孫社長は、これからの情報社会における電力＝「エネルギー」の確保の重大性に改めて気づいたのだろう。外には「脱原発」を説きながらも、その実、狙っていたのは、ソフトバンクがミッション・ステートメントとして定義する「情報革命」に最も欠かせないものを自らの事業ポートフォリオに組み込むことだったのだろう。

実際、グーグルのデータセンター運営コストの大半が電力費であることからもわかるように、スマートフォンのさらなる普及、そして、その後の「情報革命」は、クラウド上での膨大な情報処理を必要とする。クラウド化の対象となる産業が増えれば増えるほど、想定をはるかに超えたトランザクションとコンピューターパワーによる処理能力を求められるようになる。

「インフォメーション」技術の進化による「情報革命」は、「エネルギー」技術の進化なしにはありえない、と孫社長は福島の原子力発電所の事故を目の当たりにして痛感したのではないか、というのもまんざら外れてはいないように思う。

その後、ソフトバンクは、米国4位のモバイルキャリア、スプリントを1・8兆円で買収したと思えば、英国の半導体設計大手ARMを3・3兆円という巨額で買収し、「情報革命で人々を幸せにする」ための行動に余念がない。

そして、2017年末、自らが組織する1000億ドル規模の投資ファンドである「ビジョン・ファンド」が、再生可能エネルギーの電源を多様化する取り組みの一環として、サウジアラビア電力公社に最大100億ドルを投資するとの報道がなされた。この報道の信憑性は不明ではあるが、この規模感たるや、東日本大震災発生時の状況を考えると隔世の感がある。

ソフトバンクの歴史を遡れば、元々は日本で不良在庫となっていたインベーダーゲームを米国へ輸出して得た資金をもとに設立したコンピューターソフトウェアの卸売商社に過ぎなかった。その後、パソコン関連の出版業務に進出することで、さらにコンピューターソフトウェア市場の開拓を図りつつ、米国で先行するものを日本へ輸入することで利潤を手にする旨みを存分に味わう。

1985年の通信自由化に伴い、それまでの電電公社（現・NTT）の独占から、いわゆる新電電3社が営業活動を開始した際に、LCR（Least Cost Routing）と呼ばれるユーザーがかけた電話を最も通話料金が安い通信事業者を自動的に選択するシステムを開発、LCRに相当する機能を持つ外付けアダプターを中小事業者に無償配布しつつ、新電電3社からロイヤリティを得ることで、莫大な収益を手にし、1994年株式店頭公開を果たす。

次のターニングポイントは、マイクロソフトのウィンドウズ95の登場である。これは明らかに本格的なインターネットの時代を高らかに宣言するものであった。それを踏まえ、当時まだ設立間もない米ヤフーに多額の出資を行い、ヤフー・ジャパンを設立する。

このヤフー・ジャパン上場時の売却益でさらに多大な資金を手にしたことが、ソフトバンクの次への飛躍の源となったわけだが、これはまさに「タイムマシン経営」の真骨頂であった。近年、ますます投資会社の様相を呈している同社ではあるが、「タイムマシン経営」とは究極的には、未来に対して投資する行為であり、その本質は創業時から変わらない。

そして、この「タイムマシン経営」において何よりも重要なのは「スピードとスケール」であることを、ソフトバンクは早い段階から気づいていた。ソフトバンクの店頭公開につながるLCR事業の成功は、LCRアダプターの中小事業者への無償配布にある。そして、この成功体験は利用者をより早く、より多く獲得することが、市場において独占的な地位を築き、大きな利益につながるということをソフトバンクに気づかせることとなる。

街頭でモデムを配る「パラソル部隊」はADSL事業ヤフーBBの成功の要因の一つとなり、実質端末0円というiPhoneの価格戦略はモバイルキャリアとしてのソフトバンクの飛躍を支え

図表17｜ソフトバンクのバリュー・プロポジション

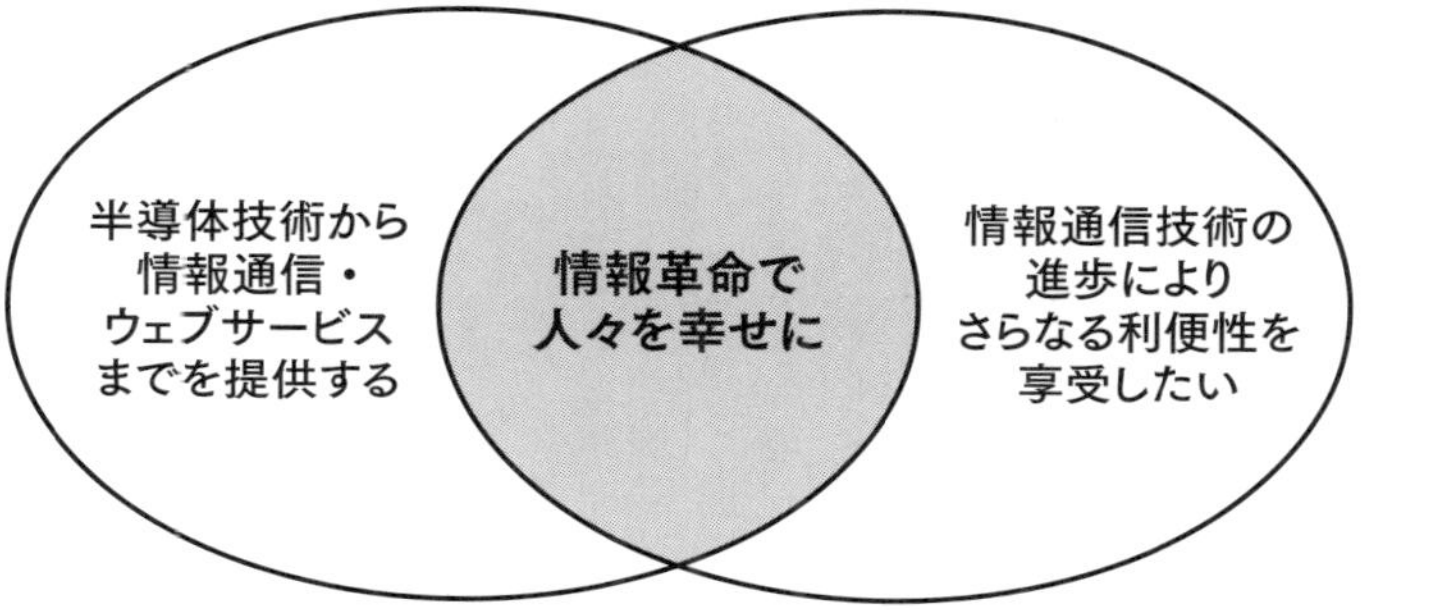
半導体技術から
情報通信・
ウェブサービス
までを提供する
情報革命で
人々を幸せに
情報通信技術の
進歩により
さらなる利便性を
享受したい

た。

一方、検索エンジンについては、私たちが孫社長にグーグルの技術を採用することを提案しに行った時点で、既に検索技術そのものは成熟していたため、孫社長にとっては、グローバルで圧倒的なシェアを持つグーグルを採用する方が、「スピードとスケール」の点で、サービスを開始して間もないBingを採用するよりも、圧倒的に合理性が高かっただけとも言える。孫社長にしてみれば、私たちは飛んで火にいる夏の虫に過ぎなかったわけだ。

わずか30年の間に数多くの変遷を経たソフトバンクを一貫性のない企業と評する向きも多いが、ソフトバンクほど一貫している企業はない。

確かに、初めは単なる卸売商社に過ぎない

上昇志向だけは強い企業だったかもしれない。しかし、「タイムマシン経営」によって米国を中心にした多くの先進技術を自らのものにすることで企業の規模を拡大するにつれ、グループ総体で「情報革命で人々を幸せに」を旗印に、未来そのものを自らが創り出す立場へと変化していったのである。

つまり逆に言うと、これまでの相次ぐ買収や提携も、すべて「情報革命で人々を幸せに」というバリュー・プロポジション＝存在価値を実現するためのものなのである。そして、今後もこの存在価値を強化するために多くの投資を行っていくであろう。

いまや、その存在価値そのものが、ソフトバンクグループ各社で働く、全世界7万人にも及ぶ従業員自身の判断基準であり、モチベーションの源泉にもなっているのである。

商社不要論と総合商社が求め続けられる理由

ラーメンからミサイルまで売る総合商社の存在価値

ソフトバンクが誕生するはるか以前、前回の東京オリンピック（1964年開催）の頃から実に半世紀以上にわたって、男子大学生の就職人気ランキングのトップ10の常連と言えば、総合商社である。三菱商事、三井物産、住友商事、伊藤忠商事、丸紅といった企業は、人気ランキングの他の顔ぶれが時代によって、重厚長大産業から電機メーカー、金融機関、マスコミ、広告会社などと変遷する中で、常に高い支持を得ている。

総合商社は「日本にしかない業態」ともいわれ、いわば「ラーメンからミサイルまで」、幅広い商品・サービスについての輸出入貿易および国内販売を業務の中心にしていた。言ってみれば幅広い商品・サービスを対象とした卸売業者に過ぎない。

しかし、貿易立国であることが国の経済成長の柱であった戦前、そして特に戦後の高度経済成長期の日本においては経済成長の牽引役であり、大学生にとっても花形的存在であったのは必然であった。

しかし、1980年代に素材メーカーを中心に、需要サイドとの共同開発などの取り組みとともに、資金力が高まったことにより、独自の販売網を構築したことで、商社排除が実際に進行するようになる。また、商社金融に依存することが大きかった中小企業への貸出に都市銀行が進出したことで、総合商社が取引に関与する必要性が大きく低下する事態が生じた。いわゆる「商社不要論」である。

さらに、1990年代に入り、本格的にインターネットが普及すると、供給側と需要側が直接取引を行うことが技術的に容易になるため、「中間業者不要論」が盛んに喧伝され、これまで何度も自らの「存在価値」の存亡の機に直面してきた。

総合商社では、さきほどの「ラーメンからミサイルまで」とともに、「川上から川下まで」という表現がよくなされる。ここで言う「川上」とは資源や技術、生産などの「供給」側を指し、「川下」はそれらの資源・技術・生産の供給を最終的に購入する「需要」側を指す。商社は、長らくこの「川上」と「川下」をつなぐ「川中」の存在であった。物流、あるいは金融などの役割で需要と供給をつなげており、「ラーメンからミサイルまで」の様々な川の「川中」として存在価値を発揮し、そこでの「中間搾取」で利益をあげていた。

しかし、1980年代の「商社不要論」の時代、そしてインターネット時代が到来し、その存在価値そのものに疑問符がつくようになると、商社は自ら「川上」と「川下」に手をつけるようになるのである。すなわち、原材料の調達から製品・サービスが顧客に届くまでを、価値の連鎖＝バリューチェーンとして捉え、川上、川中、川下でそれぞれ利益をあげるようになっただけではなく、これ全体を構築するオーガナイザー機能を自らの「存在価値」＝バリュー・プロポジションとして位置づけし直したのである。

総合商社は「川上」に対しては、まずは投資という形で関与を始める。最初は、1980年代中盤からメーカーまたは海外の現地パートナーが主体となるプロジェクトに少数株主として参加する形であったが、積極的に海外の資源・技術・生産などへ投資を行うようになってくる。

さらに1980年代後半から1990年代にかけては、先端技術産業としての新素材や情報通信分野への進出の可能性をうかがいながらも、事業投資が増えていくようになる。そして、1990年代に入ると「川下」への進出が進むようになる。

まず、大手総合スーパーが、経営危機で子会社のコンビニエンスストアの株式を手放した際、総合商社がそれを取得する形で、コンビニ業界へと進出した。現在では、コンビニ業界2位のファミリーマートは伊藤忠傘下、同3位のローソンは三菱商事傘下である。

ただし、総合商社は単純に「川下」である小売事業者を押さえるだけではなく、自身の子会社である食品卸を中核に関係会社の統合を進め、中間流通も含めて影響下に置いている。自らが持つ機能を有機的に組み合わせ、情報収集から企画・立案、資金調達、原料・資材などの調達、建設受託、販売先の開拓などを行うというオーガナイザーとしての機能をこうして総合商社は身につけていくのである。

総合商社のオーガナイザーとしての能力は、そもそも商社が「川中」の存在であった頃から、「目利き」や「見立て」、あるいは「リスクヘッジ」という価値を提供してきた事実に依拠している。

もちろん、90年代における情報通信分野への事業投資については、その多くは失敗に終わったという声も多い。しかし、収益力強化を至上命題として掲げる総合商社は、経営の中心を事業への投融資へとますますシフトさせるようになっている。今や、総合商社は「総合事業投資運営会社」と言った方が適切だ。

総合商社のユニークな点は、単なる投資会社とは異なり、自ら経営と事業の育成を行っている点である。総合商社は投資主体と言っても、初めから売却などの出口を考えるのではなく、事業の継続を前提としており、自らが持つ他事業との連関を強く意識しているのである。

そうして考えると、ソフトバンクと総合商社は極めて似通った企業である。すなわち、そもそもはや卸売事業会社（トレーディングカンパニー）として始まった企業であったにもかかわらず、現在は、川上から川下までを押さえた総合事業投資運営会社として、事業の継続を前提としてバリューチェーンを構築するオーガナイザーとしての機能を生業としている点である。

そして、実はそれ以上に重要とも言えるのが、両者ともに、自らの事業活動のミッションとして社会貢献を明確に意識していることである。

総合商社の核となる「三方良し」の精神

大手総合商社の一つである伊藤忠商事は「事業活動を通じて社会の期待に応えていくことが、その持続可能性（サステナビリティ）を保ち、さらに成長につながる」と説いた上で、その考えは創業者の伊藤忠兵衛が事業の基盤としていた近江商人の経営哲学「三方良し」の精神につながるものとしている。

「三方良し」とは、「売り手良し」「買い手良し」「世間良し」の三つを指し、売り手と買い手がともに満足し、また社会貢献もできるのが良い商売であるという近江商人の心得を言ったものである。そして、三つ目の「世間良し」＝社会貢献に対する意識というのは、伊藤忠商事に限らず、総合商社が普遍的に持つ価値意識と言える。これには、総合商社の歴史的な背景も多分にあると考えられる。

総合商社、特に三菱商事、三井物産といった財閥系商社は、第二次世界大戦前後を通じて、国の成長戦略に関わる国策的な役割を担い、国内産業を発展させていく期待を背負ってきた。それには、その時代時代の潜在的なニーズを掘り起こしつつ、国益に結びつく事業を展開していくことを求められるのだが、総合商社は愚直にそれを実践してきたのに過ぎないとも言える。*2

そうして考えると、マズローの段階欲求説で言うところの「自己超越欲求」の実現、すなわち社会貢献というミッションを掲げるというのは、何もシリコンバレー企業の専売特許ではないことがわかる。

近江商人の「三方良し」を事業基盤とする伊藤忠商事だけでなく、日本の戦前戦後の成長を支えた総合商社は何かしら社会の期待に応えているという矜持《きょうじ》を持っており、それが今なお、自らの存在価値を見失わないで隆盛を誇り続けられている原因と言えよう。

ところが、それぞれの総合商社がどのようなミッション・ステートメントを掲げているかを見てみると、先に見た東芝やキヤノンにも似た「誰にでも当てはまる」ものとなっており、ミッション・ステートメントとして見るべきものは何もないのが現実である。

例えば「三方良し」を事業基盤とする伊藤忠商事は「Committed the Global Good：個人と社会を大切にし、未来に向かって豊かさを担う責任を果たしていきます」を企業理念とし、「三方良し」を言い換えたに過ぎない。

また、業界最大手の三菱商事は三菱第4代社長・岩崎小彌太の訓諭をもとにした「三綱領」と呼ぶ行動指針を企業理念としているが、これを端的に言うと、「全世界的、宇宙的視野に立脚した事業展開」を通じて「物心ともに豊かな社会」を「公明正大で品格のある行動を旨とし、活動の公開性、透明性を堅持する」ことで実現する、といった調子である。

これは同じ大手の三井物産、住友商事、丸紅にも通じ、決して彼らはシリコンバレー企業ばりのミッション・ステートメントを持っているわけではない。それでも、何度も存亡の機に直面しながら、今なお総合商社が隆盛を誇っていられるのは、そのようなお題目とは無関係に、時代の変化の中で常に自らの存在価値を自問しながら、自らの存在価値を時代に合わせて変革させていったという事実に負う部分が大きい。

そして、その結果として、総合商社は世界でも稀有な業態として彼らの存在価値を強固なものとし、現在の地位を保っていると言える。重要なのはミッション・ステートメントの存在ではなく、常に自らの存在価値を考えて事業を構築していくという姿勢と実践であることを、この総合商社の例は示している。

鬼十則はゴミ箱に――HOWでもWHATでもなくWHYを考える

「いかに自分たちが勝つか」は敗者の道へと通じる

総合商社と同様に、学生の就職先として人気を集める企業に広告会社がある。なかでも業界ナンバーワンの電通は、1960年代後半から70年代にかけて、人気企業トップ10を飾るようになってからは、総合商社同様にランキングの常連である。

そんな電通も2016年末の新入社員の過労自殺事件を受け、労働基準法違反により起訴、2017年10月に有罪判決を下された。その過程において、常態的になっていた長時間労働に加え、企業としての体質も批判の対象となった。

その企業体質を象徴するものとして槍玉に挙げられたのが「鬼十則」である（図表18）。「鬼十則」は電通の「中興の祖」とも呼ばれる第4代社長・吉田秀雄氏が1951年に作った電通社員の「行動規範」とも言うべきもので、事件当時、電通の社員手帳Dennoteにも記載されていた。[注6]

電通社員としての仕事への取り組み姿勢として「自ら創るべきで、与えられるべきでない」「周囲を引きずり回せ」などと説いたものだが、なかには「取り組んだら放すな、殺されても放すな、目的完遂までは……」と過激な表現の項目もあり、このような表現は時代錯誤であり過重労働を是とする社風につながっているとの批判に晒された。

当然、これを擁護する論調も極めて多い。例えば、「これは表現が、今の時代には過激なだけであり、ここで唱えていることは普遍的な価値意識であり、ビジネスで〝勝つ〟ためには重要な金言であり、優れた理念である」といったような論調である。ここで「鬼十則」に書かれた一語一句の是非について論評するつもりはない。

注6　電通は2016年12月9日、従業員の行動規範とされてきた「鬼十則」について、2017年度から従業員向け手帳への掲載をやめると発表した（「電通、有休取得50％以上目標に『鬼十則』に別れ」日本経済新聞2016年12月9日）。

図表18｜電通「鬼十則」

1 仕事は自ら創るべきで、与えられるべきでない。

2 仕事とは、先手先手と働き掛けていくことで、受け身でやるものではない。

3 大きな仕事と取り組め、小さな仕事はおのれを小さくする。

4 難しい仕事を狙え、そしてこれを成し遂げるところに進歩がある。

5 取り組んだら放すな、殺されても放すな、目的完遂までは……。

6 周囲を引きずり回せ、引きずるのと引きずられるのとでは、永い間に天地のひらきができる。

7 計画を持て、長期の計画を持っていれば、忍耐と工夫と、そして正しい努力と希望が生まれる。

8 自信を持て、自信がないから君の仕事には、迫力も粘りも、そして厚味すらがない。

9 頭は常に全回転、八方に気を配って、一分の隙もあってはならぬ、サービスとはそのようなものだ。

10 摩擦を怖れるな、摩擦は進歩の母、積極の肥料だ、でないと君は卑屈未練になる。

ただ、少なくともそこには、長時間労働の賛美や、プライベート軽視の姿勢は見られない。擁護する人たちが指摘するように、ビジネスで勝っていくための姿勢としては普遍的な内容のように感じる。

しかし、それでも私は「鬼十則」はゴミ箱の中に捨てるべきものだと考える。

なぜならば、そこには社会に対して、あるいは顧客に対して、どのような価値を創造・提供していくかがまったく示されず、いかに自分たちが「勝っていくか」しか述べられていないからである。これは広告会社の地位を高めたい、そして、その広告業界の中で圧倒的な業績を出して電通の地位を盤石のものとしたい、という自己実現欲求に取り憑かれた経営者が、社員に望む結果を出させるための「手段」＝何をどのようにするか？ すなわち「ＨＯＷ」や「ＷＨＡＴ」を提示したものに過ぎないからだ。

これは、古い価値観だからゴミ箱の中に捨てろ、と言っているわけではない。繰り返し言うが、これは単なるハウツーでしかないから問題なのだ。しかも、経営者の自己実現欲求をかなえるために社員を動かす「ＨＯＷ」や「ＷＨＡＴ」を金科玉条にしたものに過ぎない、ということが問題なのだ。

しかし、案外そのことに気づかないで、「鬼十則」を賞賛する人が未だに多いことが問題の根深さを示している。広告会社は現在、かつての商社不要論と同様に、その存在価値を問われる時代に来ている。既に広告主はグーグルやフェイスブックといったプラットフォーマーとの直接取引が可能となっており、その間の「川中」に立っている広告会社が提供できる価値はもはや不明だ。

自社の価値は何なのか？　それを自ら考え、答えを提示できる広告会社は果たしてどれくらい存在するのだろうか？　これは広告業界に限った話ではない。自社が提供できる価値は何か？　過去のリーダーが指し示した「ＨＯＷ」や「ＷＨＡＴ」にしがみつくのではなく、自らの存在価値について、自ら考え、答えを提示できない企業はもはや消え去るのみだ。

自らの存在価値とは何か？　というのは、別の言い方をすると「なぜ私はここに存在するのか？」ということである。つまり、「ＷＨＹ」を突き詰めることである。

優れた組織に共通するゴールデンサークル

「ＷＨＹ」を突き詰めることの重要性については、米国のマーケティングコンサルタントであるサイモン・シネックが２００９年に著した『Start with Why: How Great Leaders Inspire Everyone to Take Action』に詳しい。アップルがなぜiPhoneを生み出し得たのかなどの多くの事例を通じて紹介しているので、本章の最後にこのことについて触れておきたい。

日本では２０１２年に『ＷＨＹから始めよ！――インスパイア型リーダーはここが違う』[*3]というタイトルで出版されており、ＴＥＤでの講演[*4]もネット上で話題になったことがあるので、ご存知の読者も多いかもしれないが、シネックが提示した「ゴールデンサークル」を改めて紹介する。

図表19｜サイモン・シネック「ゴールデンサークル」

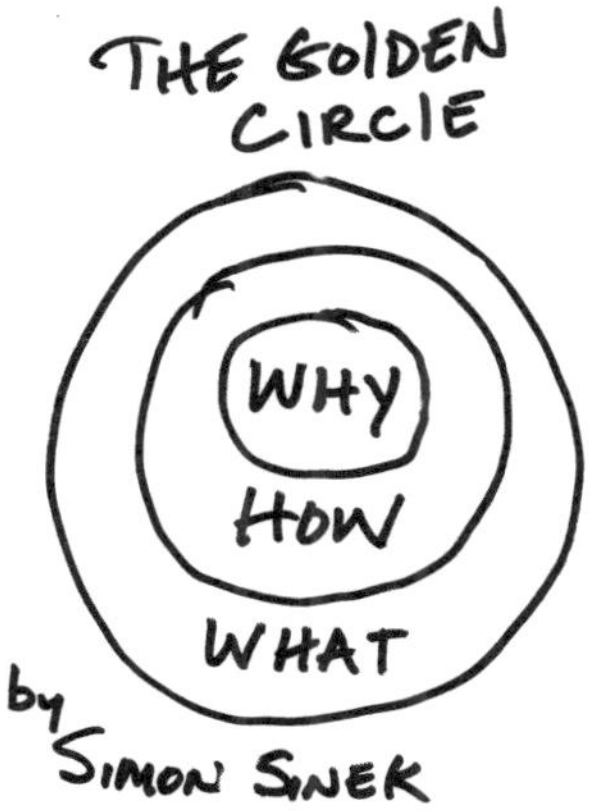

©Lis Hubert/Simon Sinek
出典：https://spin.atomicobject.com/2016/02/15/asking-why-resources/

シネックの議論は主に企業を始めとした組織のリーダーシップ論やコミュニケーション論に焦点が絞られているが、その考え方は極めて普遍的なものである。

シネックは、優れたリーダーや組織には共通する思考や行動様式があり、ゴールデンサークルの中心から「WHY／なぜ」→「HOW／どうやって」→「WHAT／何を」の順で思考・行動していると説き、それが成功につながっているというのである。

一方、一般の人たちはというと、「WHY／なぜ」について考えることはなく、ほとんどが「WHAT／何を」するかだけに留まり、良くても「HOW／どうやって」までしか考えられていないと手厳しい。そして、シネックはこの「WHY／なぜ」とは「信念」や「価値意識」と同義であり、組織で言えば、文字どおり「その組織が存在する理由」と論じる。

まずは、「ＨＯＷ」や「ＷＨＡＴ」だけの金科玉条を捨て去って、自社が存在する理由は何なのか？　自分自身が存在する理由は何なのか？　「ＷＨＹ」を自らに投げかけることが、私たちにとってのスタート地点になる。

いかに「ＷＨＹ」に対する答えを見極め、自社や自分自身の「存在価値」を見定め、定義した「存在価値」のもと、組織を動かし、自己を高めていくべきなのか、次章以降でそれを見ていこう。

第3章のまとめ

本章では、企業にとっても、個人にとっても、英語でバリュー・プロポジションと呼ばれる「存在価値」を見定めた上で、それを実践することが、ディスラプションの時代において重要であることを、複数のシリコンバレー企業と日本の大企業を題材に論じた。

まず、本章の冒頭では、本書で言うところの「存在価値」とは何かについて、以下のように定めている。

■バリュー・プロポジション、ないし「存在価値」を一言で表すと「自分ならではの提供価値」と自分以外の「他者（顧客やユーザー）が求めている価値」の両方を満たす価値のこと。

その上で、各企業は「存在価値」について、どのように取り扱っているかについて、本章では作者がかつて属した企業も含めてつまびらかにした。

■シリコンバレー企業は、この「存在価値」を自社のミッション・ステートメントとして明確化し、事業そのものをこれに沿った形で実践している。

■グーグルは「世界中の情報を整理し、世界中の人々がアクセスできて使えるようにすること」をミッション・ステートメントとしており、そこで働く者はすべて、そのミッションに貢献することに誇りを持って働いている。そして、経営課題に関する意思決定の場面においても、ミッション・ステートメントは判断基準として重視されている。

■日本企業としては、名実ともに、ミッション・ステートメントを大事にする企業として、ソフトバンクが挙げられる。

■ソフトバンクのミッション・ステートメントは、その創業30年の際に「情報革命で人々を幸せにする」と明文化されたが、孫社長の築いてきたビジネスは、常にこのミッション・ステートメントに沿ったものだった。

■外から見ると、成長しそうだと孫社長が思えば手を出しているようで、節操がないように見えるかもしれないが、すべては「情報革命で人々を幸せにする」というミッション・ステートメントに則ったものである。

しかし、企業の「存在価値」というものは、グーグルやソフトバンクのように、ミッション・ステートメントという形で、必ずしも明文化されたものである必要はない。

■日本の総合商社が、存亡の機に直面しながら、今なお隆盛を誇っていられるのは、時代の変化の中で常に自らの存在価値を自問しながら、自らの存在価値を時代に合わせて変革させていったという事実に負う部分が大きい。

■重要なのはミッション・ステートメントの存在ではなく、常に自らの存在価値を考えて事業を構築していくという姿勢と実践であり、総合商社はその好例である。

一方で、日本企業にはミッション・ステートメントとは別に、行動規範的なものが重視される傾向がある。

■例えば、電通の「鬼十則」。

■これは、時代錯誤であり、過重労働を是とする社風につながっていると批判に晒される一方で、ビジネスで勝っていくための姿勢としては普遍的な内容であると擁護する者も多い。

■しかし、これはあくまで経営者の「ビジネスで勝つ」という自己実現欲求をかなえるために社員を動かすための「HOW」や「WHAT」を金科玉条にしたものに過ぎず、自らの「存在価値」＝「なぜ私はここに存在するのか」という「WHY」についてのものではない。

■「鬼十則」の問題は、時代錯誤で過重労働を是とする社風につながるから問題なのではなく、単なる「HOW」と「WHAT」だけに終始しているのが問題なのである。

■サイモン・シネックの「ゴールデンサークル」によると、優れたリーダーや組織には共通する思考や行動様式があり、ゴールデンサークルの中心から「WHY／なぜ」→「HOW／どうやって」→「WHAT／何を」の順で思考・行動しており、それが成功につながっているという。

■まずは、「HOW」や「WHAT」だけの金科玉条を捨て去って、自社が存在する理由は何なのか？　自分自身が存在する理由は何なのか？　という「WHY」を自らに投げかけることが、私たちにとってのスタート地点になる。

それでは、私たちはどのように「WHY」を突き詰めて、自らの存在価値を見定めていけば良いのか。それについては、第4章で見ていくことにしよう。

第4章

存在価値を作り出していく者たちの時代

新旧が激突するときの勝者の条件

人間は考える葦である

人間が幸福になるには、自ら何をすべきか？

まずは「WHY」から考えろと言われても、そこで思考停止したまま、前に一歩も進めないという人は案外と多いのではないだろうか？　そういう人は、これまで自らじっくり考える機会に恵まれなかったということなのかもしれない。

しかし、そうして「自ら考える」ということの重要性は、今後ますます高まっていくので、自ら考えることのできない者はこれからの時代を生き抜く上で極めて不利となるだろう。

ディスラプションの時代における生存戦略の一つとして、Ｐａｒｔ１では「人間中心に考える」について論じたが、人間とは何かについての哲学的な考察として、最もよく知られているものの一つとして、ブレーズ・パスカルの『パンセ』に記された以下の一節がある。

人間はひとくきの葦に過ぎない。自然のなかで最も弱いものである。だが、それは考える葦である。[*1]

パスカルは17世紀のフランスの物理学者、数学者、哲学者、そしてキリスト教神学者であった。「パンセ」は「思想・思考」という意味で、パスカルが生前に構想していたキリスト教弁証論についての書物のための原稿やメモ書きの断片が、遺族の手によって死後に整理されて出版されたものである。

そして、特筆すべきは、この『パンセ』でパスカルが想定していた世界は、17世紀からは想像もつかないような、はるか未来のユートピア的な社会であったということである。その社会とは、物で満たされ、食べ物に困ることもなく、職業も好きなように選べる社会。現代社会と極めて似通った社会である。

パスカルは、そういう社会だからこそ、人間は「自分とは何か」「何をすべきなのか」ということに直面し、初めて神の存在を自覚するのではないかと考えたのである。これは、キリスト教に対する懐疑論者や無神論者に対して、パスカルがキリスト教の正しさを論証する上で、極めて重要な思考実験であった。『パンセ』の中で、パスカルは人間の生きる目的は幸福であるとした上で、真の幸福について考察している。

すべての人間は幸福を求めている。これには例外がない。その手段がいかに異なっていようとも、みなこの目的に向かっている。意志は、この目的に向かってでなければ、一歩も前へ進まない。これはあらゆる人間の、みずから首をくくろうとする人に致るまでの、あらゆる行為の動機である。

パスカルの生きた17世紀は、グーテンベルクの活版印刷から既に1世紀以上を経た時代、人類は「経済成長」というかつてない現象を経験して間もない頃である。しかしそれは、1500年に556ドルだった一人当たりのGDPが、17世紀中盤に600ドルを超えたばかり、という水準で、その後の経済成長のスピードと比較すると、まだまだ遅々たるものであった。

しかし、それまでは世の中の「経済のパイ」（経済用語に置き換えると「富の総量」）は一定であったのが、これを境に拡大することになったことは、人類にとっては大きな進歩であった。それまでは、自らの取り分を増やすには、誰かの取り分を奪うか、誰かが取り分を減らすか、というパイの切り方を変えるしか方法がなかったからだ。

この時代、ヨーロッパは南北アメリカ大陸や海洋諸島を征服し、軍事的にも、経済的にも、文化的にも重要な地域となりつつあった。とはいえ、中国や中近東の諸国に比べるとまだまだ小さな存在で、ヨーロッパ諸国の人々が「新大陸」と呼ぶ地域からの搾取によって、そのわずかながらの成長を享受していたに過ぎない。

多くの人々が考える幸福というのは、依然として今日、明日に食べるパンにありつけるかどうか、ということであった。そうした不安定な中の経済成長ではあったが、「経済のパイ」が拡大しうるという観念の芽生えがこの時代のヨーロッパに起こっていたと考えると、このパスカルの考察は意味深い。人間の未来は今よりも幸福で明るいものになりうる、という気づきをこの時代のヨーロッパの人々に与えたからだ。

未来が今より幸福で明るいものになりうるのであれば、人間は、か弱くとも人間にしかできない「考える」ことで、前へ進もうとパスカルは考えた。数学者であり、物理学者でもあるパスカルは、テクノロジーの信奉者でもある。思考の末の新しい知識の積み上げで生まれる新しいテクノロジーによって、人間は幸福に近づくと考えた。

このようなパスカルの考えが当時のヨーロッパに普遍的だったのか、そしてその後のヨーロッパに影響を与えたのかはわからない。しかし、グーテンベルク以降のテクノロジーの進歩の歴史を主導して、自ら人間の幸せを切り拓いていくという経験をしたという事実は、その後のヨーロッパ（と移民先として移り住んだアメリカ）のあり方に大きな影響を与えたと考えて良いだろう。

まだ見ぬ未来に対し、人間がより幸福になるためには、自ら何をすべきなのか？　そういう命題をヨーロッパ人は自らに突きつけたのである。

優れた企業のミッションが「自己超越欲求」になる理由

Ｐａｒｔ１でも見た、グーテンベルク以降のいわゆる「大航海時代」と呼ばれるヨーロッパ人による世界を巡る探検と征服の歴史は、ヨーロッパ諸国を帝国主義へと駆り立てていく。しかし、帝国主義者は、必ずしも帝国とは征服した諸民族からの搾取事業ではなく、植民地の人々のために実施する施し事業と捉えた。注1

それが現実と比べてどうであったかは別として、ヨーロッパの諸帝国は植民地の人々へ医療や教育を実施し、鉄道や水利事業を行い、法体系を整備するなど、彼らがより「幸福になる」ための援助を行うことを神から与えられた自らの使命と位置づけたのである。

この考え方は、大航海時代の侵略者たちに帯同した宣教師を英語で「missionary」と呼ぶことにもつながる。missionaryはラテン語で「送る」を意味する「mittere」を語源とするが、転じてmission＝「伝道」の意味を表すようになった。

その後missionは、広く一般に「任務や使命」の意味でも用いられるようになったのだが、こ

注1　遅れてやってきた帝国である戦前の大日本帝国もその「大東亜共栄圏」などの思想において、同様の趣旨を唱えていた。

の「任務や使命」には辞書によると大きく分けて三つの要素が含まれるという。すなわち、第一に「到達すべき目標がある」こと、第二に「目標に進んでいく行動がある」こと、そして第三に「それらが何かに求められていること」[*2]ということだが、第3章で見てきた企業のミッション・ステートメントのミッション＝missionがまさにこれに該当する。

この事実は、日本企業のミッション・ステートメントが、行動理念や行動規範といった「WHAT」や「HOW」に留まってしまうことの理由が、そもそものミッションが意味することに対する理解不足であることを示唆している。

本来、ミッション・ステートメントというものは、私たちが神から与えられた「任務や使命」が何であるか、という極めてキリスト教的な価値観に基づくものである。そして、これがグーテンベルク以降の人類の経済発展の、そしてその過程に起こってきた数多のディスラプションの基盤であった。

そうしたとき、キリスト教世界にいない我々が「WHY」を考える際に必要なのは何だろうか？それは、「考える葦」に過ぎない我々人間が、神から与えられた「任務・使命」として何ができるのか、という視点で自らを見つめ直すことである。

私がここで繰り返しその重要性について語る「存在価値」を、神から与えられた「任務・使命」と考えると、極めて高い視座が必要であることがわかるだろう。そして、だからこそ優れた企業のミッション・ステートメントの多くは、マズローの段階欲求説で言うところの最高段階の「自己超越欲求」に立脚したものになる。

しかし、「自らの存在価値を考えろ、存在価値のない企業は滅びるのみだ」と言われても、それでも読者の多くは、自分が勤める企業や業界にも存在価値はあると信じているかもしれない。

例えば、現在苦境に陥っているといわれるアパレル業界、出版業界、音楽業界、デパート業界などはどうだろうか？　それぞれの業界は、その時代時代の要請で出現し、存在価値があったからこそ、これまで存在してきた。

しかし、もしそれが苦境に陥っているとするならば、その存在価値が問われているということだ。自らの存在価値が問われたときに取るべきアクションとしては、前章でも見た総合商社のように、自らが持つ資産や能力をベースに新たな存在価値を作っていくことだ。

商社には明確な「ミッション・ステートメント」はない。しかし、常に自らの存在価値を問い続け、そのときそのときの時代の要請に応じて、自らの存在価値を進化させてきた。一方で、これまで提供していた価値から、さらに発展させて、時代に左右されない、より視座の高い「自己超越欲求」に立脚した存在価値が何かを考えることで、普遍的かつ持続可能性を持った存在価値にすることが、これからはますます望まれる。つまり「自己超越欲求」に立脚した視座の高い「存在価値」を見定めながら、その時代時代の要請に合わせて自らを進化させていくということが必要となろう。

ツイッターCEOジャック・ドーシーの矜持

「自由に発言できる」という存在価値

仮に「自己超越欲求」に立脚した視座の高い「存在価値」を定め、その存在価値に基づき企業を経営していたとしても、時代の変化によって、当初は想像もしなかったことが起こり、自らの存亡の機に直面することは十分にありうる。

それが、以前は10年や20年単位のものであったものが、現在では5～6年単位と速いサイクルとなりつつある。そして、その典型例として、ツイッターが挙げられるであろう。

2006年に誕生してから十余年を経て、ツイッターは創業者の当初の想像を大きく超えた使われ方をされる中で、数多くの問題に直面しながらも、その成長の過程で見定めた自らの存在価値にあくまでこだわる姿勢を貫いている。

2017年10月31日、神奈川県座間市で極めておぞましい事件が発覚した。当時27歳の男の住むアパートから女性8人、男性1人の計9人と見られる遺体が発見され、男はまず死体遺棄容疑で逮捕された。被害者の多くは自殺願望を持っていたと見られ、逮捕された男はツイッターを利用して自殺を幇助することを口実に被害者たちと接触、交流することを開始している。男の手口はツイッターの特徴をうまく利用したものであった。

ツイッターはフェイスブックと異なり匿名での利用が多い。そのため、ユーザーも自身が何者かバレないので、知人には言えないようなことをツイッターで吐露することも多い。そして、フェイスブックは基本的にはお互いに承認を得た者同士の投稿だけが見られるというクローズドネットワークであるのに対して、ツイッターは基本的には誰もがあらゆる人の投稿を見ることができるオープンネットワークとなっている。

そして、機能面でツイッターが独特なのが、そのようなオープンネットワークで投稿された言葉を「検索」して探すことができるということである。逮捕された男はこの機能を活用して、自殺願望者を探してはアプローチしたのである。

これを受けてツイッター日本法人は、2017年11月7日に、運用ルールに新項目を追加し、「自殺、自傷行為をほのめかす投稿を発見した場合は助長や扇動を禁じます」との文言を追加、さらに違反があればツイート（ツイッター上での投稿のこと）の削除やアカウント凍結の措置を取るとした。政府も事件を受けて首相官邸で関係閣僚会議を開催し、ツイッターの規制なども議論されたというが、単なる規制では根本的な解決にならないことは誰もが理解するところだろう。

この事件はツイッターの生みの親でもあるツイッターCEOのジャック・ドーシーの心を大きく痛め、苦悩させた。事実、事件から間もなく、ジャック・ドーシーは来日、複数のメディアのインタビューに応じて、ツイッター社としての今後の対応についての説明に追われていた。

そして、そのインタビューの中で彼が再三強調していたのが、「Global Town Square」という言葉は使わなかったが、ツイッターとして自ら規定した「言語や文化などの障壁をなくして、思いついたアイデアや見つけた情報を一瞬にして共有する力をすべての人に提供すること」というミッション・ステートメントが意味するツイッターの存在価値についてであった。すなわち、ツイッターの存在価値というのは、どのような人にでも、日常の想いや気持ちから政治的なスタンスまで、どんな弾圧にも屈することなく自由に発言できる機会を与えることであり、そのことを失うつもりはない、ということであった。

しかし一方で、ジャック・ドーシー自身も、自らがツイッターを開始した2006年当時には想像もできなかったほど、世の中もツイッター自身も変わってしまったと感じている。ツイッターをジャック・ドーシーが着想した際に名付けていたプロダクトの名前は「STAT.US」というものであった。

そのプロダクト名は、プロダクト機能そのものを表現しており、ユーザーが現在のステータス(Status)を短文で同時に多人数と簡単にシェアするというもので、運営側はそのステータス情報統計を販売する(Stat=統計+US=米国ないし私たち)というアイデアであった(事実、ツイッターが現在の売上収益のほとんどを占める広告事業を本格的に開始したのは2011年のことであり、それまではツイッター上で投稿されたツイートのデータを企業に販売することを細々と行っているだけであった)。

図表20｜2006年にジャック・ドーシーが描いたツイッターのアイデアメモ

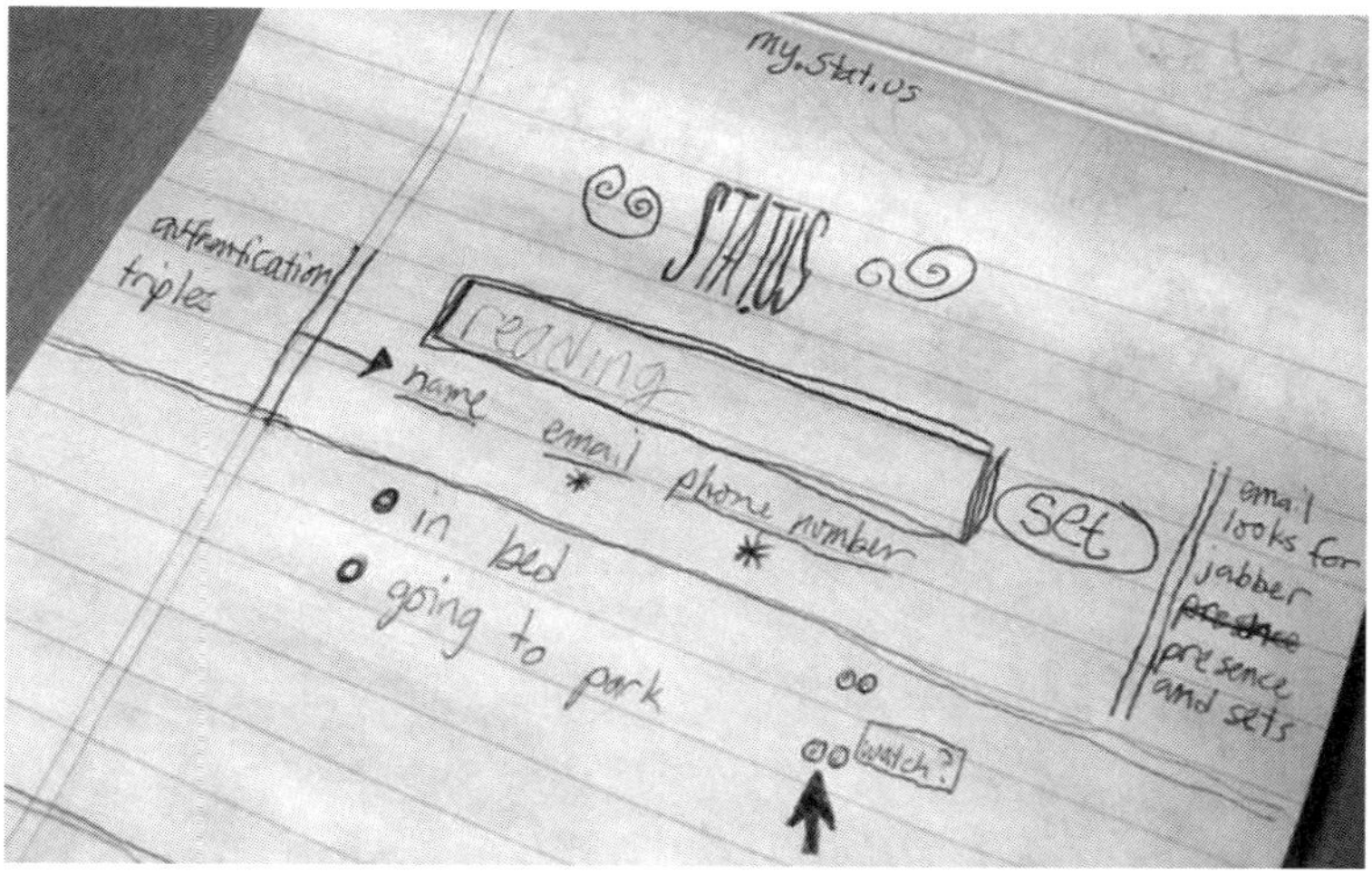

出典：https://www.uistencils.com/blogs/news/top-5-paper-prototype-screens

今でもツイッターのツイートを書き込む欄に「今どうしている?（What's happening?)」と書かれているのは、現在の状況をシェアするツールというジャック・ドーシーの構想の名残りである。そして、ジャック・ドーシーはいろいろな使われ方を想像したという。

例えば、患者を収容した救急車の救急隊員が手にしたモバイル端末からツイッターで患者の容態と症状に加えて受け入れ可能な病院を求めると、その救急車のアカウントをフォローしている病院の一つが受け入れ可能と返す。あるいはフォローしている病院で受け入れ可能な病院がない場合は、フォロー外の病院にも情報をシェアして（要は今で言うリツイートで拡散して）受け入れ可能な病院を尋ねるといったことも可能だと考えた。

通常は、車載無線で一つずつの病院に受け

入れ可否を尋ね回るのだが、受け入れ可能な病院がなかなか見つからずたらい回しになるというのは日本と同じで、米国でも共通の問題だという（ジャック・ドーシーはニューヨーク大学を中退後、オークランドでタクシーや救急サービスを派遣する会社を経営していたことがある）。

もちろん、現実には救急車で使用されることはなかったが、この思想は2011年3月11日の東日本大震災の被災者救助に威力を発揮した。気仙沼市で被災した障害児向け福祉施設の園長と施設の乳幼児から同じ場所に避難していた老人までの400人以上が、ツイッターをきっかけに東京消防庁によって救助されたという話を覚えている読者もいるだろう。

これは、被災して気仙沼市の中央公民館にいた園長がロンドンに住む長男に携帯メールで「火の海　ダメかも　がんばる」とメールを送り、そのメールを受けた長男がロンドンからツイッターで救助を依頼したツイートが拡散され、それが当時の猪瀬直樹・東京都副知事の目にとまったというエピソードだ。これに限らず、震災時に電話もメールも通じない中でツイッターだけは通じたという話が広がり、ツイッターの日本での普及のきっかけとなった。

ジャック・ドーシーは様々なユーザーが自らの今のステータスをシェアすることによって、ツイッターはまるで地球上のすべての動きをモニターする心電図のようなものになるのではと想像したという。ツイッターは多くの命を救い、民主革命を引き起こし、まさに「What's happening?」の文字どおり、今この地球上で起こっていることを、そのまま映し出すものとなった。

なぜシリコンバレーの企業は無邪気なほど存在価値にこだわるのか？

しかし、その規模と範囲と影響力は、当初のジャック・ドーシーの想定を大きく上回る状況となってしまった。第1章でも触れたが、2016年の米国大統領選では、ソーシャルデータ分析が明らかにしたように、投稿されたツイートなどの内容の質にかかわらず、投稿数とその投稿のリーチ数がリニアに候補者の支持率に影響するという「any press is good press」を地でいく事態が観測された。そして、ロシアが選挙介入を目的としてツイッターとフェイスブック上に偽情報を流すアカウントを複数作成し、社会的分断を強めるような広告を掲載していたという事実を、選挙から1年が過ぎた2017年9月、両社は立て続けに発表した。

さらには、翌10月には、同じく2016年の英国のEU離脱を決めた国民投票で、ロシア政府とのつながりが疑われるツイッターの多数のアカウントが離脱を支持する投稿を繰り返していたとの報道が英ガーディアン紙によってなされた。

かつて、ツイッターが「Global Town Square」としてのパワーを発揮してアラブの春を引き起こしたように、反体制派でプロパガンダに使おうと思う者がいるのは不思議ではないし、当然の成り行きだが、これもまたジャック・ドーシーにとっては、想定外の出来事だったであろう。

こうした状況に対して、ツイッターは、2016年の選挙期間中については、選挙に影響を与えるようなツイートを大量に削除していたことを明らかにするとともに、サービスの健全性確保のため、不審なアカウントを補捉したり、悪質なbotに対処したりするためのツールを開発し、現在は世界で週当たり320万件の不審なアカウントや、1日当たり45万件以上の不審なログインを捕捉するなどしているという。

しかし、ツイッターは安易に投稿を削除したり、アカウントを凍結するなどの対応をとることはしない。2017年11月、ツイッターを退社するカスタマーサポート担当従業員が最終出社日にドナルド・トランプ米大統領のアカウントを失効させ、無効にさせるという事件があった際も、ツイッターは11分で復活させた上で、この事実を公開した。実はトランプ大統領のツイッターアカウントについては特定の個人を攻撃するツイートを頻繁に行うため、ツイッター自身が定めたガイドラインに則り、アカウントを停止すべきだという意見もある。

特に、北朝鮮の金正恩朝鮮労働党委員長を「ロケットマン」と揶揄したツイートは物議を醸し、北朝鮮の李外相は「これは明白な宣戦布告だ」とまで主張する事態となった。しかし、ツイッターはこのツイートを削除することはなかった。

ツイッターはその問題のツイートについて「ニュース性があり、公共の利益に値する」ため削除しなかったとして、パブリックポリシーに関する自社アカウントからの6連続ツイートで説明を行った。

具体的には、ツイートを削除するかどうか検討する際には、そのツイートにニュース性があり、公共の利益に値する限りは削除すべきではなく、今後もツイッターは「透明性」と、人々が世界で「何が起きているか＝What's happening」を知らせることの両方にコミットし続けるとした

図表21 | トランプ米大統領の「ロケットマン」ツイート

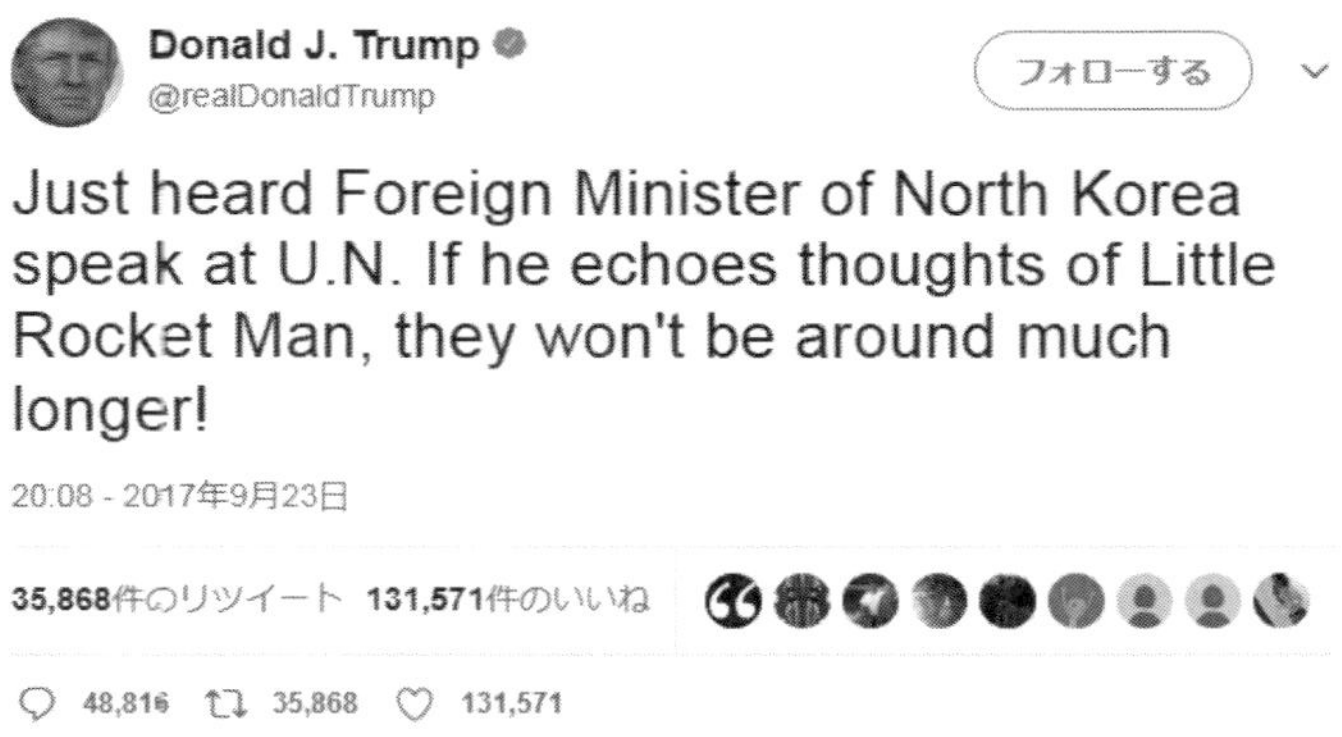
Donald J. Trump
@realDonaldTrump
フォローする
Just heard Foreign Minister of North Korea speak at U.N. If he echoes thoughts of Little Rocket Man, they won't be around much longer!
20:08 - 2017年9月23日
35,868件のリツイート 131,571件のいいね
48,816
35,868
131,571

出典：https://twitter.com/realdonaldtrump/status/911789314169823232

のである。

座間市の事件に関しても、ジャック・ドーシーは安易にツイートを削除する方向ではなく、誰もがメッセージを発信できる公共のものとして、利用者同士をつなげることで自殺防止を図っていきたいと語っており、*3 自らの存在価値を揺るがす事態に直面してもなお、自らの存在価値である「Global Town Square」として責任を果たし続ける道を選んだ。

ツイッターだからこそ果たしうる提供価値、それは誰もが今「何が起きているか」を透明性を持って届けることができる場所を提供することである。ツイッター上での投稿＝ツイートが表示されるタイムラインには、フェイスブックと異なりツイート主をフォローしていれば、ツイートがリアルタイムに表示され、そしてそのツイートがリツイートされれば、

図表22 | ツイッターのバリュー・プロポジション

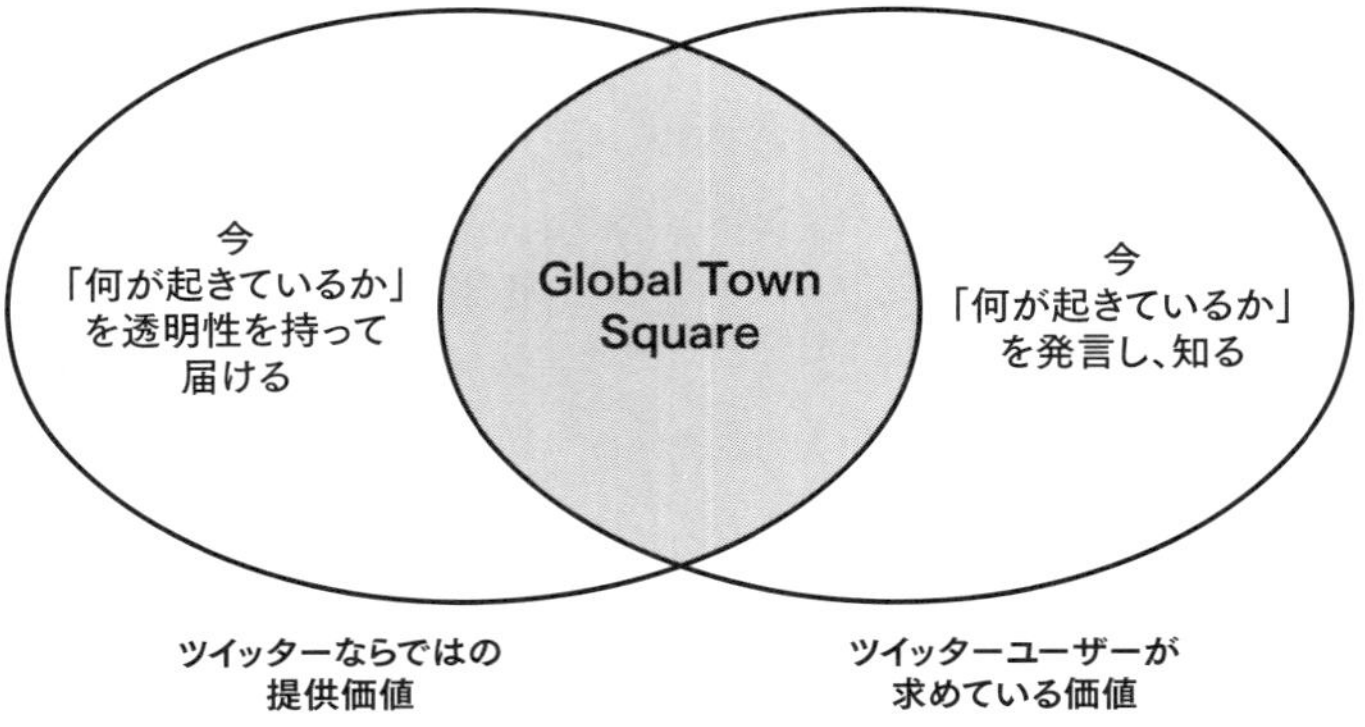

さらにシェアされていく。リアルタイム性とオープン性、これがツイッターならではのプロダクトとしての価値である。

一方、世界で3億人以上いるとされるツイッターのユーザーは、今の自分自身の身に起こっていること、考えていることを自由に思うままに発言したい、そして世界中の多くの人々の声を知りたいと思っている。それはツイッター出現以前には得られなかった価値であり、その価値を手放すことはもはや考えられないほどになっていると言って良い。

そして、このツイッターならではの提供価値と、ユーザーがツイッターに求めている価値が交わるところが、ツイッターが自ら「Global Town Square」と呼ぶツイッターのバリュー・プロポジション＝存在価値であり、ジャック・ドーシーが守るべき価値なのである。

これを第3章の図表14で提示したバリュー・プロポジションの構造で表現すると、図表22のようになる。この構造を守ることが、まさにツイッターにとっては自らの存在価値を守ることにつながるのである。

トランプ大統領のツイートにしても、座間市の事件についても、「不都合な」ツイートは機械的にでも削除すべきだとの指摘は非常に多いという。そして、この指摘に従う方がまずは目の前の批判から身をかわすことができるという点では得策なのかもしれない。

しかし、安易な方向に流されずに、自らの存在価値にこだわり、それを守るための広報活動やユーザー保護に注力するという姿勢は、民主主義を実現するインターネット業界の旗手としての誇りと、自らの存在価値にこだわる創業者としてのジャック・ドーシーの矜持と言えよう。

果たしてこの矜持が、ツイッターの将来に向けて吉と出るか凶と出るか。それは数年後にはわかることかと思うが、この矜持の根底にあるシリコンバレー企業の無邪気なまでの性善説が、これまで世界を変えてきたこともまた事実だ。

ジャパン・アズ・ナンバーワンの亡霊

グリーとDeNAに共通する〝日本的な〟成功法則

ツイッターのCEOジャック・ドーシーが直面したような事態に、もし、日本企業が直面した場合、果たしてその企業はどのように対応するだろうか?

覚えている読者も多いとは思うが、2010年に入って間もない頃、当時隆盛を誇っていたグリーやDeNAの「モバゲー」がいわゆる「出会い系」的な場として利用された結果、多くの犯罪を引き起こしたとして問題視されたことがあった。まだiPhoneなどのスマートフォンが普及する前の、「ガラケー」が主流の時代である。

事件の大半は18歳未満の児童を対象とした性犯罪であった。ただし、なかには強盗や放火、誘拐といった重要犯罪の被害もあったという。こうした犯罪の温床として、ソーシャルゲーム大手は、そのユーザー規模の大きさも相まって、出会い系サイトと同列、またはそれ以上の存在として語られるようになっていた。

もちろん、これらのソーシャルゲーム大手は「異性との出会いを目的とする行為を禁止する」とユーザーの利用規約に明記し、成年・未成年を問わず、出会い目的の行為を許さない姿勢を取ったが、これは2000年代初頭の「援助交際」の社会問題化を機に、いわゆる「出会い系サイト規制法」が制定されたことと関連している。

同法は「異性との出会いを容認しているサイト」を規制対象としているが、出会い系事業者として指定された事業者の義務が大幅に強化されたことによって、多くの「援助交際」目的のユーザーが「出会い系サイト」事業者の指定から外れているソーシャルゲームに流れ込んできた。

一方、事業者側は、強化された事業者義務によって、出会い系サイトに禁止されている書き込みを削除することなどに加え、事業にあたって公安委員会への届け出が必要となり、違反すれば刑事罰が科せられる。さらにはユーザーに対して、身分証やクレジットカードなどで18歳以上であることを確認することが義務付けられた。

ソーシャルゲーム事業者であるグリーやDeNAにとっては、これは死活問題に発展しかねない。もし、彼らも出会い系事業者として規制の対象となってしまえば、未成年ユーザーのすべてを失うのはもちろん、膨大な年齢確認の作業を強いられることになる。

それを避けるためにも、ソーシャルゲーム大手各社は、未成年・成年を問わず、出会いを求める行為の「摘発」を文字どおり、手作業で行った。各社のスタッフは巡回や通報、監視システムで集めたグレーな投稿を目視でチェック、異性との出会い目的と判断すれば削除した上で、警告なり強制退会なりの処分を下すという地道な作業を続けたのである。

グリーやDeNAの対応とツイッターの対応は極めて対照的である。この違いについて、海外ソーシャルメディアだからツイッターは許されているという指摘もあるかもしれない。

しかし、根本的な部分として、グリーやＤｅＮＡはソーシャルゲームをビジネスとして未成年も取り込むことを前提としているので、規制の対象となることを避けるために、出会い行為の「摘発」を地道に行ったに過ぎないということに留意する必要がある。グリーにもＤｅＮＡにも、そもそもサービスとして何か新しい価値をもたらして、世の中をより良くしたいというミッションは存在しない。

グリーの創業は元々米国で流行り出していたFriendsterやMySpaceを雛形に創業者が個人で始めたＳＮＳだったが、追加機能として始めたソーシャルゲームが大ヒットしたという経緯があり、ＤｅＮＡについても元々はビッダーズという当時米国で流行り出していたインターネットオークション事業から始まったのが、なかなかビジネス的に軌道に乗らず、サイドビジネスとして始めたソーシャルゲームの方がヒットしたという経緯がある。つまり、いずれも純粋に「お金儲け」として始めたものであり、サービスとして何かしらの「自己超越欲求」に基づく存在価値を求めて始めたものではないということだ。

日本企業の多くは、米国を中心とした海外でヒットしているビジネスを模倣する持続的イノベーションにより、自動車産業や家電、半導体などのハイテク分野において、１９７０年代から１９９０年代にかけて世界中を席巻した。

１９９８年創立のＤｅＮＡ、２００４年創立のグリーともに、そうした日本の黄金期以降の企業ではあるが、その「成功の法則」は共通している。あくまで、模倣と持続的イノベーションである。そのスタンスは「誰よりも早く、先端のものを取り入れ、改善し、それをより多く売る」というものである。

この日本企業の「成功の法則」が絶賛され、日本が我が世の春を謳歌した1980年代、日本人は自信に満ち溢れていた。1979年に出版されたハーバード大学教授エズラ・ヴォーゲルの『ジャパン・アズ・ナンバーワン――アメリカへの教訓』もまたその自信を裏付けるものとして盛んに引用され、日本人は自他ともに認める世界のリーダーであったと言っても良い。

高い技術レベル、社員の会社に対する、また会社の社員に対する忠誠心、高い教育水準、質の高い官僚、低い犯罪率、世界中から学ぼうという姿勢――これらこそが、日本が強く豊かな社会でいられる基盤である。[*4]

これらの日本人の美点は賞賛されこそすれ、非難されるものではなく、現在にも通じる日本の強さと言える。またこれらの美点は、多くのアジアの新興国にとっても学ぶべき対象として認識されている。

事実、2016年に中国で『ジャパン・アズ・ナンバーワン（中国語名「日本第一」）』が36年ぶりに再刊されると、発売直後に重版されるほどの勢いで売れたという。30年前の日本が直面していた状況が現在の中国に重なる、というのがその理由らしい。[*5]

しかし、現在の日本の状況は、30年前の日本とは異なる。とにかく海外のものを取り入れて、それを改善すれば、モノは売れるという時代は既に過ぎ去った。しかし、企業は常に成長を求められる存在である。何がなんでもよりモノが売れ、利益をあげることを目指す。ただ、それ自体が企業の存在意義なのだろうか？

ＤｅＮＡが２０１０年初頭に「出会い系サイト規制法」に関する問題に直面し、膨大な規模の手作業で自ら巡回、摘発を行っていた際に、ＤｅＮＡの南場智子社長（当時）は、こう語ったという（傍点は筆者）。

私たちはとにかく健全性を維持して、青少年を守るということを徹底的にやっている。SNSまで出会い系にされて、全部免許証やら住民票やらを確認しないと使えないという、世界で日本だけがとんでもない状態になるのを避けるためにも、経費を年間7億円くらいかけて、やっているわけですよね。業界を救いたい、ユーザーを救いたいという気持ちで。売り上げの遺失も含めれば、何十億円ではきかないかもしれない。[*6]

この発言は当時の日経新聞に掲載されたもので、その真憑性は私にはわからない。また、当時槍玉に挙げられていたＤｅＮＡのモバゲーが、果たして海外のＳＮＳと同様に純粋に友人や旧友、あるいは共通の興味関心を持つ人同士をネットワーク化するという意味でのＳＮＳであったかどうかということには異論を持つ読者もいるだろう。

しかし、いずれにしても、これは経営者として素直な心情を吐露したものと考えて良い。ユーザーを救いたいという気持ちもあっただろうし、人海戦術での対応が何十億円単位ものコスト負担によるものであったということは、経営者としてはどうしても言わずにはおれなかったのだろう。

WELQ事件はなぜ起きたのか?

DeNAは、その6年後の2016年、自社が運営する10ものキュレーションメディアが閉鎖に追い込まれるという事態に直面した。キュレーションメディアとは、特定の切り口でインターネット上にある情報を選定、編集、公開することでインターネット上の読者を集めるというものであるが、DeNAが運営する中でも医療メディアとして位置づけられていたWELQについて、医学的な信頼性に欠ける大量の情報が掲載され、他サイトからのテキストや写真が無断で使用されている、などの数々の問題を指摘されたことが、この騒動の発端となった。

DeNAが取った方法はこうだ。検索サイトで特定のキーワード(WELQの場合は、病名や症状など、病気で悩むインターネットユーザーの多くが検索しそうなキーワード)が検索された場合に、検索結果の上位に表示させることで、より多くのユーザーを自社のキュレーションメディアに集める。

キュレーションメディアであるから、その多くの記事はインターネット上に既にあった記事を利用して、再編集を行って、情報を集まったユーザーに読んでもらうわけだが、こうして集まったユーザーに対して広告を表示し、収益を得るというのがビジネスモデルである。

そして、このときに指摘された問題が、まずはSEO（Search Engine Optimization＝検索エンジン最適化の略）の技術を駆使して、本来は記事の質によって検索結果の順位を決めている検索サイトで、検索結果の上位に表示されるようにしたということである。

もちろん、その先にある記事が質の高いものであるならば、これほど問題にはならなかったであろう。しかし、その記事が既述のとおり、粗製濫造の信頼性に欠けるものとなっていたのである。そして、この騒動を受けて、南場氏を継いでDeNA社長となっていた守安功社長が日経ビジネスのインタビューに答えている。[注2]

まずインタビューの冒頭では、謝罪と反省の意を示した上で、キュレーションされたコンテンツを制作するのに、2000文字1000円という単価で外部ライターに記事を発注していた事実について、これが粗製濫造につながったのではないかというインタビュアーの質問に対して、以下のように答えている[*7]（傍点は筆者）。

最初に「好きな人は書くんです」とキュレーションメディアの説明を受けました。ブログを書いている人は無料で書いている。クックパッドでも無料で書いている。そこに少しお金

を支払うことで、もっと書いてくれるようになると。なので、安いことについては問題がないと思っていたんですね。

ただ、結果としてこうなってしまいました。好きなことに対して若干のインセンティブがもらえる、という手法であれば、いい方向に向かうのかもしれません。「YouTube」などでも成立しています。一方で、単なる仕事として発注し、量産しようとすると、こういうふうになってしまうのかもしれない。ビジネスとして成り立つのかどうかも含めて、第三者委員会で検証してもらいたいと思っています。

その上で、インタビュアーがインターネット上などで拾った文章を自動的に改変する「リライトツール」などの利用があったのではないかと指摘をすると、守安社長は以下のように答えている。

そうしたツールの存在は知っていました。当然ながら、そのようなものを使って記事を作ることは一律、禁止していました。なぜかというと、コピーしたようなサイトは、グーグルからブロックされてしまうからです。グーグルからブロックされていない以上は、そういっ

注2　ちなみにこのインタビューが公開されたのは2016年12月8日と、前記南場氏のコメントが掲載された日経記事のちょうど6年後というのは、偶然にしても皮肉なことである。

たツールは使われていないと思っています。

さらに、ＳＥＯを駆使したという事実に対する批判について尋ねられると、以下のように答えている。

ただ、効果的なＳＥＯを重視したことで、ユーザーに向いて記事を作ることとのバランスを間違えたのではないか、という反省はあります。言い換えれば、ユーザーが喜ぶコンテンツと、グーグルが喜ぶコンテンツと、それがイコールならいいのですが、そうとは限らない。グーグルが喜ぶ部分への比重を高めすぎた。そこで、ひずみが出てしまったという可能性はあります。

果たして、このインタビューの内容を読んで、読者はどう思うだろうか？　第3章から述べてきた「存在価値を見定める」という観点から見たとき、これらの発言を読者はどのように評価するだろうか？

なお、ＳＥＯの是非についてはここでは触れないが、日本におけるＳＥＯのあり方が、欧米のそれとは若干異なるという点について触れておきたい。

日本においては、最近はグーグルが「ペナルティを課すため」、その傾向は減ってきていると も聞くが、依然として自ら人工的に作成した外部リンクなどで品質スコアを高めて上位掲載を狙うというきらいがある（グーグルがウェブサイトの品質を見極める上で重視するのが、どれだけ質の良い被リンクを多く集めているかということで、それが多いほど検索上位に選ばれやすくなる）。

しかし、欧米（特に米国）では人工的な外部リンクを使う方法はほとんど見られなくなっており、有益で説得力のあるコンテンツを制作・配信することによって、ターゲット・オーディエンスを引き寄せるというコンテンツ・マーケティングが主流になっている。私はSEOについて詳しいわけではないが、日本のSEO技術は「グーグルが喜ぶ」ものとすることにかけては世界でも指折りであると聞く。しかし、そこにはユーザーはまったく不在である。

結局、DeNAは第三者委員会からの報告を経て、最終的には女性ファッション関連メディアとして小学館との共同出資により再開したMERYを除く9つのキュレーションメディア事業については撤退することとなった。

しかし、その撤退の最大の理由は「ビジネスとして成立しない」であったという。第三者委員会の報告によると、キュレーションメディアの事業会社を買収した時点で著作権を侵害しているリスクがあると既に報告されており、両社がそれを解消する措置を講じることを買収の条件としていたという。

図表23 | DeNAのキュレーションメディア事業のバリュー・プロポジション

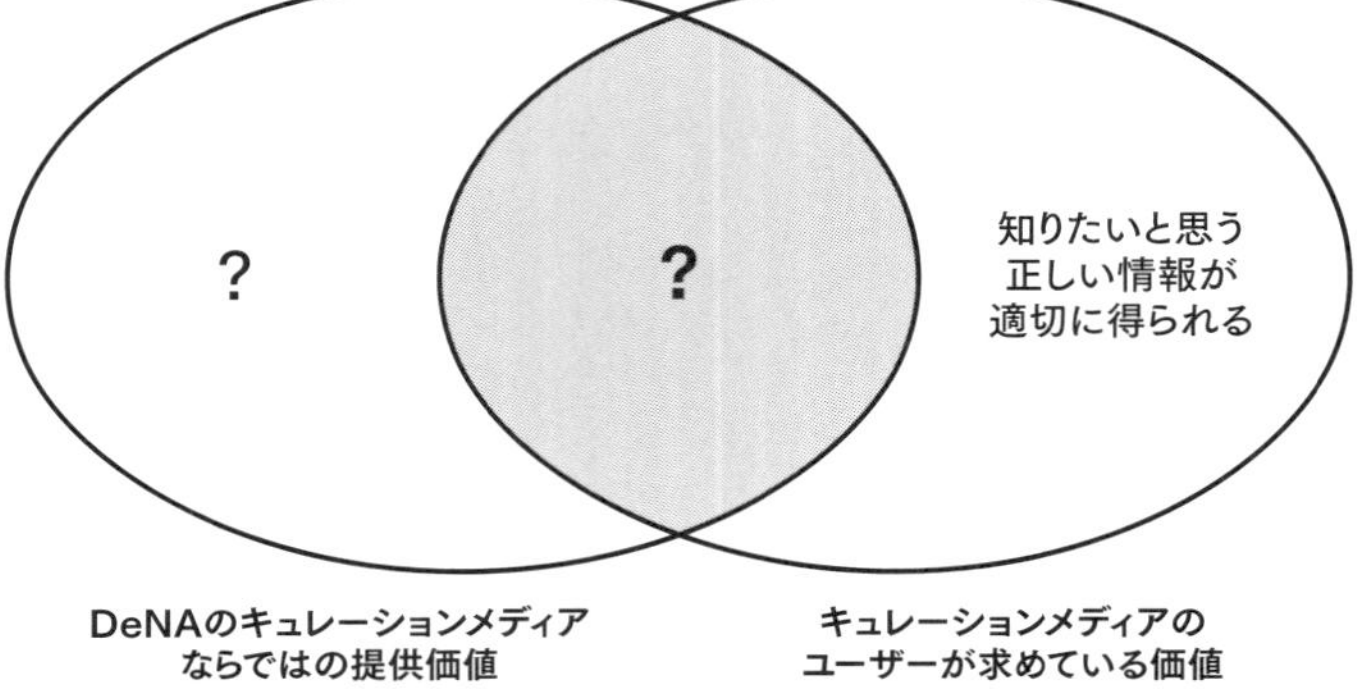

しかし、買収後は守安社長を始めとしたDeNA経営陣の興味は、キュレーションメディア事業をいかにビジネスとして拡大させるかという点に終始したという。そこには、DeNAならではの提供価値というものは存在せず、病気のことについて悩み、検索をしてキュレーションメディアに辿り着いたユーザーが求める価値に応えようという意思も存在しない。すなわち、バリュー・プロポジション＝存在価値の構造が、DeNAのキュレーションメディア事業にあったのかというと極めて疑問だ。

連続する不正問題は偶然か、必然か

この数年、日本国内においては、三菱自動車の燃費不正問題、東芝の不正会計、神戸製鋼所・三菱マテリアル・東レの製品検査データの改ざんなど、日本を代表する企業による不正事件が頻発している。もちろん、これらの不正はもしかしたら今に始まったことではなく、それぞれ脈々と行われていたことで、たまたま今になって発覚しただけかもしれないし、一方で国際競争に晒される中で弱体化していく経営環境下ゆえのものだったのかもしれない。

ただ、ジャパン・アズ・ナンバーワンを支えた日本の美点というものが欠点となって、これらの不正を作り出したのではないかと私は考える。すなわち、官僚的に硬直した経営陣からの「自社の売上・利益」を確保するという指示に対して、各企業の高い教育を受けた優秀な社員が忠誠心よろしく忠実に実行した結果ではないかということだ。そして、何よりもこれらの不正が「自社の売上・利益」を最優先した結果であるということに留意する必要がある。

本来、企業というのは、社会における多数の存在の中の一つの存在に過ぎない。その社会において何かしら貢献することが、その企業の存在価値であるにもかかわらず、その企業を存在せしめることだけが目的となってしまったことによる不幸だと言えよう。

そして、そのような不幸が古くからの大企業だけではなく、新興のインターネット企業までをも覆ってしまっているのが日本の今と言えるのかもしれない。日本はなお、ジャパン・アズ・ナンバーワンの亡霊に苛《さいな》まれているのである。

テスラCEOイーロン・マスクが目指すもの

経営状況は厳しくても時価総額世界一の謎

テスラモーターズ（以下、テスラ）という、シリコンバレーを拠点に電気自動車（EV）とEV関連商品を開発・製造・販売している自動車会社がある。

2003年にPayPal（電子メールアカウントとインターネットを利用した決済サービスを提供する企業）共同設立者のイーロン・マスクによって設立され、2008年に発売された電動スポーツカーのテスラ・ロードスターを皮切りに、2009年に発表されたセダンタイプのテスラ・モデルSで本格的に市場参入し、2017年末には大型トラックのテスラ・セミを発表した。

日本でも東京都心などでモデルSや、2012年に発表されたSUVタイプのモデルX、そして2016年に発表された中型セダンのモデル3などが走り回る様子を目にしたことのある読者もいることだろう。

日本におけるEVの開発・製造・販売については、カルロス・ゴーン率いるルノー・日産連合と三菱自動車（のちにルノー・日産連合に買収される）がいち早く手がけ、特にルノー・日産については コンパクトEV「リーフ」で先鞭をつけ、日本国内に限らず海外でも販売し、2016年時点でグローバル累計販売台数20万台に達したという。

一方のテスラは、２０１７年末にロードスターからモデル３に至る全モデルで、グローバル生産累計販売台数が25万台に達したと発表している。[*8] 日産リーフが普及型のコンパクトＥＶであるのに対して、テスラは最廉価のモデル３でもリーフの倍以上の価格とプレミアム価格帯での勝負となっており、かなりの利益を得ているはずと考えがちだが、米国の経済・金融情報サービス大手ブルームバーグは、２０１７年末のテスラ・セミの発表に際して、「過去12カ月にわたって、テスラは１分間に８０００ドル（１時間で48万ドル）のお金を燃やしている」[*9]と報じた。

そして同じく、米国のビジネス・技術ニュースの専門ウェブサイトのビジネス・インサイダーは、「投資対効果（return-on-investment）という観点からは、テスラは破滅である」[*10]と報じた。テスラの国内のディーラーは東京、大阪、名古屋、福岡の４店舗のみで、東京では南青山に店を構えている。斜め前にはＢＭＷのディーラー、並びにはポルシェのディーラーがあるという好立地から、テスラがそのような深刻な経営状況にあることを知らない人も多いことだろう。

何よりも、第１章でも触れたとおり、２０１７年４月にはテスラの時価総額はＧＭを超え、米国の自動車メーカーでも最大である。しかし、テスラの経営状況は芳しくないのもまた事実である。

実は、これら二つの記事については、私は、米国のテック系ブログサイトTechcrunchの記事[*11]から知ったのだが、その記事が、企業の「存在価値」を考える上で、極めて重要な視点を持っているので紹介したい。

イーロン・マスクは経済的な成功を目指していない

記事は、上記のような経営不安に関する各メディアの指摘に対して「In praise of Tesla's bankruptcy」（直訳すると「テスラの倒産を賞賛する」）というタイトルで、民間資本によって建設されたドーバー海峡トンネルが、[注3] 投資家にとっては完全な失敗であったが、それを利用する人々にとっては多大な恩恵を受ける施設になったという事実になぞらえて、膨大な損失を出しながらも、単なる自動車会社ということだけでなく、私たちの誰もが享受できる未来のためのインフラを創り出しつつあることに価値があると論じている。

Techcrunchの記事は、ディスラプションと呼ばれる破壊的イノベーションを起こす（起こせる）企業とは何か？　という命題を突きつけている。資本主義における企業の本来的な目的は投資家に利益をもたらすことである。

しかし、テスラはその点において失格だ。自動車メーカーとして米国最大の時価総額を誇る一方で、巨額の損失を出し続けており、何年も前からその財務については疑問視されている。だが、本記事はテスラについて、以下のように説く。

テスラという会社の目的は金を儲けることではない。電気自動車をマス市場に普及させ、そのインフラを形成するためのパイオニアだ。テスラが先陣を切ったバッテリーのテクノロジーは自動車以外にもあらゆる場所に用いることができる。利潤をあげることは付随的な目

――的に過ぎない。

記事は「特定の方針の目標を、ある指標の数値で設定すると、その指標は間もなく指標としての用をなさなくなる」（英語ではWhen a measure becomes a target, it ceases to be a good measure.と表現される）というロンドン大学スクール・オブ・エコノミクス教授だったチャールズ・グッドハートによる「グッドハートの法則」を引用した上で、テスラについて前記のように喝破しているのだが、これは現代の企業のあり方を考える上で重要な示唆を提起していると私も思う。売上規模を極大化し、利潤をあげて、株主に還元するという資本主義では当たり前のことができるのは企業として素晴らしいことではあるが、それがその企業の本当の存在価値なのだろうか？

あくまで成し遂げたい未来があるから、その未来を実現するための事業に賛同する人たちが投資を行う。人類の科学技術の進化の裏には、常にこのようなミッションを背負いながらも、投資家に支えられた企業があったということを忘れてはならない。

将来的にイーロン・マスクがテスラについて経営的に成功するかどうか、私には見当もつかない。しかしテスラがそういった人類の科学技術の進歩と普及に貢献した企業に名を連ねるように

注3　イギリスとフランスとを結ぶ海底トンネル。1881年に掘削が開始され、1994年に開通したが、2006年に運営会社のユーロ・トンネルが経営破綻している。

図表24｜テスラによる「テスラ・ギガファクトリー」の完成予想図

出典：https://gigazine.net/news/20160728-inside-tesla-gigafactory/

なるのは間違いないだろう。それは、イーロン・マスクが経営的な成功という指標を目標にしていないからである。

イーロン・マスクが事業において重要視するのは、「再生が可能か否か」ということであり、巷で言われているような石油資源からの脱却や二酸化炭素排出量の削減にあるのではない。同じく彼が経営するロケット・宇宙船の開発・打ち上げを事業とするスペースX社で開発したロケット「ファルコン9」は、将来的な有人飛行成功を見据え、使い捨てではなく再利用が可能であることが重要なコンセプトになっているが、テスラについても電力は太陽光や風力などの再生可能エネルギーでまかなうことを目標にしている。

ＥＶの普及にとって、最も重要な部品としてリチウムイオンバッテリーが挙げられるが、イーロン・マスクが米国ネバダ州に建設している世界最大のバッテリー工場「テスラ・ギガファクトリー」は必要な電力のすべてを太陽光と風力でまかなっている。

ギガファクトリーにおける年間のバッテリー生産量は、現在全世界で生産されているバッテリーの合計量と等しいと聞けば、その規模の大きさがわかるだろうが、それをすべて再生可能エネルギーでまかなうことがいかに途方もないことであるかもわかるであろう。

フランスと英国が狙う一発逆転のＥＶシフト

世界的なＥＶシフトが喧伝されるようになって久しい。これはフランスや英国が２０４０年までに「ガソリン車、ディーゼル車を販売禁止」にすると打ち出したことがきっかけとなっている。

しかし、このＥＶシフトの陰には、実はそれぞれの国やメーカーの思惑が存在している。いや、ＥＶに限らず、エネルギー政策の裏には何かしらの政治的な思惑が存在するのは歴史の常であると言えよう。

例えば、19世紀から20世紀にかけて起こった石炭から石油へのシフトを決定づけたのは、当時世界一を誇った英国海軍が、時の海軍大臣チャーチル（のちに首相）の鶴の一声で、一斉に石油動力に転換していったという背景がある。

第1章の「エネルギー」の進化で見たように、二度にわたる世界大戦は石油の普及を後押しした。航空機は石油の存在がなければ成立しえなかったし、石油の軍需物資としての重要性が高まることで、戦争自体が石油を手に入れるための争いでもあった。米国の石油禁輸措置とＡＢＣＤ包囲網によって石油を確保できなくなった日本が太平洋戦争に突入してしまったのは、日本人の多くが知ることであろう。

しかし、軍需産業を中心とした石油シフトを横目に、石炭は戦後しばらくの間も、発電などを目的として工場で利用され続けた。石油シフトが促されるようになったのは、石炭は燃焼時の煙の中に大量のタールと亜硫酸ガスを含み、それが喘息など呼吸器疾患を人間に引き起こすという問題が深刻化するようになってからのことだった。人間の生命を左右する問題によって、石炭から石油シフトへ急速に進んだのである。そしてこの状況を人為的にでも起こそうというのが、フランスや英国のＥＶシフト宣言と言える。

確かに石油が枯渇する可能性は否定できないし、枯渇しなくともその生産能力に限界があるのは事実だ。またそれ以上に、石油由来の排出ガスによる二酸化炭素を起源とした温暖化の危機も人類として解決すべき課題だろう。これらが現在のＥＶシフトの大義名分であるのは事実だ。

一方で、中国に次いで二酸化炭素排出国第2位の米国のトランプ大統領は、二酸化炭素排出による温暖化の可能性そのものについて懐疑的な姿勢を示し、温暖化対策の国際的な枠組み「パリ協定」からの離脱も表明している。

また環境保護局（ＥＰＡ）や内務省のホームページから、温暖化に関する情報を削除するだけでなく、火力発電所からの温室効果ガス排出量を制限する規制「クリーン・パワー・プラン」についても撤廃すると正式発表するなど、温暖化対策に後ろ向きの措置を取っている。

性急なエネルギーシフトは既成産業に対するネガティブインパクトが大きく、資源枯渇の問題が急を要する課題でない限りは、効率面を考えれば、現在あるエネルギー源を使い続けるというのは、極めて合理的な判断とする見方もある。そもそも、ＥＶが石油の消費量の削減に寄与するかは疑わしく、自動車の生産から最終的な廃車までのライフサイクルで評価すると、二酸化炭素排出量はガソリン車やディーゼル車の方が少ないという分析もある。[*12]

それにもかかわらず、フランスや英国が２０４０年までの「ガソリン車、ディーゼル車の販売禁止」を打ち出すのはなぜか？

フランスと英国はいずれも自国内に自動車メーカーを抱える自動車生産国だが、その国際競争力は決して高い方ではない。中国、米国、日本、ドイツ、インドのトップ５に対して、フランスは11位、英国は13位と今や韓国やスペインの後塵を拝している。[*13] 3位と4位を占める日本とドイツは、いずれも二酸化炭素排出規制に関して極めて積極的な国だが、自動車産業においてはハイブリッド技術で先行し、ＥＶに対しては必ずしも積極的ではない。

フランスと英国はこのような自動車産業における自国の国際競争力や技術の劣位を逆手に、一発逆転を狙ったのではないか、と見ることもできる。特にフランスはルノー・日産のカルロス・ゴーンが早い段階からＥＶへの投資を進め、ルノー・日産合わせてグローバルで販売されたＥＶの数はテスラのそれを大きく上回ると見られる。

EVシフトの「先」に訪れるモビリティの未来

このように様々な思惑がうごめくEVシフト騒動だが、イーロン・マスクは我関せずで己が信じる未来に向けて歩みを止める様子を微塵も見せない。そして、多量の電力を必要とする自動運転車についても、他の自動車メーカーを置き去りにする勢いで、開発と実用化を進めている。

テスラが既に実用化している「オートパイロット」は、米運輸省高速道路交通安全局（NHSTA）が定める5つのレベルからなる自律走行車の基準ではレベル2に留まるが、イーロン・マスクは早期でのレベル4（完全自動運転のレベル）実現に自信を示しているという。

テスラのエンジニアは今この瞬間にも街を走り回っている顧客の車からデータを取得し、自動運転システムの向上を進めており、こうしている間に収集したデータの量は他を圧倒する規模となっている可能性がある。イーロン・マスクが目指すのは、「エネルギー」の進化の牽引者として単にEVの販売によって利潤を得ることではなく、「モビリティ」の進化の先を実現する世界のインフラを構築することなのである。

かつて、馬車が石油を燃料とする自動車に取って代わられる「自動車シフト」が起こった際に、フォード・モーターの創業者であるヘンリー・フォードがライン生産方式による大量生産技術を導入するだけでなく、自動車が走るための道路の計画・開発を当時の米国政府に働きかけた。

T型フォードがライン生産方式によってロールアウトしたのは1913年のことだったが、1916年には州をまたいだ国レベルの道路網を整備するための補助金「連邦道路整備補助案

（Federal Aid Highway Act of 1916）」が連邦議会を通過、イリノイ州シカゴと西部のカリフォルニア州サンタモニカを結ぶ、ジャズのスタンダード曲として有名な国道「ルート66」が１９２６年に開通している。

ヘンリー・フォードがT型フォードと道路整備に向けた働きかけで、自動車があまねく普及した世界を目指したのに対して、元々馬車製造業者だったGMの創設者ウィリアム・C・デュラントは大衆車から高級車まで、複数のブランドで幅広い製品を並べて販売網を整備する戦略を取り、二人はともに自動車時代の勝者となった。

イーロン・マスクは自動運転車時代におけるフォードになるのか、それともデュラントになるのか。その答えは恐らく10～20年後には明らかになるだろう。

自動運転時代の勝者は誰か？

IT企業が続々参入する自動車業界

２０１７年末、GMの前副会長ロバート・ラッツ氏は、米国の自動車業界向けウェブサイトAutomotive Newsに以下のコメントを寄稿した。*14

――**数百年にわたり、人間の主な移動手段は馬だった。そしてここ１２０年間は自動車だった。**

そして今、自動車の時代は終わりに近付いている。移動手段は標準化されたモジュールに置き換えられるだろう。最終的には、運転手が指示をする必要のない、完全に自動化されたモジュールになるだろう。[*15]

ロバート・ラッツ氏はGMの前にはフォード、クライスラー、BMWなどで自動車開発に携わってきた人物だけに、このコメントは旧態依然とした自動車業界に大きなショックを与えた。ここで言う「完全に自動化されたモジュール」というのは、いわゆるMaaS（Mobility as a Service）と捉えることができる。

MaaSとは、様々な交通サービスの提供機関を統合し、モバイルアプリを通じて個々のユーザーのニーズに合わせて実際の交通機関の利用プラン用のモビリティチケットを発行し、自動車だけではなく、バスや電車などの利用を、経路検索から、自動車の予約、配車手配、決済までのサービスとして提供するコンセプトである。

既存のカーシェアやシェアサイクルもこのコンセプトに基づくものだが、自動車については究極的には自動運転車が普及の鍵となってくる。そして逆説的ではあるが、自動運転車の普及はMaaSの普及とも言える。

自動運転車の動力源については、その電力消費量も鑑みると、バッテリーを搭載した車両である必要があるため、必然的にEVとなる。そうなると、自動運転車時代の勝者の一人は、EV競争で先んじるテスラと見ることもできる。

一方で、自動運転車については多くの企業が研究・開発を進めている。まずは、自動車メーカー。トヨタ、日産、ホンダなどの日本メーカーはもちろん、フォルクスワーゲン、ダイムラー、アウディといったドイツ勢、フォード、GMなどの米国勢が代表格だ。

それから米国のIT企業でも早い段階から自動運転に取り組む企業が多い。なかでもグーグル（現在は、持株会社Alphabet傘下のWaymo）は2012年に世界で初めて公道で自動運転の路上テストを行っており、自動運転技術については蓄積したデータの規模や認識・制御技術も含め、他を先行していると見られている。

またマイクロソフトやアップルも自動運転の研究・開発を進めていると見られている。アップルについては詳細は不明だが、グーグル、マイクロソフトに共通するのは自動車そのものの製造ではなく、自動運転制御の技術を自動車メーカーに提供する方向性だ。

また、若干毛色が異なるが、ライドシェアサービスのUberも有力な企業だ。Uberはスウェーデンのボルボと自動運転車を共同開発することに合意、2万4000台ものボルボ車両を購入して2019年から2021年にかけて自動運転車によるフリートを構築するという。

進むも地獄、退くも地獄のチキンレース

しかし、自動運転車の普及にはハードルが多い。ただし、それは技術的なハードルではない。

特にここで強調したいのは、自動運転車がもたらす世界は、既存の自動車メーカーにとっては経済的なインセンティブが働きにくいという点だ。ポイントは以下の3点だ。

---

①自動運転車は自動車メーカー間の相対的な競争力に変化をもたらす可能性があるものの、付加的な増収には結びつきにくい。

②自動運転車（特に完全な自動運転車）の普及がマジョリティを占めるようになると、自動車の販売台数そのものは大きく減少する。

③一般乗用よりも当面はタクシーやバスなどの商用需要がメインとなると考えられるが、寡占市場にならない限り、ROIが極めて低い可能性がある。

---

①についてだが、自動車という耐久消費財としての特性上、耐用年数が長く、代替がなかなか進まないということもあるが、そもそも自動車そのものの価格が高いため、これに自動運転機能が付くことで、追加の費用をどれだけマス層が支出しうるか？　ということだ。自動運転技術は付加価値ではあるものの、追加の利益がもたらされるというよりも、対応していないメーカーに対する競争優位性という意味合いが大きい。

次に、②については、もし完全自動運転車の普及が進めば、インターネットを通じてマイカーを他人に貸して収入を得られるため、自動車の資産効率は上がるが、いつでも借りられるとなれば車を所有しない人も増えるため、結果的に販売台数は減るという見方だ。

すなわち、前記のMaaSのコンセプトに代表されるような、すべての自動車が公共交通機関化する、あるいは公共財になる世界。これは、既存の自動車メーカーにとっては存亡に関わる大きな問題だ。

そして、③はまさにUberがいち早く市場を寡占している世界をイメージしている。ネットワーク効果が支配するようなビジネスは、1位企業の寡占になりやすく、今のタクシーやバスなどの公共交通の代替をUberがしてしまえば、他の企業が入り込む余地は少ない。ただしグーグル（Waymo）やマイクロソフトが、Uberの競合Lyftなどを買収して狙うということであれば、経済的な合理性がある。

自動運転車が普及する時代は、既存の自動車メーカーにとっては、進むも地獄、退くも地獄の世界であることがわかるだろう。自動運転車の普及は、絶対的な自動車の販売台数を減らす可能性が極めて高いが、自動車メーカーは他社に先駆けて自社の自動運転車を普及させないと、シェアを奪われジリ貧に陥る。これは、生き残りのためのチキンレースと言っても良い。


勝つか負けるかではない、「生きるか死ぬか」の戦い

そして、そんな未来を目前にした2017年末、トヨタは異例の大掛かりな組織変更を発表した。昇格者56人、異動者121人。副社長、フェロー、専務、常務といった経営陣が占める52ポジションのうち37ポジションで変更がなされ、それらの多くが入れ替わった。この体制変更について、大勢の報道陣を前に、豊田章男社長は以下のように語ったという。

自動車業界は100年に一度の大変革の時代に入った。次の100年も自動車メーカーがモビリティ社会の主役を張れる保証はどこにもない。「勝つか負けるか」ではなく、まさに「生きるか死ぬか」という瀬戸際の戦いが始まっている。

これは大げさでも何でもなく、経営者として極めて切実な想いを本心から表現したものであろう。トヨタは1997年に発売した世界初の量産型ハイブリッド市販車・初代プリウスを皮切りに、過去20年にわたって「エコ・カー」市場を先導してきた。ハイブリッド車に加え、トヨタは次期エコ・カーとして水素エネルギーで駆動する燃料電池車（FCV）に注力、これを支援する日本政府の後ろ盾も得て、その技術を磨いてきた。

しかし、ここに来ての世界中でのEVシフト。トヨタの販売数の3割を占める米国では、カリフォルニア州がZEV（Zero Emission Vehicle／無公害車）規制を導入。そして、これにより、2018年からはすべての自動車メーカーはカリフォルニア州で自社製品を販売する場合には、販売台数の一定比率をまったく排ガスを出さないクルマ、あるいは多少は排ガスを出すがクリーン度の高いクルマのいずれかで満たさねばならなくなった。

そのような節目の直前でのこのセリフは、極めて重大な意味を持つ。特に重要なのは「次の100年も自動車メーカーがモビリティ社会の主役を張れる保証はどこにもない」という部分である。

EVに関しては、国内のライバルである日産にも水をあけられているのは事実であり、自動運転車の普及は自動車そのものの需要を大きく低減させ、モビリティの主役がグーグルのようなIT企業へと移っていくことは容易に想定できる。特にグローバル販売台数の首位を争う規模を誇るトヨタの場合、市場の需要が低減することはその巨体を維持する上では大きな問題となる。大きいがゆえに、変化によるネガティブインパクトも大きくなるのである。

トヨタのような世界最大の自動車メーカーですら、このような危機感を抱いているのであれば、それを下回る規模の自動車メーカーは一体どうなるのだろうか？　そのように考える読者も多いだろう。例えば、マツダやスバルのような中小規模の自動車メーカーはどうなるのか？　ここではマツダについて触れたい。

EV時代に「走る歓び」を追求するマツダの存在価値

マツダは、トヨタ、デンソーとともにEVの基幹技術の開発を行う新会社を設立したものの、世のEVシフトの大合唱の中、「スカイアクティブテクノロジー」と彼らが呼ぶ、ディーゼルを含む高効率な内燃機関に大きな投資を行い、開発と生産を進めている。

そもそも、大規模な投資が必要なEVなどのゼロエミッション機関を開発するだけの体力がない、ということもあるが、マツダが内燃機関にこだわる理由は、実はマツダ自らが定めた自動車メーカーとしての「存在価値」にある。

フォード傘下で経営再建に取り組んでいた2002年、マツダはクルマの走る様子を表す「ブー・ブー」という子供言葉を英語で表現した〝Zoom-Zoom〟をブランドメッセージと定め、「子供のときに感じた動くことへの感動を愛し続ける人々のために、心ときめくドライビング体験を提供する」ことを、ミッション・ステートメント＝存在価値とした。

「クルマはただの移動手段ではない」とマツダは明言し、「走る歓び」をブランドエッセンスと定めたのである。当時、マツダのブランドエッセンスとは何か？ を関連会社や消費者に伝えるために、マツダは「ブランドエッセンスビデオ」というものを作成したのだが（図表25）、これが今に続く、マツダ再生の原点となったのである。

わざわざ全文でこのビデオのメッセージを紹介したのには理由がある。それは、マツダのブランドエッセンスというものが、自動運転車の世界とは大きくかけ離れた価値を訴求するものであるからだ。

そして、マツダ自身、このブランドエッセンスを実現することをミッションとして、燃費性能や排ガス性能を重視した内燃機関の開発にこだわり、サスペンション・シャシー性能などによって実現するハンドリング性能、内外装のデザインやクオリティを突き詰めていく。すべては「走

図表25｜マツダのブランドエッセンスビデオ・メッセージ

ある日、人は生まれ。感動的な体験をする。
それは「ブーンブーン」ともの動かすときに…
沸き上がるときめき。それが zoom-zoom
やがて大人になって　大きな責任を負うようになり
あの zoom-zoomを忘れてしまう。
でも、いつまでも忘れない人たちもいる。
たぶんあなたも。そして私たちも。
あなたと私たちをつなぐときめき zoom-zoom
今までも　これからもずっと。
運転することは　自分を表現すること。
ときめくこと。自由になること。
私たちは、そんなクルマをつくっています。
イマジネーションを刺激するクルマ。
創意にあふれたクルマ。
人々の目を奪い　夢中にさせ
そしてあなたの心を乗せていく。
そんなクルマだけがつくる意味があり
運転する価値がある。
さあ、心がときめくドライビング体験を。
わたしたちとご一緒に。

る＝運転する歓び」を体験してもらうためだ。

その想いがこのメッセージに込められ、開発から調達、製造、販売、マーケティングといったすべての社内関係者の意識を統一し、現実に形として実現していったのである。

マツダは２０１７年上期、過去最高の世界販売台数を記録した。その販売台数は78万台、２０１７年３月期通期での見通しは１６０万台。これはマツダにとっては生産キャパシティの最大値でもある。

同じ期間でグループでの世界販売台数として１０００万台を見込むトヨタの実に6分の１の規模でしかない。しかし、逆にこの規模だからこそ、ＥＶや自動運転車という潮流とは異なるマツダならではの「存在価値」を訴求することができる。

「心ときめく体験」を求める４％を狙え

経営再建に向けてブランドエッセンスを定めた際、マツダは自社が獲得すべき市場規模を自動車市場の４％と定めた。世界最大の自動車メーカーを目指すトヨタと異なり、マツダはわずか４％の市場シェアを取ることさえできれば、[注4]大成功なのである。

マツダはこの４％を導き出すために、全世界における消費者の自動車に求める価値意識について調査を行っている。既に20年近く昔の２０００年前後のことだ。単にクルマと言ってもいろいろな価値ニーズがあるので、どのような価値観が世の中には存在し、それがどのように分布し、どのような価値観を持つ人がどの自動車メーカーを支持しているのか、を調べたのである。

世の中には実に多くの価値意識があった。とにかく丈夫で走ってくれること。気楽にA地点からB地点まで移動できること。あるいは自分の社会的・経済的なステータスを示すアイコンとして機能すること。当初想定していた以上の価値意識が世の中には存在していることがわかった。

そして、マツダを支持する層に共通する自動車に対する価値意識は、以下のようなものだった。決してクルマはステータスではないが、単なる移動手段でもない。と言ってもレースなどで大パワーで競い合うというよりは、むしろ街中を日常的に運転すること自体が楽しく、自分自身が思うままに操れることが何よりの歓び。クルマで走った後も、駐車場に駐めたクルマを何度も振り返っては見惚れ、運転の余韻に浸るといった経験が少なくない。このような価値意識を持つ人たちが世の中の自動車購買層に10%前後存在していたのである。

もし、その層で相対的安定シェア（約40%）を取れたとするならば、市場シェア4%。これがマツダが取るべき市場シェア4%の根拠である。そしてマツダ自身、同じような志向を持つ者たちが集まった集団だった。「人馬一体」のようなクルマとの一体感を最も重視したクルマづくり。そしてそれを実現する職人的なこだわり。それは、マツダのクルマの開発に関わる人たちが無意識ながらも受け継ぐ自他ともに認めるDNAみたいなものであった。

注4　なお、現在のマツダの自動車市場におけるグローバルシェアは2%である。

マツダが自ら定める「価値」を求める市場が、ＥＶ・自動運転車時代にも存在し続けるのか、それはわからない。もしかしたら、その時代においては４％もないかもしれない。しかし、このようなマツダならではの「存在価値」というのは必ず支持する消費者が存在し、より自らの価値を高めることによって、マツダはＥＶ・自動運転車時代にも輝く自動車メーカーになる可能性を秘めている。

自分は世界に何をもたらすべきなのか？　その「世界」とは、何も世界のすべての人々である必要はない。「ブーンブーンとものを動かすときのときめき」を感じ、「運転することは自分を表現すること」である人々、であっても良い。そして、こうした人々に対して、その想いを共有するマツダだからこそ、日常の生活で「心がときめくドライビング体験を」提供していく。それはもしかしたらマーケットとしては小さいかもしれないが、自動車メーカーとしては大きくないマツダだからこその「存在価値」と言える。

自動運転車時代の勝者は誰か？　それはもちろん、そのメインストリームで上位に立つ者が順当な勝者だろう。しかし、このマツダの例は、内燃機関の自動車からＥＶ、そして自動運転車という「エネルギー」と「モビリティ」の進化によるディスラプションにおいて、生き抜くための生存戦略として重要な示唆を与えている。

もちろん、マツダが今後、自動運転車時代に独自の光を輝かせる勝者となるかどうかはわからない。しかし重要なのは、マツダが独自の「存在価値」を見定め、その「存在価値」を全社一丸となって創り上げていったことが、現在の好調へとつながり、来るべきディスラプションに備えているという事実である。運転することが当たり前の時代には重視されない価値が、自動運転の時代にはそれを愛する人たちから大きな支持を得られる可能性を秘めている。

彼を知り己を知れば百戦殆《あや》うからず

まず「自分ならではの価値」を知ること

第3章から第4章を通じて「自らの存在価値を見定める」ことについて、様々な事例を通して話してきたが、これは「自分が生き残るためには何をすべきか」ではなく、「自分は世界に何をもたらすべきなのか」と意識を変えることに過ぎない。言い換えると、利己から利他的な考えに自らを変えることである。

しかしそれには、まず「自分ならではの価値」が何であるかを知ることが必要となる。マツダはそれを知るために、1990年代末の経営危機を受けた2000年代初頭の経営再建にあたって、全世界規模での市場調査を行ったというのは既に話したとおりである。そして、その調査を通じて、マツダは自らを支持する人たちに共通する価値意識、すなわちマツダだからこその価値について知ることとなる。

そして、それは自動車市場のわずか4%が求めているに過ぎない価値であったが、それをあら

図表26 | マツダのバリュー・プロポジション

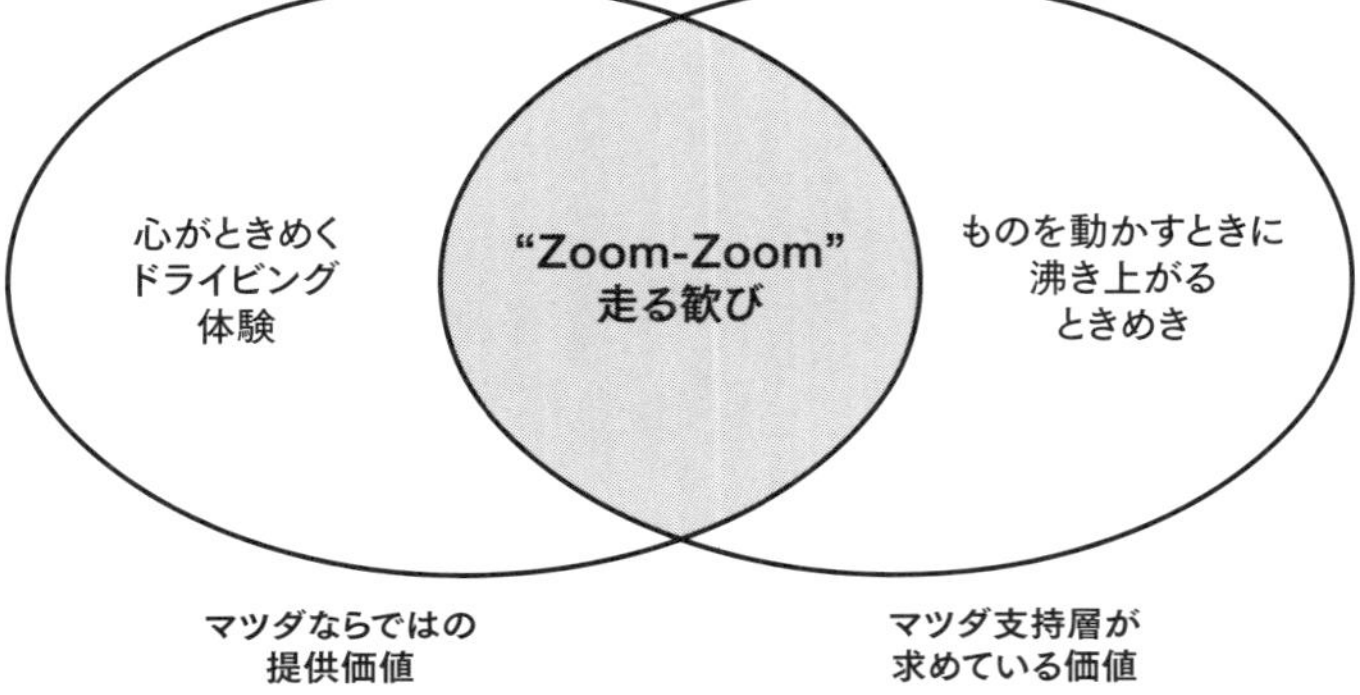

ゆる場面において徹底して提供し続けることが、マツダが世界にもたらすことができる唯一のものであり、結果的に生き残るための戦略だと、マツダは考えたのである。

マツダは〝Zoom-Zoom〟について、単に広告宣伝の謳い文句にするだけでは終わらせなかった。既に述べたように、マツダは4％の市場シェアを獲得しさえすれば良い。そこで、ターゲットカスタマーの心理面まで含めて、プロファイルを精緻化し、今で言う「ペルソナ」をマーケットごとに規定した上で、プロダクトを企画し、それぞれのペルソナが〝Zoom-Zoom〟＝走る歓びを感じるプロダクトを実際に開発した。

それはエンジンなどの動力性能からハンドリングを左右するシャシー性能、実際の室内での着座姿勢から各種操作スイッチなどの操作性、ドアの開閉音や手に触れる部分の手触り、クルマの塗装の光の変化に至るまで。このような徹底した開発の一方で、バラバラと車種ごとに分散化していたブランドイメージをマツダ総体として構築する方針へと転換、テレビCMで共通イメージを長い時間をかけて訴求するだけでなく、ディーラーデザインや店頭でのコミュニケーションなどにも変革を促した。

マツダのように「自分は世界に何をもたらすべきなのか」を考える上で、改めて「自分ならではの価値」が何なのかを考えることは、ディスラプションによって自らの地位を失いそうなときに極めて有効である。

スマホ時代に出遅れたマイクロソフトが見出した「魂」

パソコン全盛期の覇者だったマイクロソフトは、世の中がスマートフォンへ大きくシフトすると、低迷する株価に悩まされる状況にあった。ビル・ゲイツの後を次いで2000年からCEOの座についたスティーブ・バルマーは、2000年代の前半の売上や利益などの業績は緩やかながらも伸ばしていたが、2000年代後半に入るとそれも停滞するようになった。そして、そんな停滞が顕著となったのが、2011年のことであった。

アップルはiPhone4SとiPadをリリースし、グーグルのアンドロイド端末が世界中を席巻するようになった年である。マイクロソフトはパソコンを制御するプログラムであるOS（オペレーティング・システム）ウィンドウズによって、パソコン時代を制していた。

しかし、スマートフォンの時代になり、その座をiPhoneのOSであるiOSのアップル、そしてアンドロイド端末のOSであるアンドロイドのグーグルに追われてしまったのである。まさにディスラプションの発生である。

マイクロソフトの舵を握るスティーブ・バルマーは、2011年までは携帯電話端末市場でナンバーワンの販売数を誇っていた北欧フィンランドのノキアを買収し、ウィンドウズを搭載したスマートフォン「ウィンドウズフォン」によって失地回復を狙おうとした。

そして、スティーブ・バルマーは実に7000億円を費やして、2013年ノキアを買収することとなった。しかし、この決断はマイクロソフトの株価を引き上げることはできなかった。もはやノキアにはiPhoneやアンドロイド端末に打ち勝つだけの余力はなく、ウィンドウズフォン自体にも競争力はなく、マイクロソフトには有望な未来が見えなかったのである。

しかし、低迷していた株価は2014年2月にスティーブ・バルマーがCEOを退任し、後任にサティア・ナデラが就任すると、一転して好転することになる。もちろん、はっきりと好転するまでには就任から1～2年を要したが、その契機となったのはサティア・ナデラによる「脱ウィンドウズ」であった。

2000年から2014年に至るまでのバルマー時代、マイクロソフトは、完全にウィンドウズ中心主義であり、すべてのビジネスがウィンドウズを中心に構築されていた。しかし、サティア・ナデラは、「ワード」「エクセル」「パワーポイント」といったアプリケーションソフトを提

図表27｜マイクロソフトの株価推移

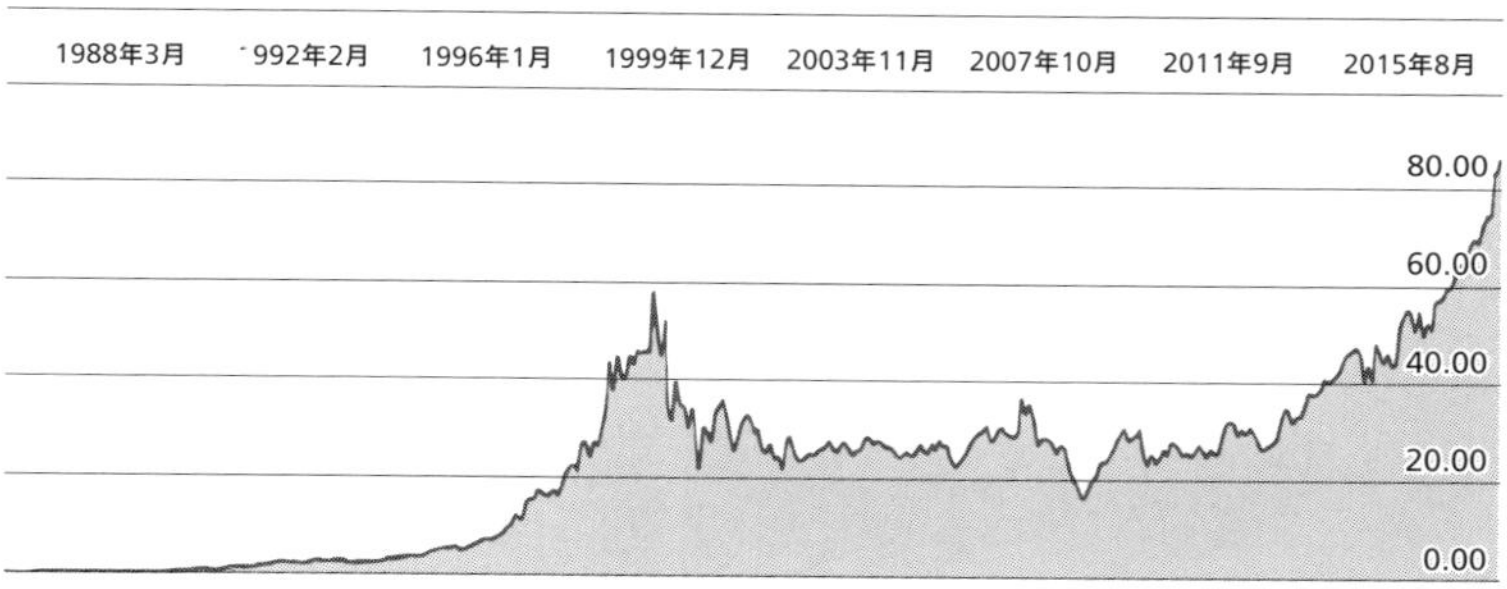

出典：https://www.msn.com/ja-jp/money/stockdetails/fi-126.1.MSFT.NAS

供する「オフィス」のプロダクトマネジメントチームにクラウド版を制作するように指示し、これをiPhone／iPadといったiOS上でも動作するようにしたのである。

それはウィンドウズフォンの普及を行う上でも重要なことだった。しかし、サティア・ナデラはウィンドウズフォンのOSによってスマートフォン市場を押さえることではなく、オープンなアプリケーションであることで未来を掴みにいくことにしたのである。

それまでのマイクロソフトは、自らの成功体験の原点であるウィンドウズを守ることにとにかく執着した。端末がなんであれ、ウィンドウズプラットフォームとしてOSを押さえることが、自ら生き残るための術《すべ》だと考えていた。

しかし、サティア・ナデラはマイクロソフ

トの価値とはウィンドウズというOSではなく、オフィスのようなB2Bアプリケーションにあり、それをオープン化することで再び繁栄を迎えることができると考えたのである。この時期、既に「オフィス」の売上の多くが、ウィンドウズフォンではなく、アンドロイドやiOS向けになっており、サティア・ナデラの決断は大正解であった。

サティア・ナデラが2014年にCEOに就任した際、マイクロソフトの存在価値とは何か、自問自答したという。そして、同年の9月に開催されたイベントで、サティア・ナデラは、次のように語っている。[*16]

地球上のあらゆる場所にいる人や組織に、もっと多くのことができる力を提供すること。それが、私たちのキーワードだ。重要なのは我が社のテクノロジーではなく、我が社のテクノロジーによって他の人は何ができるかだ。

ユーザーはウィンドウズというテクノロジープラットフォームのためにマイクロソフト製品を使うのではない、という基本に気づいたのである。ノキア端末にウィンドウズOSを搭載して普及させるというスティーブ・バルマーが敷いた路線は、「いかに自分が生き残るか」を考えているに過ぎない。

しかし、ユーザーがウィンドウズのOS製品を使っていたのは、そのOSの上で動く企業向け

図表28｜マイクロソフトのバリュー・プロポジション

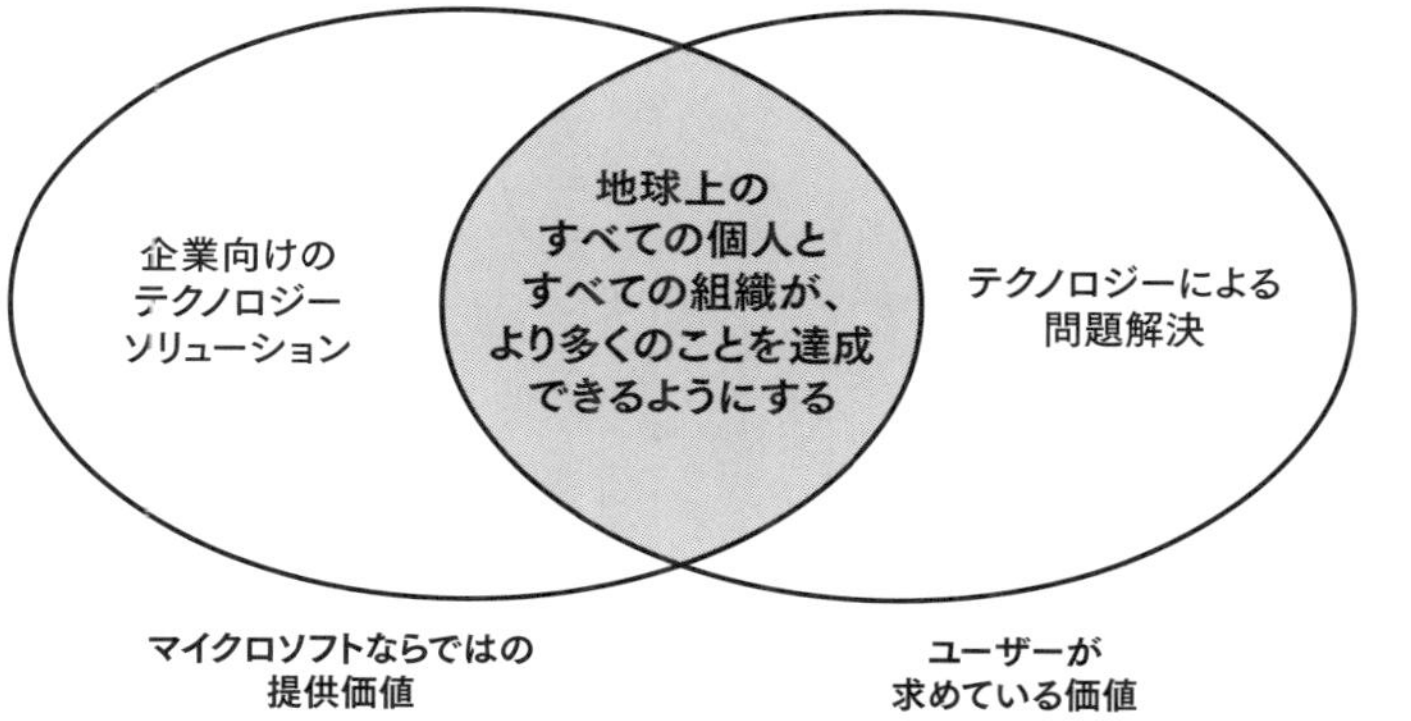

のテクノロジーソリューションである「オフィス」というアプリケーションを使うためだったのである。

そこで、サティア・ナデラは「オフィス」アプリケーションを他社のスマートフォンOSにも載せることで、ユーザーが使えるようにした。そして、「オフィス」に限らず、すべての製品をクラウドに乗せ、従来のライセンス契約から、サブスクリプションモデルへと移行することとなったのである。

存在価値について考えることは、歴史のある企業にとっては「魂」を探すことに似ている。先に見たマツダの例は、まさにマツダの「魂」とは何かを探すことに等しかった。そして、サティア・ナデラは「マイクロソフトの魂を再発見する」ために書いたという自身初の著書『Hit Refresh（ヒット・リフレッシュ）――マイクロソフト再興とテクノロジーの未来』において、次のように語っている。

――**マイクロソフトの事業の本質は、顧客のまだ実現できていない、あるいは明確に言語化されていないニーズを満たすイノベーションを起こしていくこと、それだけだ。**

マイクロソフトの「魂」が何かを見つけたサティア・ナデラは、マイクロソフトのリーダーシップチームとともに、マイクロソフトとして新しいミッション・ステートメントを掲げることを決めた。それが、「地球上のすべての個人とすべての組織が、より多くのことを達成できるようにする」というものである。

これを実現するために、マイクロソフトはウィンドウズプラットフォームを閉ざさず、よりオープンなプラットフォームアプローチ、すなわちパートナーシップ中心の戦略を取ることとなった。

第1章で軽く触れたが、スマートフォンで遅れを取ったマイクロソフトは、次のＵＩとしていずれもマイクロソフトの手になるKinectのジェスチャー入力と、Hololenzの網膜投影によるＭＲに先行的に投資を進めており、ポストスマートフォン時代の覇者だとも目されている。

しかし、それはウィンドウズという、かつマイクロソフトに巨額の富をもたらしてくれたプラットフォームに固執していたら実現しなかったことかもしれない。「自分が生き残るためには何をすべきか」ではなく、「自分は世界に何をもたらすべきなのか」を考えた末に、マイクロソフトはディスラプションの敗者から、次に来るべきディスラプションの勝者へと舵を切ることができたのである。

第4章のまとめ

本章では、そもそもミッション・ステートメントというものが、日本企業では「HOW」や「WHAT」のレベルに留まることが多く、「WHY」に踏み込めない理由について、まずは「ミッション」の語源にまで遡って、歴史的背景から考え、現在、苦境に陥っている業界に属する企業に必要なものについて考えた。

■日本企業のミッション・ステートメントが、行動理念や行動規範といった「WHAT」や「HOW」に留まってしまうことの理由は、そもそものミッションが意味することに対する理解不足を示唆している。

■本来、ミッション・ステートメントというものは、私たちが神から与えられた「任務や使命」が何であるか、というキリスト教的な価値観に基づくものである。

■神から与えられた「任務・使命」と考えると、極めて高い視座が必要である。

■これがグーテンベルク以降の人類の経済発展の、そしてその過程に起こってきた数多のディスラプションの基盤であった。

■現在苦境に陥っているといわれるアパレル業界、出版業界、音楽業界、デパート業界は、その存在価値が問われている。

■これらの業界の企業が、存在価値を持ち続けるには、「自己超越欲求」に立脚した視座の高い「存在価値」を見定めながら、その時代時代の要請に合わせて自らを進化させていくということが必要となろう。

その上で、視座の高い「存在価値」を見定めながら、時代時代の要請に合わせて自らを進化させている実例として、ツイッターの最近の取り組みを振り返りながら、自らが定めた「存在価値」に従い続けることの重要性について論じた。

■しかし、日本では、そのような視座の高い「存在価値」にこだわる企業は、新興のインターネット企業においても少ない。

■それは、「誰よりも早く、先端のものを取り入れ、改善し、それをより多く売る」という、模倣と持続的イノベーションによって、先進諸国に追いつき、追いぬくことができたという「ジャパン・アズ・ナンバーワン」の成功体験を未だに引きずっていることが関係しているのではないか。

■本来、企業というのは、社会における多数の存在の中の一つの存在に過ぎない。

■その社会において何かしら貢献することが、その企業の存在価値であるにもかかわらず、その企業を存在せしめることだけが目的となってしまっている。
■そして、そのような不幸が古くからの大企業だけではなく、新興のインターネット企業までをも覆ってしまっているのが、日本の今と言えるのかもしれない。

その観点では、テスラという企業は、象徴的な「ジャパン・アズ・ナンバーワン」的な価値観のアンチテーゼとなりうる。イーロン・マスク率いるテスラはまったく利益を生み出していないにもかかわらず、米国の自動車メーカーで最大の時価総額を誇っているが、その理由は以下のとおりだ。

■売上規模を極大化し、利潤をあげて、株主に還元するという資本主義では当たり前のことができるのは企業として素晴らしいことではある。
■しかし、それがその企業の本当の存在価値ではない。あくまで成し遂げたい未来があるから、その未来を実現するための事業に賛同する人たちが投資を行う。
■人類の科学技術の進化の裏には、常にこのようなミッションを背負いながらも、投資家に支えられた企業があった。
■だからこそ、テスラは経営的には不調でも、今でも市場では高評価を受けている。

■最終的にテスラが、人類の科学技術の進歩と普及に貢献した企業に名を連ねるようになるのは間違いないだろう。

ところで、電気自動車（EV）や自動運転車が未来のモビリティであるのは明らかである一方で、その時代の勝者は必ずしも、そのメインストリームの上位にいる者とは限らない。マツダは、その時代の小さな勝者になりうる可能性を秘めている。

■マツダは「心ときめくドライビング体験」を「ものを動かすときに沸き上がるときめきを感じる人」に提供すること、すなわち「走る歓び」を提供することを自らの存在価値として定義づけ、すべてのリソースをその価値の実現に費やしている。

■燃費性能や排ガス性能を重視した内燃機関の開発、サスペンション・シャシー性能などによって実現するハンドリング性能、内外装のデザインやクオリティへのこだわりはその表れである。

■マツダは自社が獲得すべき市場規模を自動車市場の4％と定義し、ここで支持を得ることを成功の基準とした。自分は世界に何をもたらすべきなのか？　その「世界」とは、何も世界のすべての人々である必要はない。

■自動車メーカーとしては大きくないマツダだからこその「存在価値」を打ち出して、それ

を実践する姿は、ディスラプションにおける生存戦略において重要な示唆を与えている。

「自分ならではの価値」が何なのかを考えることが、ディスラプションによって自らの地位を失いそうなときに極めて有効であるのは、マイクロソフトの最近の取り組みからもわかる。マイクロソフトの舵取りをスティーブ・バルマーから引き継いだ、新CEOのサティア・ナデラが最初に取り組んだのは、マイクロソフトの「魂」＝存在価値が何かを探すことだった。

■マイクロソフトは、自らの成功体験の原点であるウィンドウズを守ることに執着していた。

■しかし、サティア・ナデラはマイクロソフトの価値とはウィンドウズというOSではなく、オフィスのようなB2Bアプリケーションにあり、それをオープン化することで再び繁栄を迎えることができると考え、実際に成功した。

■サティア・ナデラが重視したのは、「重要なのは我が社のテクノロジーではなく、我が社のテクノロジーによって他の人は何ができるかだ」という姿勢であった。

■つまり、「自分が生き残るためには何をすべきか」ではなく、「自分は世界に何をもたらすべきなのか」が重要であることを、マイクロソフトの例は示している。

Part 3

時空を制する

［生存戦略3］

支配者か奴隷かを決める分水嶺

第5章

消費者の時間を制した者が勝者となる

「余暇」を巡る果てなき戦い

20世紀における余暇と娯楽と「消費者」の誕生

「他者の時間を自分のものにする」という支配の構造

これまで「人間中心に考える」「存在価値を見定める」とディスラプションの時代の生存戦略を見てきた。最後のＰａｒｔ３のテーマが「時空を制する」とは、随分と大上段に構えたものだな、と思われる読者もいるかもしれない。しかし、これは何も、時空を行き来するタイムトラベラーになれ、ということではない。

どれだけ他者の時間をコントロールすることができたか、そして地理的・空間的な制約を超えて、どれだけの広がりを持ってより多くの人をコントロール下に置くことができたか。このような「時間と空間」＝「時空」を制することを意味している。

そして、このことは、ディスラプションの歴史において最終的な勝者と敗者を分ける大きな要素の一つであり、これからのディスラプションの時代において質を変えながらもより重要になってきているということをここでは解説していきたい。特に本章では、前者の「時間」に着目して話を進めていく。後者の「空間」そして「時空」をともに制することの重要性については、次章で考察していく。

人類は太古より、自分以外の他人の時間をどれだけコントロールできたかということが、その時代時代の支配者の基本だった。特に人類が農耕を行うようになると、奴隷を含む多くの人々が、農作物を始めとした生産物を生み出すことで人生を支配者に捧げ、支配者はより多くの生産を可能とするために、より多くの土地を求めつつ、生産物によって付加価値を得るために交易ネットワークを構築していった。

この基本的な構図は、人類が経済成長を本格化する産業革命の時代になっても変わらない。産業革命を引き起こしたディスラプターとして時代の勝者となった資本家たちは、農村から都市部の工場で働く労働者たちを集め、彼らの時間を搾取することで成長を遂げた。

産業革命以前の農村部での人々の労働時間はせいぜい6時間前後だったが、一定の賃金で高い生産性をあげるためには「より多く働いた方が生産性は高くなる」という資本主義の基本的な考え方に基づき、産業革命以降、労働時間は圧倒的に長くなり、1日14時間が一般的で、長いときは16〜18時間にもなったという。*1

そして、このようにして生産したものも、より多くの人に使ってもらわないことには、付加価値として収益をあげることはできないため、資本家は物流・流通網を整備、ネットワークを構築することで、より多くの人に行きわたるようにした。この時代、「時空を制する」というのは、より多くの人々の時間を奪って生産を行い、多くの資本を投じた物流・流通網によって空間を制するということであった。

そして、これは、第二次世界大戦後、奇跡の高度経済成長を遂げた日本においても、例外ではない。わずか30年前、1980年代後半から1990年代初頭にかけてのバブル経済下ですら、企業への滅私奉公が賛美され、企業戦士という名のもと、「24時間戦えますか?」というコピーの広告がもてはやされるなど、労働に時間を捧げるということは美徳とされ、そうした人々の時間を制することができた企業が、また成長の果実を得ることができたのである。

むろん、戦後の日本においては、労働基準法で1日8時間労働(1947年制定)と決められている。働けば働くほど豊かになる高度経済成長を経て、バブルの熱に舞い上がる日本人には、1日8時間労働を労働者が勝ち取るまでの100年近くにわたる「時間」を巡る資本家と労働者の闘いの歴史などは知ったものではなかったのだろう。

1日8時間労働を巡る、資本家と労働者100年の戦い

そもそも産業革命下において、労働者の時間を1日16〜18時間も搾取し続けることに対する疑問符は実業家の側から投げかけられたという。それは基本的には生活環境の改善という労働者保護の視点からであったが、同時に長時間労働が健康被害や能率低下を招き、結局は生産性を損ねるのではないか、1日何時間程度の労働時間が生産性の観点から適切なのか、という研究も19世紀にはなされていたという。[*2]

しかし、1日8時間労働がいわば世界標準となる実質的なきっかけとなったのは、1886年5月1日に米国のシカゴを中心に決行された約1万5000社の35万人以上の労働者を巻き込んだ大規模なストライキであった。このとき、労働者たちが掲げたスローガンがこれだ。

「第一の8時間は仕事のために、第二の8時間は休息のために、そして残りの8時間は、俺たちの好きなことのために」

しかし、この大規模ストライキでは警察官7人、労働者4人の死者を出し、ストライキを主導したとされる労働組合員8人に対して死刑4人を含む有罪判決が下され、1日8時間労働については反故《ほご》にされることになった。[*3]

1日8時間労働を勝ち取ることができたのは、それから実に33年後、国際労働機関（ILO）

が「1日8時間・週48時間」労働という指導原則を定め、国際労働憲章として成立させた1919年のことであった。

そして、労働者が100年かかって獲得した「俺たちの好きなことのため」の時間は、その後の100年を大きく変えることとなった。それまで一部の貴族階級や資本家の特権であった「余暇」が労働者階級のものにもなったのである。

「余暇」時間を制して巨万の富を築いたマフィア

もちろん、産業革命以前にも一般庶民の娯楽的なものは存在していた。それは酒や芝居や簡単な読書といったものであったが、20世紀にこれをレジャーやレクリエーションといった娯楽産業としてマネタイズすることで、労働者たちの「余暇」時間を制した者たちが、20世紀の経済を制する者となっていく。

ＩＬＯが「1日8時間・週48時間」という指導原則を定めたのと同じ年の1919年、米国は消費のためのアルコールの製造、販売、輸送を全面的に禁止する、いわゆる「禁酒法」を制定、翌年1920年に施行した。

酒は労働者の余暇時間にとってなくてはならないものだ。当然、法をかいくぐってでも酒にありつこうとする者は現れる。ただし、よく誤解されることだが、禁酒法は自宅での飲酒を禁じたものではない。自分で醸造した酒を飲むのは構わないが、他人のために作ったり、売ったり、運んだりするのは禁止というのが趣旨だ。

それでも、酒場に行って酒を飲んで時間を過ごすこと自体が、労働者にとってはかけがえのない余暇時間の過ごし方であり、もぐり酒場で密造酒を飲む、というのは一般的な労働者でも当たり前にやっていたという。

そして、もぐり酒場の経営と酒の密造で巨額の富を得たのがマフィアであった。密造酒によるブラックマーケットは栄え、マフィアはその資金で政界・法執行機関・メディアなど様々な世界を支配、クラブやバーなどの数は禁酒法施行前に比べて2倍以上に増えた。

禁酒法時代を舞台にした映画『アンタッチャブル』でも有名なシカゴのマフィアの大ボスであるアル・カポネの、禁酒法時代の年間の収入は当時の額で1億ドル（現在の貨幣価値に換算すると5000億円以上）を優に超えていたともいわれている。[*4] あくまで非合法なビジネスであるが、労働者たちの「余暇」時間を制することで、マフィアは巨万の富を築いたのである。

労働者は「消費者」として余暇時間を奪われる

一方、禁酒法の時代は、従来は裕福な資本家の娯楽品であった自動車が、一般層にも広がり、自動車を使って余暇を楽しむことが労働者階級にまで広がっていく時代でもあった。自動車というと単なる馬車に代わる交通手段と捉える向きも多いだろうが、そもそもの発端が娯楽品であったということもあり、その普及には余暇を楽しむための手段という面が大きかった。

1926年の時点で米国における自動車の登録台数は200万台近く、世帯普及率では30％を超え、全米には約5400カ所のモーター・キャンプ場が点在していたということからもわかるように、自動車は米国の労働者階級の人々に新しい娯楽のあり方を与えた。*5

なお、米国での自動車世帯普及率は、禁酒法時代後の1935年には55％に達していたというから、この普及のスピードは驚きに値する。

この時代は自動車だけでなく、映画、ラジオといった娯楽が広がり、これらのメディアに乗っかった広告によって多くの商品の全国市場が形成されるようになった時代でもあった。コカ・コーラ、コダック、アイボリー（P＆G社の石鹸）など、あらゆる製造業者の製品ブランドが訴求され、「消費者（Consumer＝使い尽くす人の意）」と名を変えた労働者階級の人々は店舗や商店主の信用ではなく、ブランドで商品を購入するようになる。

ソープ・オペラ（Soap Opera）という言葉がある。米国では今でもよく使われる言葉で、ロマンスや家族生活を中心に展開してゆく連続ドラマ番組を指すが、これは当時最先端のメディアであったラジオの全国ネットワークで放送された15分の昼のメロドラマをP＆Gのアイボリーなどがスポンサードしていたことが語源となっている。

労働者が余暇を手に入れ、娯楽を楽しむ中で、労働者は「消費者」として、今度は手に入れた余暇を多くの企業に手渡すことになっていく。そして、映画やラジオというメディアの存在は、製造業者にとってその市場を全国規模へと広げるきっかけとなった。その結果、購入場所は、百貨店やチェーン店などが主流となり、従来の個人商店は衰退を余儀なくされる。メディアの進化によるディスラプションである。

買い物を「娯楽」に変えたスーパーというディスラプション

そして、この時代に誕生したものとして象徴的なのが、スーパーマーケットである。

スーパーマーケットは、メディアの進化とモビリティの進化の掛け合わせの中で、うまく時間を制した事業者によって生まれたディスラプターであった。

自動車製造会社ビュイック社を買収し、馬車製造販売業者からGMの創設者となったウィリアム・C・デュラントは、自己破産を経て自動車ビジネスから完全に足を洗った後の１９３０年代、ファミリーレストランとスーパーマーケットのオーナーとなった。

デュラントは、T型フォードの大量生産により米国のモータリゼーションに貢献したとされるヘンリー・フォードの好敵手でもあったが、時代の変化を読み取り、果敢に新事業を興す起業人としての才覚に溢れる人であったという。そして、この時代の変化を読み取る才覚はここでも発揮された。

デュラントは、ニュージャージー州のオールド・エリザベスの自動車工場をスーパーマーケット「ビッグベア(Big Bear)」として改造、オープンさせた。ビッグベアには食料品売場に加え、肉、野菜・果物、自動車アクセサリー、ペンキ、ラジオ、金物、薬品、軽食喫茶など11の委託売場が配置され、販売方法は当時としては画期的なセルフサービス。顧客は自由に商品を手に取ってかごに入れ、レジまで持って行って代金を支払うという現在のスーパーマーケットそのものの方式だった。

ビッグベアはスーパーマーケットに衆目を集めることに貢献し、スーパーマーケットの普及に弾みをつけたと言っても過言ではない。*6 そして、ビッグベアは案の定、ニュージャージー州の商店主たちで構成された小売業組合からの圧力を受け、新聞広告から締め出されるという嫌がらせを受ける。まさに、既存商店主たちにとって、ビッグベアは自らの存在を脅かすディスラプターだったわけだ。

しかし、ビッグベアは飛行船による広告で対抗、「消費者」はビッグベアを支持し、この戦いはビッグベア、すなわちスーパーマーケットの勝利に終わる。

自動車で買い物に行くという文化が既に根付いていたので、駐車場を備えたスーパーマーケットの利便性は既存小売店とは比べるべくもない。さらに、スーパーマーケットが既存小売店が行っていた押し付けがましい「これが良いですよ」というような推奨販売から消費者を解放し、消費者が自由意思で店内を歩き回ることを可能にした。買い物の時間を自由に「楽しむ」時間へと変換したことは、大きな支持を得る要因となった。*7

スーパーマーケットは、日常の買い物を「やらなければならないこと」として消費者から搾取するのではなく、娯楽としての要素を加えることで、消費者の時間を制したのである。

なお、デュラントはこの後、自身最後の事業として、レクリエーションやレジャーといった娯楽が次世代産業になるとにらみ、ミシガン州フリントのビュイックの工場の跡地にボウリング場を経営した。デュラントはこれを全米に50店舗を展開するチェーン店とすることを構想していたという。

しかし、デュラント自身の金も命も尽き、この構想はかなわなかった。この構想自体が早すぎたということもあっただろう。しかし、「俺たちの好きなことのため」の時間を「消費者」として消費させること、すなわち「娯楽」を与えることによって彼らの時間を制することが次代のビジネスとして有望であると見抜いたデュラントの慧眼はさすが稀代の起業家と言えよう。

消費者の余暇時間を制することがすなわち勝者となる、という図式は、第二次世界大戦を経て、その後さらに定石となっていくのである。

テレビ時代の支配者と奴隷

高度経済成長期の消費と満足の成長スパイラル

第二次世界大戦が終結した後の20世紀後半は、まさにテレビの時代であった。

NHKの国民生活時間調査によると、戦後15年経った1960年時点では、1日のテレビの「視聴時間」が1時間19分であった。しかし、それが5年後の1965年には3時間41分にまで急激に増加、その後は若干の上下はあれど、4時間を超える状況が続いている。私たちの自由になった余暇時間が1日の3分の1の8時間とすると、実にその半分以上はテレビに占められてきたということである。

そして、1日の中で少しでもテレビを観た人の割合である「1日の行為者率」は、1960年に40%であったのが1965年には92%と大幅に増え、2000年に至るまでは90%を超える状況となっている。

「1日の行為者率」が90%を超える行動は、同じ調査では、睡眠や食事、身の回りの用事（着替え・洗面・入浴など）だけであり、テレビ視聴というのは最近までこれらの生きていく上で欠かせない行動と同じレベルで、当たり前のように行われる行動だったのである。まさに、「息を吐くようにテレビを観る」というのが日本人の実態であった。

かつて米国においてラジオのソープ・オペラが人気を博したように、人気番組を提供することでブランド好感度を高めたり、テレビCMで15〜30秒、視聴者の注目を集めることのできた企業が、大量生産・大量消費時代の勝者となった。広告がこれほどまでに社会経済システムに取り込まれたのは、人類の歴史において初めてのことだった。

しかし、そのことによって、余暇時間を得た労働者層が「消費」に第一義的な価値を置く「消費者」となり、豊富なモノの所有とそこから得られる満足感というスパイラルを生成するようになったのである。

図表29｜日本におけるテレビ視聴時間と1日の行為者率の変化

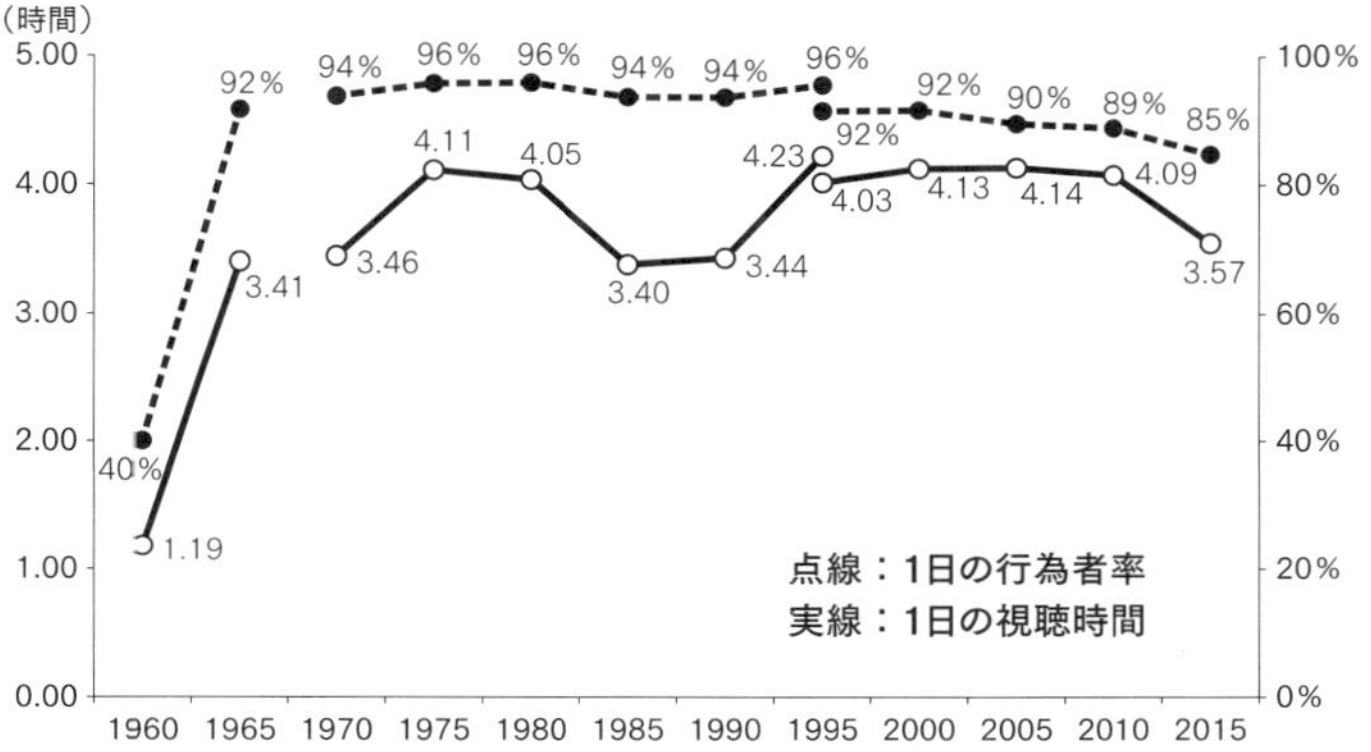

注：1960～1965年（面接法・アフターコード式）、1970～1995年（配布回収法・アフターコード式）、1995～2015年（配布回収法・プリコード式）のそれぞれは調査方法が異なるため、グラフをつなげていない。

出典：元データはNHK「国民生活時間調査」（各年とも10月、全国・10歳以上）、グラフの出典は「マスメディア全盛時代！ 昭和のブランド力を生かす――昭和時代に『テレビ』は、どのように短時間で全年代に受容されたのか」宣伝会議、2017年9月号

まさに、日本企業はそのメカニズムの構成プレイヤーとしての支配者であり、圧倒的な勝者だった。人口も一人当たりの所得も右肩上がり、世界でも類を見ない高度成長を続ける日本において勝者であれば、世界でも十分通用する勝者となり得たのである。

オイルショックによって、高度経済成長についにブレーキがかかる１９７０年代までは、生活上の利便性をかなえてくれるもの、すなわち、より自由な時間をもたらしてくれるものを手に入れることが、人並みの生活と豊かさを手に入れることと同義であった。そして、それを象徴するのが三種の神器と呼ばれたモノクロテレビや洗濯機、冷蔵庫であった。しかし、１９７０年代以降、消費者の各家庭に一通りのモノが行きわたるようになると、消費者の消費への欲望の種類に大きな変化が生

まれる。

内閣府の「国民生活に関する世論調査」では、「今後の生活において心の豊かさと物の豊かさのどちらを重視するのか」について調査しているが、1970年代には両者は拮抗している状況が続いていたのが、1980年に入ってからは一貫して「心の豊かさ」が上回りながら、その差を広げている（図表30参照）。

バブル期の〝他とは違う〟という自己顕示消費

資本主義社会では、企業は常に成長が求められる。そのためには、「消費者」の消費への欲望を喚起し、焚き付け続けることが不可欠である。そこで、企業はそれまでとは異なる新たな工夫を講じることとなった。

それが「人並みの生活と豊かさ」を訴求するのとは異なる他者との差異や個性、あるいは記号性や物語性を訴求することである。「自分は他の人とは違うんだぞ」という他者との差異を顕示することを刺激する消費活動へと誘ったのである。

1981年に出版され、芥川賞を受賞した田中康夫の『なんとなく、クリスタル』は、ブランド品や有名レストランの店名などについて、全編で422もの脚注がついた小説としても話題になった。これらのブランドの持つ記号性によって自らの個性やこだわりを表現するという消費スタイルが、この頃から都市部の先端層に広がっていったことがわかる。

図表30 | これからは「心の豊かさ」か、「物の豊かさ」か

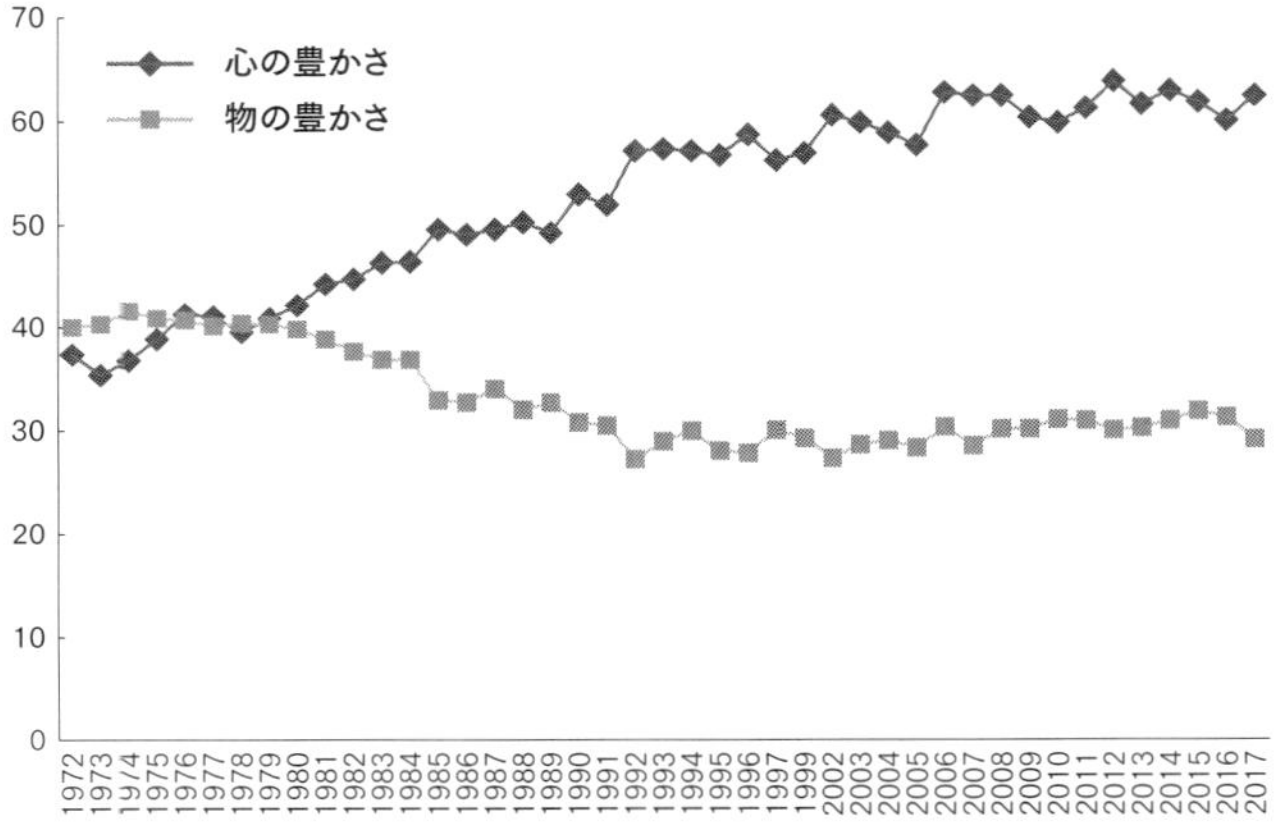

注：心の豊かさ＝「物質的にある程度豊かになったので、これからは心の豊かさやゆとりのある生活をすることに重きをおきたい」、物の豊かさ＝「まだまだ物質的な面で生活を豊かにすることに重きをおきたい」の意味。
出典：内閣府「国民生活に関する世論調査」

そして、こうした消費スタイルがピークに達したのが1980年代末期から始まるバブル期であった。それは、消費者にとっては「自分探し」や「個性の表出」といったものに過ぎなかったかもしれない。

しかし、モノやサービスを作って売る側としては、消費者の自己顕示欲や自己満足につけ込みさえすれば良いわけだから、そんな消費者は絶好のカモだった。しかも、その自己顕示欲や自己満足の欲求には際限がない。なかには将来の収入を当てにして、手持ちの資金を超えるような消費活動へと突き動かされる人たちも現れるようになる。1980年代以降は消費者ローン（カードローンとも言う）が隆盛を誇った時代でもあった（図表31参照）。

このように、モノが行きわたった高度経済成長期の後のバブル期に起こった「自分は他

図表31 | 1980~1995年における消費者ローン残高推移（一般社団法人日本クレジット協会「日本の消費者信用統計」による推計）

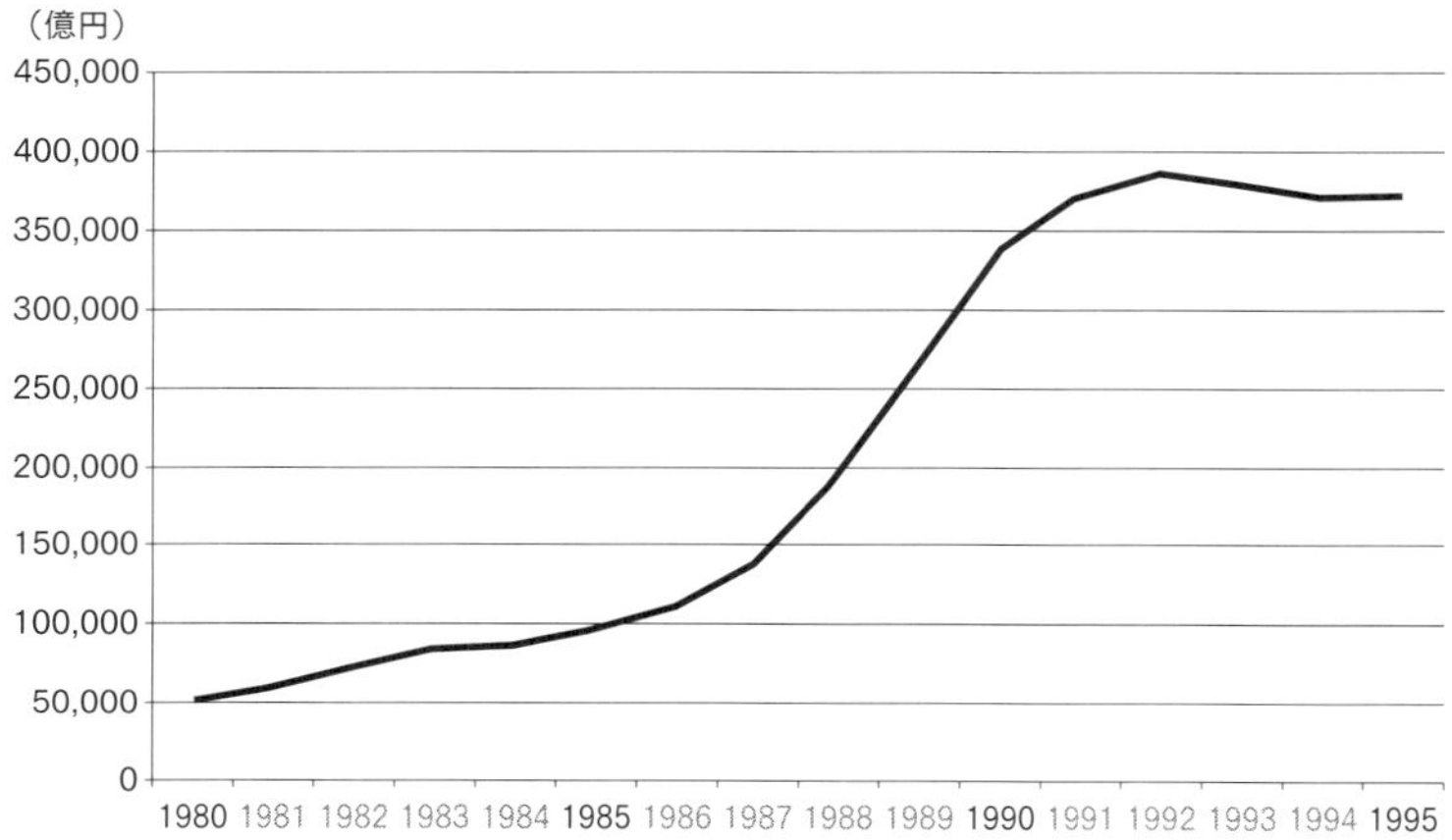

出典：「消費者金融会社の好業績とその背景」石橋尚平、郵政研究所月報　1997年12月号

の人とは違うんだぞ」という他者との差異を顕示することによって満足を得られる財のことを、経済学者でコーネル大学教授のロバート・H・フランクは「地位財」と呼ぶ[*8]。

一方、他人との相対比較とは関係なく幸せが得られるものを「非地位財」と呼ぶ。具体例で言うと、役職などの社会的地位や、ブランド品や宝石、あるいは家やクルマなど明らかに目に見えるもので、自身の経済的・社会的地位を表すことができるモノは「地位財」となる。

一方、健康、自主性、社会への帰属意識、良質な環境、自由、愛情など、個人の安心・安全な生活のために重要となるものが「非地位財」であり、それは必ずしも金銭的価値と等価交換できるものではない。

ただし、同じ健康でも、そこに通うことと自体が経済的・社会的ステータスとなりうるようなスポーツジムや医療施設などの利用は、「地位財」としての意味合いも持つ。その観点では、バブル経済期はまさにこの「地位財」の所有欲を刺激することで消費を促進する時代だったと言える。

モノからコトへ――余暇時間の過ごし方にお金を使う

しかし、同時にバブル期は新しい価値観も消費者にもたらした。

最近「モノ消費からコト消費へ」あるいは「モノからコトへ」といった言葉をよく聞くという読者は多いのではないだろうか。

商品の所有に価値を見出す消費傾向を「モノ消費」、商品やサービスを購入したことで得られる体験に価値を見出す消費傾向を「コト消費」と呼ぶ。それを前提に、モノが溢れた現代、モノによる自己満足や自己顕示には価値を見出さなくなり、働いている時間、寝ている時間以外の時間（＝余暇時間）をどのように過ごして、どのような体験を得るのかに価値を見出すようになってきた、という指摘だ。そして、この「余暇時間をどのように過ごすか」という意識が急速に高まったのもバブル期のことだった。

図表32は、図表30同様、内閣府「国民生活に関する世論調査」からの引用だが、バブル期直前の１９８４年に、それまで「今後の生活の力点」として最も支持の高かった「住生活」を、「レジャー・余暇生活」が上回るようになり、その差は１９８８～１９９０年にかけて大きく広がっ

図表32 | 今後の生活の力点の推移（1974〜2017年）

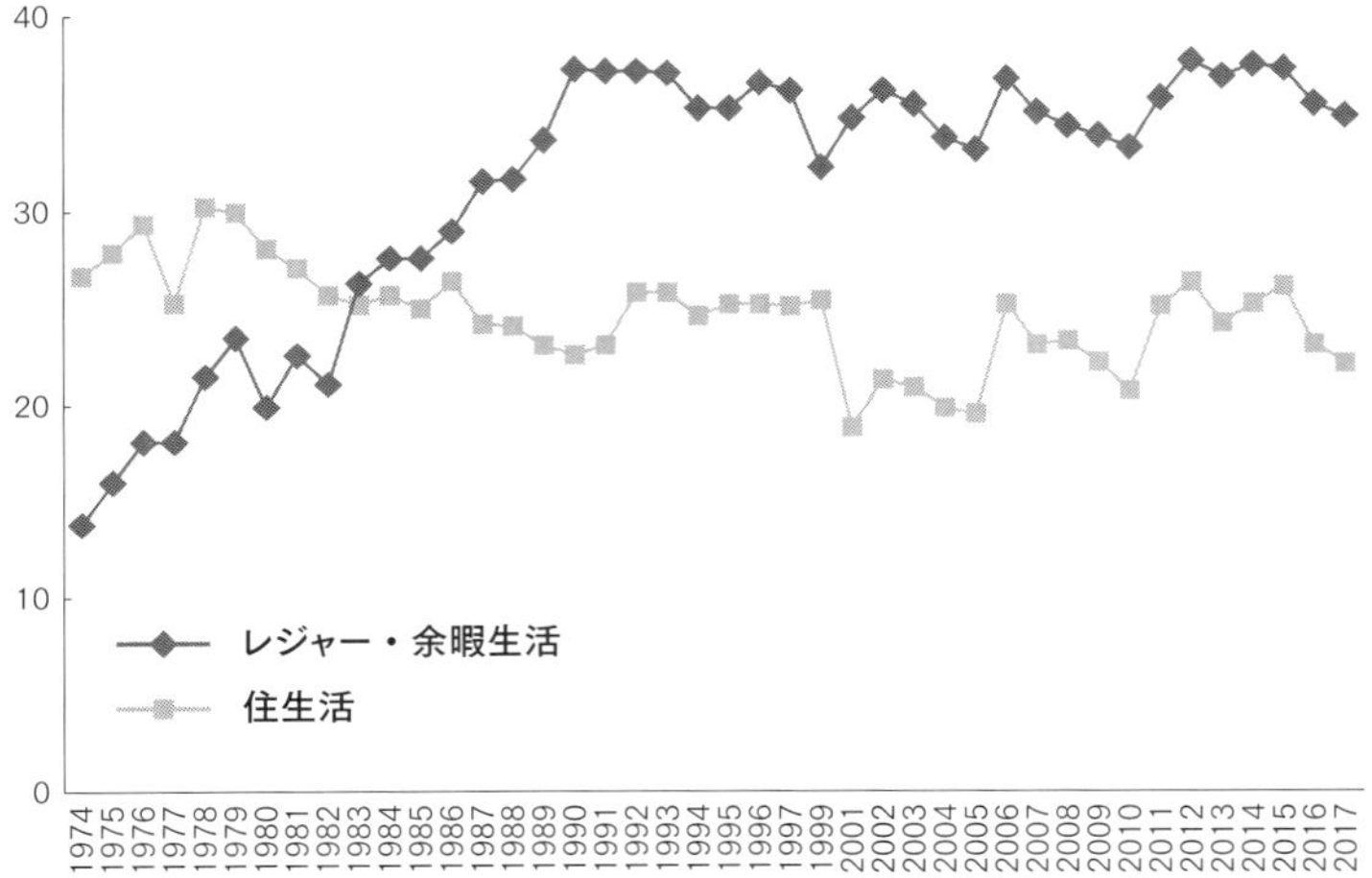

出典：内閣府「国民生活に関する世論調査」

ている。

これは、先に見た「物の豊かさ」から「心の豊かさ」への変化が1980年代の初めであったのと比較すると数年の遅れであるが、かつて余暇時間の多くをテレビで消費し、テレビCMで「モノ消費」欲求を刺激されて消費を拡大してきた消費者が、さらにテレビドラマや情報番組などを通じて、何か「コト消費」をすることで自己満足や自己顕示に対する欲求を満たす方へと移行してきたと見ることもできる。

このような「余暇時間」に対する「コト消費」にも現実にはお金がかかる。文字どおりに捉えると「余った暇＝余暇」なのであるから、余ったお金を余暇に回すくらいでいいところだが、現実にはレジャー・余暇消費に借金までする層が年代を問わず存在し、特に若

図表33｜消費者ローンの借入目的

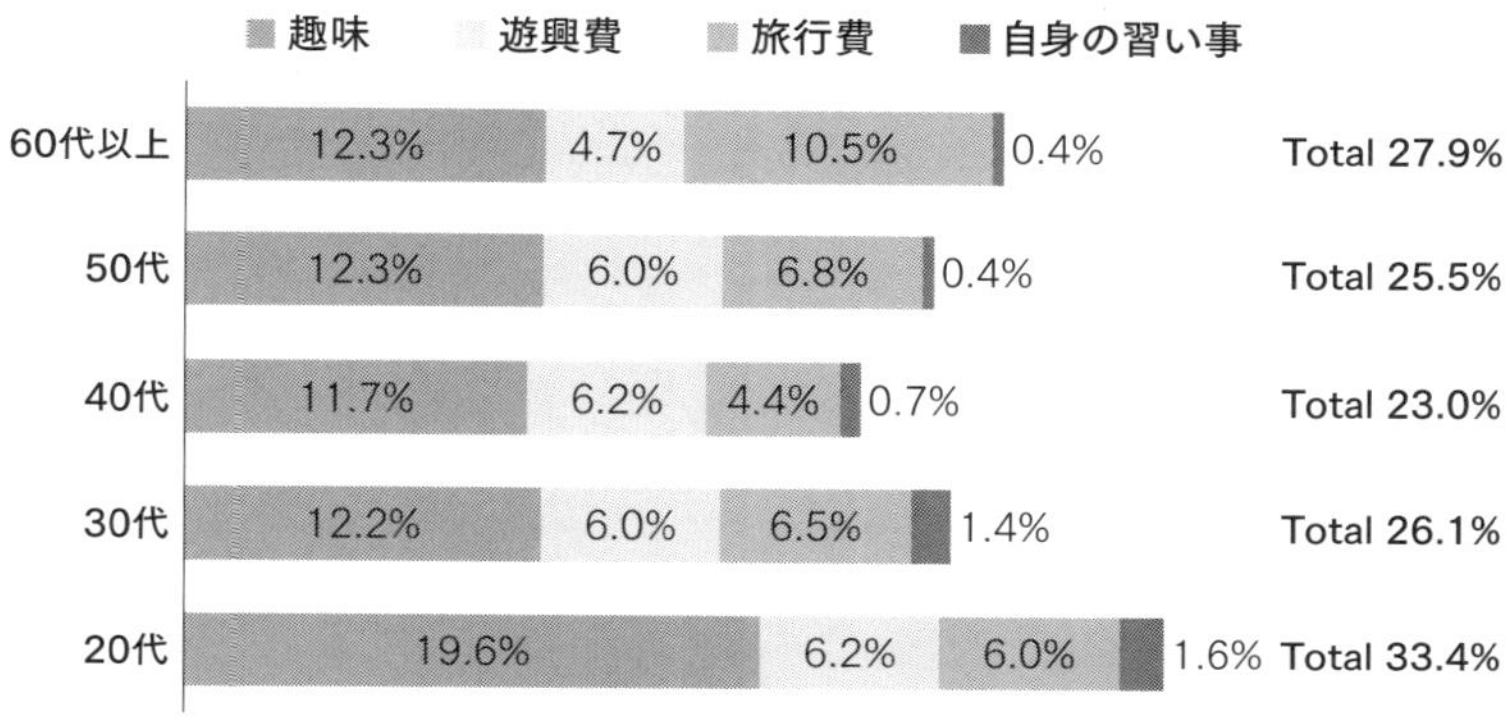

注：　数値は調査対象3万サンプル（カードローン保有者：1万1635サンプル）からの推計値。
出典：野村総合研究所「カードローンアンケート調査分析結果」2014年5月

年層に多くなっている。

消費者ローンの借入目的について調べた２０１４年の調査によると、かつては一番の目的だった食費や住居費などの生活費を押さえ、「余暇」を埋めるためだけに必要な費用である趣味や遊興費、旅行費などの合計がトップで、どの年代でも４分の１程度存在し、20代に限っては３分の１を超えている（図表33参照）。

この10年以上、「若者のクルマ離れ」というように「若者の〜離れ」と20〜30代の消費意欲の減退が進んでいるといわれるが、これだけを見るとその消費の対象が「モノからコトへ」移っただけであることがわかる。

消費者は「時間の奴隷」と化していく

テレビの時代、消費者は獲得した余暇時間

をテレビに捧げては、企業から消費欲を刺激される存在となった。その消費欲とは、最初は「地位財」と呼ばれる、他者との差異を顕示することによって満足を得られる財に対する欲望や渇望であった。そして、さらに消費者の中には、レジャー・余暇活動といった時間消費を、借金をしてでもやろうという者も当たり前のように現れるようになる。

そんなレジャーや余暇活動の存在について、消費者はテレビを始めとしたメディアから知り、自らの余暇時間を借金をしてまでも埋めていこうとする、時間の奴隷と化していくのである。

一方、より多くのテレビCMでより多くの人々を惹きつけ、テレビドラマや情報番組で新しいライフスタイルや旅、時間の過ごし方を提示することで、消費者の余暇時間をより多く使わせた企業は我が世の春を謳歌することとなる。

そして、限られた電波割り当てによる寡占市場の中で、テレビ局もまた我が世の春を謳歌し、長者番付の上位には、お笑い芸人やニュースキャスター、俳優などのテレビタレントや野球などのスポーツ選手が名を連ねることとなる。彼らは文字どおり、テレビの時代の時間の支配者であった。

ただし、ここで留意すべきは、このとき支配者と奴隷の関係は決して勝者と敗者という関係ではなかったことだ。そこに金銭の授受という経済活動が関わる限り経済は成長していく。つまり、支配者側にあたかも奴隷のように時間を搾取されているかのように見える消費者もまた、そのベネフィットの享受者であり、お互いに経済成長という果実を得るための共犯者だったのである。

そうした意味で、テレビの時代は結果的にすべてがうまく回っていた時代だったのである。

スマートフォンがもたらした時間価値の変化

10秒のスキマ時間の価値が高まる

しかし、テレビによって形成されてきた消費構造は、インターネットの出現によって少しずつ変化を余儀なくされる。特にモバイルインターネットの影響は大きかった。日本ではスマートフォン以前に各モバイル通信キャリアが、ｉモードやＥＺｗｅｂと呼ばれる独自のモバイルインターネットサービスの提供を始めた。１９９９年のことだ。

この頃、それまで95％前後を維持していたテレビの行為者率（1日で1回でもテレビを観る人の割合）が低下し始める（前節の図表29参照）。人によっては観なくなることが増えてきたということだ。そして、これが90％を割るようになると、２０１５年には85％となり、視聴時間についても4時間を割るようになってきた。

モバイルインターネットという「手の中に入るメディア」は、いつでもどこでもアクセスできるという特性ゆえ、以前ならば、ボーッとするしかなかった、駅での電車の待ち時間やトイレの中、あるいはレストランで食事が来るまでのちょっと空いた時間、といった「スキマ時間」の有効活用を可能にした。この傾向は、２０１０年以降のスマートフォン普及後にはさらに顕著にな

図表34 | 2005年から2015年にかけてのテレビとインターネット視聴時間の変化

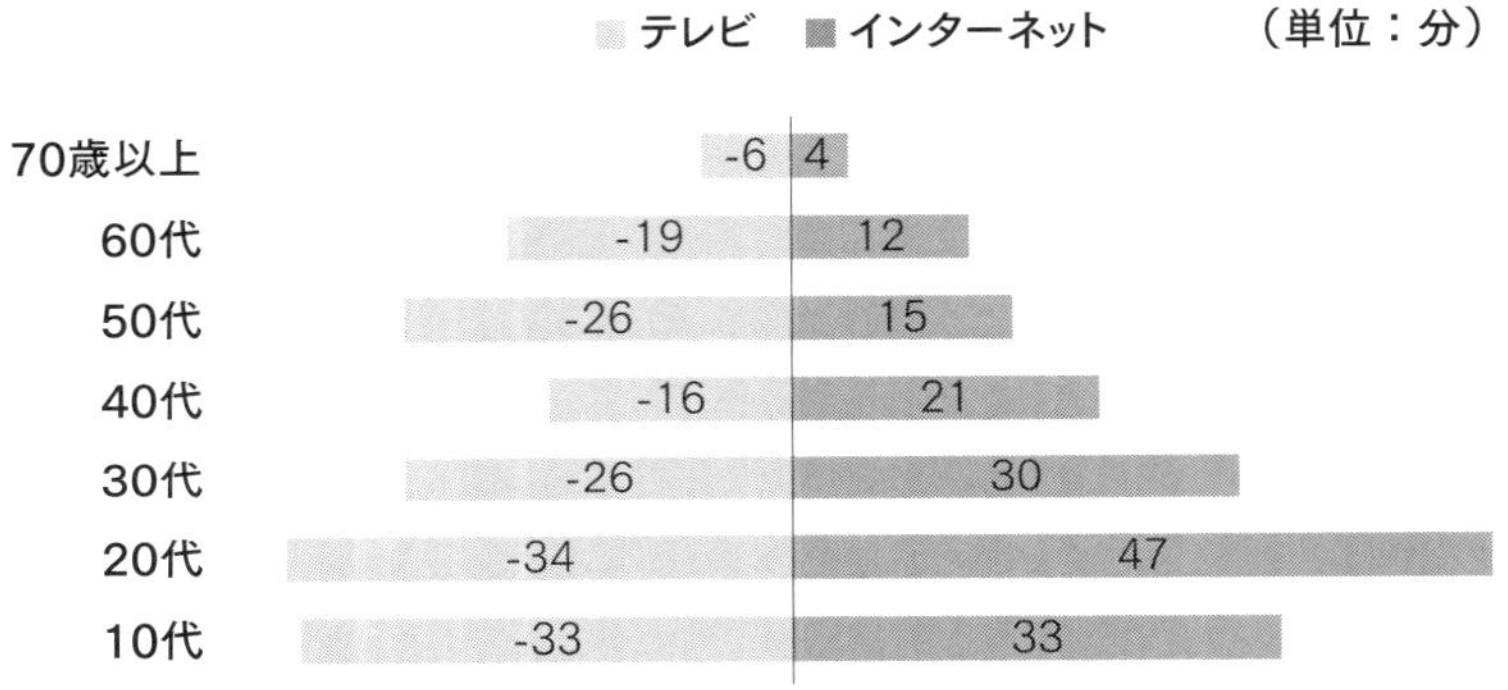

出典：NHK「日本人の生活時間・2015」

っていく。

読者の中には、細切れの時間にツイッターやInstagramなどのSNSや、NewsPicksのようなニュースサービスを見たり、ちょっとゲームをやったりと、少しでも時間が空けばすかさずスマートフォンを見るのが、もう癖になっている人も多いだろう。

そして、最初はそれがスキマ時間のみだったのが、それまでテレビなどの他の活動に充てていたメインの余暇時間まで侵食される者が現れる。だからこそ、各企業はそのスキマ時間がたとえ10秒だったとしても、この時間を奪うことが重要になる。

そして、70歳以上の高齢者を除いて、テレビの視聴時間はあらゆる世代において大きく減少、余暇としてのインターネット利用時間は、特に10～40代においては、テレビ視聴時間の減少分以上に増大、余暇における主役がテレビからインターネットへと移行していることが明らかにわかる（図表34参照）。

そして、スマートフォンの登場以降、これまで何の価値も生み出せていなかった10秒のスキマ時間そのものの価値が高まっている。

例えば、今や電車のちょっとした待ち時間さえあれば、出張のためのホテルやエアラインの予約も、SlackやＬＩＮＥで部下に指示を出すのも可能だ。もしアマゾンプライムナウのサービスエリアに住んでいるのなら、わざわざ途中でスーパーマーケットに寄らずとも、ちょうど帰宅するタイミングに夕食の材料を届けてもらうこともできる。こうなると、１日24時間という限られた時間を、どれだけ価値化できるかが重要になってくる。

自動運転はロスタイムを価値ある時間に変える

自動運転車が注目されるのは、必ずしも人々が運転が面倒だからとか、人間に運転をさせるより安全性が高いからというだけではない。自動運転が実現すれば、移動中の運転は完全にお任せにして、自分はその間に自由に他のことができるから、という価値が極めて大きいことにある。

特に自動車による長距離通勤が主流で毎朝・毎夕渋滞に悩まされている米国の大都市近郊部の人々にとっては夢のような解決策である。これさえ実現すれば、彼らの無駄な通勤時間というものは価値ある時間へと変わるのである。

人類にとって移動にかかる時間は非生産的なロスタイムであった。人類がより速く移動し、より大量のモノを移動させるという「モビリティ」技術の進化に、多くの知恵を絞り、巨額の投資を行ってきたのは、このロスタイムを極力減らすためだった。古くは車輪の発明、蒸気機関や内燃機関による船舶や鉄道、そして自動車から航空機に至るまで、その進化によって得られた究極の果実は時間の短縮だった。

しかし、自動運転は、そんな移動時間そのものを、非生産的なロスタイムから、価値ある時間に変えるという意味で新しい。そして、そのことで生まれる価値は、単純にロスタイムを減らすことよりも高いこともありうる。これは、誰しもが実体験として経験があるはずだ。

例えば、私は大学時代、定期試験の当日、先にホームに入ってきた急行には乗らずに、あえて各駅停車を選んで乗るということがよくあった。大学までの通学時間を短縮するよりも、座って勉強したい。とにかく試験ぎりぎりまで追い込みをかけたかったということだが、このわずか数分の詰め込み時間をあえて確保することは、留年に王手をかけられた私には極めて高い価値があったのである。

ソニーのウォークマンの何が素晴らしかったかといえば、持ち運べる小さなカセットテーププレイヤーを作ったことでも、音楽を持ち運ぶことを可能にしたことでもない。今まで新聞や雑誌を読む以外はボーッとするしかなかった時間を、音楽を楽しむという時間に変えたことだ。

そして、自動運転車は、ウォークマンがもたらした価値に等しいか、それ以上の価値をもたらし得る。今では航空機で移動中にWi‐Fiをフリーで使えるのも当たり前のようになってきたが、個々人が有する時間を有効活用する手段を提供することは、有効なマネタイズ（収益化）手法となってきている。自動車を運転する時間というのも、そのようなマネタイズの対象となってくるだろう。

「時間短縮」というディスラプション

一方で、時間を短縮しようとする圧力も相変わらず強い。

グーグルがこれだけ支持され、従来のポータルサイトを淘汰し、世界中でインターネット利用の際の入口となったのも、私たちが知りたい、と思う情報を最も早く的確に見つけてくれるからである。

最近の例で言えば、LINE。LINEについてはスタンプによるコミュニケーションが人気を博したことが普及の要因に挙げられることもあるが、要は簡潔に素早くコミュニケーションができることが支持につながっているのだ。

総務省が2016年に実施した調査[*9]によると、LINEは全世代で67・0％に使われ、20代に至っては96・3％という普及率と、今や10～20代においてはメールの利用よりLINEでのコミュニケーションが主流になっているという。

これは、メールにおいては宛名、挨拶、締めくくり、といった定型の書式に従った文章を書かなければならないのに対して、ＬＩＮＥだとカジュアルなやり取りが可能で、場合によっては文章（テキスト）を打たなくとも、スタンプ一つで言いたいことを伝えることができる。とにかくスピーディでありながら、感情も伝えられるというスタイルが、ＬＩＮＥであれば許されるコミュニケーションのあり方として定着したということが大きい。

ＬＩＮＥの独特のユーザー体験が、そのスピーディで簡潔というコミュニケーションのあり方を規定し、それが支持されて、面倒で時間のかかるメールを駆逐することになったのである。ＬＩＮＥはコミュニケーションを素早く、簡単、楽にすることで、小さいながらもディスラプターとなったのである。

これまでの技術革新の多くは、何かに使われていた時間を短縮することで「新たに時間を作り出すこと」にその労力が割かれてきたわけだが、この方向はさらに加速していくことだろう。これは必ずしもインターネットなどのハイテク企業だけの話ではない。

極めて身近なプロダクトで言うと、例えばパスタ。一般的な1・7ミリの乾燥スパゲッティの茹で時間は8分だが、最近は4分、さらには3分というものが販売されている。これらは一般的なものと比較して1・5倍ほどの価格だが販売好調という。*10

わずか4分あるいは5分の時間短縮であるが、そもそもの時間の半分以下で茹で上げることができるのは一種革命的なこととも言える。それだけの追加の費用を支払う層が存在するということだ。このような、取るに足らないように見える数分・数秒を少しでも短縮するプロダクトやサービスは、従来のプロダクトやサービスを駆逐する小さなディスラプターとなることだろう。

パワーカップルはお金があっても時間がない

時間短縮によって「時間を新たに作り出す」ことへの需要は、女性の社会進出というトレンドにも大きく関係している。ニッセイ基礎研究所によると、共稼ぎの夫婦のうち、それぞれの年収が700万円超の夫婦を「パワーカップル」と定義するそうだが、[注1]その数は全国で25万世帯で（全体の0・5％、共働き世帯の1・8％）、年々増加傾向にあるという（図表35参照）。

2020年の東京オリンピックを目前に、現在、建築費の高騰と海外からの不動産投資の増大により、東京の新築マンションの価格は上昇傾向にあるが、都心駅近のファミリータイプの新築マンションが堅調だという。その主な顧客が、こうしたパワーカップルである。パワーカップルの強みは資金力である。[注2]一方で彼らに不足しているのが時間である。

注1　『「パワーカップル」世帯の動向』ニッセイ基礎研究所 主任研究員 久我尚子、2017年8月28日より。「パワーカップル」の定義は夫婦共稼ぎ世帯で世帯年収2000万円以上、あるいは1500万円以上と様々だが、本書ではニッセイ基礎研究所の定義に従う。

注2　それに純粋な世帯年収というだけではない。パワーカップルのように二人で世帯年収1400万円超の方が、単純に一人で世帯年収1400万円超を稼ぐ世帯よりも、圧倒的に手取額が多い。所得税が個人の収入に対して課税されるため、一人で世帯年収1400万円世帯は累進課税の影響を受けて、その納税額は300万円ほどになるのに対して、夫婦で1400万円世帯は140万円ほどで済む。また、住宅ローン控除についても、夫婦でローンを返済すると、控除額も二人分となるため、極めて優位である。

図表35｜世帯類型別に見た「パワーカップル」世帯数の推移（単位：万世帯）

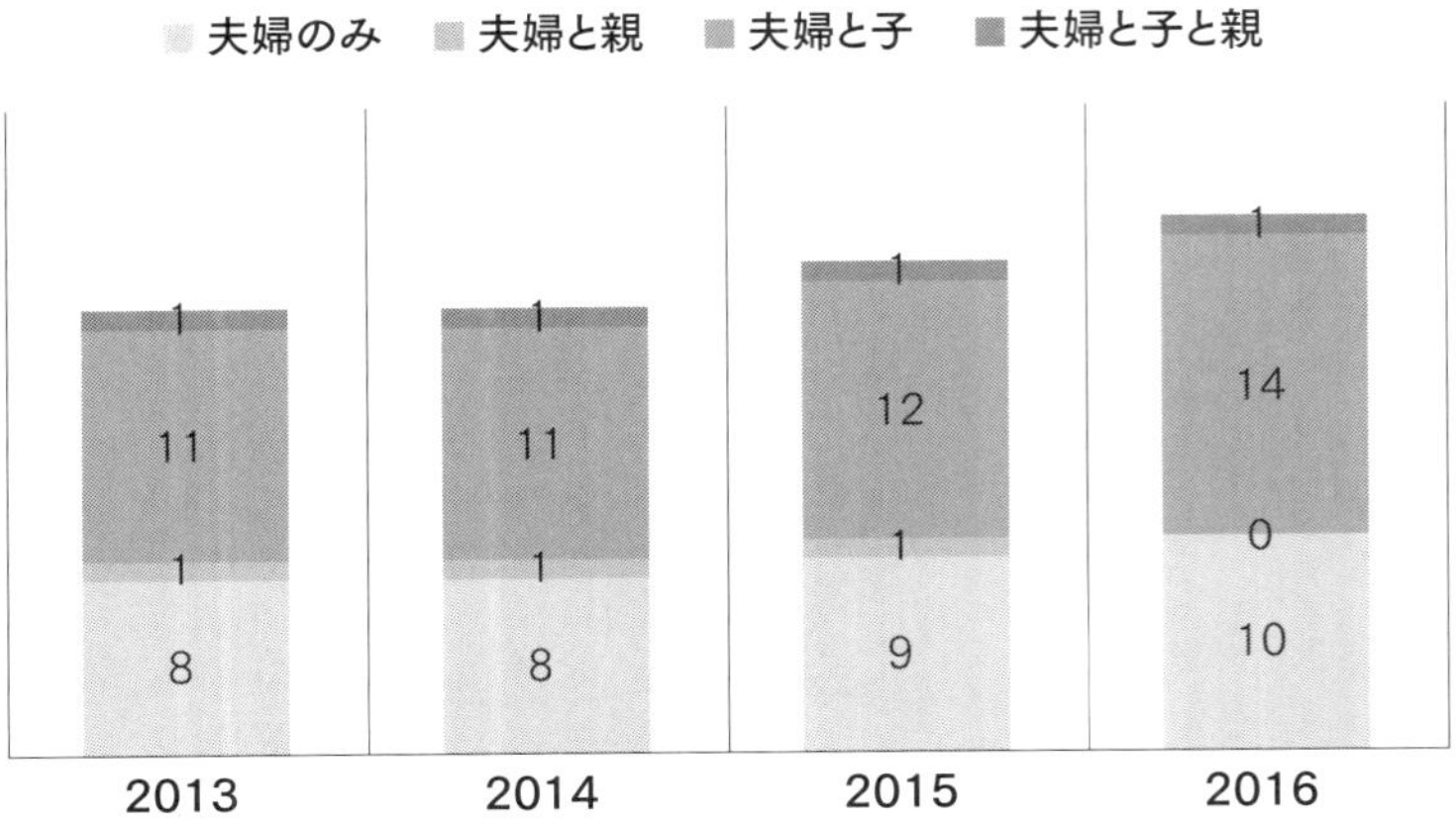

出典：元データは、総務省「平成28年労働力調査」、グラフの出典はニッセイ基礎研究所「『パワーカップル』世帯の動向」

彼らは夫婦だけか、あるいは子供がいても一人っ子であることが多い。そのため、彼らは住環境よりも、とにかく利便性を重視する。最寄駅からは10分未満の距離で、勤務地まで最長でも30分。彼らが重視するのは「どれだけ通勤時間を短縮」できるかということで、そのためには坪単価がどんなに高くても、いわゆる「億ション」という物件でも気に入れば躊躇なく購入に至るという。

もちろん、それには、このような物件への需要は上昇する一方で、資産価値は目減りしないと見ていることもあるだろう。確かにパワーカップルが、今後も増え続けるとしたら、希少な立地で利便性が高ければ、それだけでさらに資産価値が高まる可能性は高いだろう。

なぜならば、パワーカップルにとっては、「通勤時間を短縮」することで彼らの家事や子育てに必要な「時間を新たに作り出す」ことが重要だからだ。

無価値だった時間に価値を与える

「時間を制する」とは、これまで基本的には「他者の時間を自分のものにする」ということと同義であった。しかし、それはあくまで一定の一かたまりの時間が対象になっていたに過ぎない。スマートフォンの時代になって顕著になってきたのは、わずか数分、数秒というスキマ時間さえもが対象になるということである。それはこれまで無価値であった時間が、スマートフォンによって個々人にとって価値があるものになったからだ。

つまり、スマートフォンがもたらしたのは「時間を制する」ことが、単純に「他者の時間を自分のものにする」ことから「無価値の時間に価値を与える」ことをも意味するようになったということである。この変化を、三つの技術進化に当てはめると、主に「インフォメーション」技術の進化が大きく寄与している。自動運転車は「モビリティ」技術の進化ではあるが、むしろ画像認識技術や地理情報認識技術、そして深層学習などの「インフォメーション」技術の進化によって実現している。

一方で、人類の進化の歴史において、実は「モビリティ」の技術も「時間を制する」ことを主眼に進化してきたという事実を忘れてはならない。人類は、これまでかかっていた時間を短縮することで、さらに新たな技術進化を生み、発展してきた。しかし、これまで無価値であった時間が価値化されたことによって、わずか数分の時間でも短縮することで「時間を新たに作り出す」ことの価値がさらに高まってきている。

このように、かつてないほど「時間」の価値が高まっている時代、AIによって多くの人たちの仕事が奪われることで、人類は果てしなき「暇」という時間とどう付き合っていくか、ということに苦しめられる未来が待っているとの予測もある。そのことについては、次節でじっくりと見ていこう。

週休5日時代をどう生きるか？

「週休5日」は幸か不幸か？

長時間労働や過度の残業が日本経済の足を引っ張って生産性低下の原因となっているとして、安倍政権による「働き方改革」の掛け声が、このところかまびすしい。もちろん、いわゆる「ブラック企業」という言葉に代表される労働者酷使による過労は、公衆衛生の面でも見過ごすことのできない問題であり、それが自殺にまでつながっているとするならば、まずは最低でも労働基準法を厳守させるというのは、政府として当然の動きだ。

この「働き方改革」に呼応して、生産性が低い仕事をする時間をなくして、より生産性の高い仕事へとシフトする動きを見せる企業も増えている。例えば、ＲＰＡ（ロボティック・プロセス・

オートメーション）と呼ばれる、従来オフィスのホワイトカラーが手動で行っていた作業を自動化する技術の導入だ。

広告会社の電通は、このRPAで2017年末までに合計400件の業務を自動化、2019年末までには2500件の自動化を目指すというが、これによって、広告掲載先のメディア企業からメールで送られてくるエクセルシートの集計に、従来は手作業で3時間かかっていたものが、数秒で終わるという。[*11] 恐らく、このような業務は枚挙にいとまがなく、すべて早晩AIに取って代わられていくことだろう。

今後は人間がやっても付加価値を生み出すことのできないような仕事は、AIに任せるようになるだろう。広告掲載先のメディア企業から送られてきたエクセルシートの集計を、手作業で3時間かけてやるような仕事は、不毛以外のなにものでもない。このような、楽しくなく面倒な仕事はすべて自動化されていく。

しかし、そうなったときに、新たにできた時間は何に使われるようになるのか？ 本章の前段で、産業革命真っ只中の19世紀において、1日何時間程度の労働時間が生産性の観点から適切なのかという研究がなされていたという話をしたが、もし今同様の研究を行った場合、果たして1日8時間労働というのは適切なものなのだろうか。もしかしたら、その半分の4時間が適切なのかもしれない。

その場合、一人一人は1日4時間働いて、仕事を分け合うようになるのだろう。あるいは、1

日4時間でも多いくらいで、誰もが週2日も働けば良いだけになるのかもしれない。つまり「週休5日の時代」だ。そうなると、多くの人にとって、目の前に広がる未来は、膨大な暇な時間と、その当て所《ど》もない暇をどうするのかという、果てしなき暇との闘いの日々となる。

確かに、働くのが嫌いで、とにかく早く定年退職をしたい、と願っている人にとっては、夢のような世界かもしれない。しかし、それもその暇を潰すためのお金があっての話だ。前節で60代以上の消費者ローン利用者の10・5%がその利用目的として旅行を挙げていたが、暇潰しにはお金がかかるのだ。

好きなことで食っていくのは、難しい

一方で、楽しくなく面倒な仕事がすべて自動化されていく、ということは、仕事というのはすべからく楽しくやりがいのあるものに変わっていく、ということを意味する。しかし、好きなこと、楽しいことを仕事にするというのは、実は簡単なようで難しい。

そもそも、自分が好きなこと、楽しいことは何なのか見出すことも難しいし、見つかったとしても、それが人間がやるからこそ付加価値を生み出すもの、すなわち仕事と呼べるものなのか、という問題がある。そして、実際に「好きなこと」を仕事にできたとしても、恐らくトップレベルの人しかそれで食べていくことはできないだろう。

これは、スポーツや芸能を例に挙げればわかる。スポーツや芸能の世界にいる人たちは、自分

の好きなこと、あるいは得意なことを仕事にすることができた稀有な人々である。しかし、その中での競争は激しく、そのために必要な才能や努力、そして運は並大抵のものではない。高所得者ランキングの上位を飾るのはごく一握りの超トップレベル、なんとか生活できるレベルの中間層ですら、同世代ではトップレベルだったりするほどで、多くは何かしら兼業をしながら食べていくことを余儀なくされる。

好きなこと=仕事、ということが可能な人たちだけが働き、それ以外の人たちにとっては、果てしなき暇が広がる時代。どんなに明るく未来を描いたとしても、そのような世界が近い将来訪れることになるだろう。その場合、どちら側の人間になるのか？　今はその岐路に立っていると言っても過言ではないだろう。そして、企業にとっては、その果てしなき暇をどう付加価値化（マネタイズ）できるか、ということが重要になってくる。

暇を消費する者とマネタイズする者への二極化

ゲームというのは、かつては余暇の時間に行われるものだった。24時間から、仕事・睡眠・食事と生活に必要な時間を引いて余った時間に、家族がお茶の間でテレビを囲んでいたように、ゲームもそのような余暇の時間の楽しみとして行われたものだった。

しかし、モバイルインターネットの登場以降、ゲームは日本ではＤｅＮＡのモバゲーのように携帯電話からアクセスできるものとなり、ちょっとスキマ時間にやっては、お金を落とすというような状況が生まれた。

DeNAもグリーもスキマ時間をうまくマネタイズした上で、さらに多くの暇な時間を搾取することで事業として成功したのである。そして、スマートフォン時代の現在も多くの人たちがスキマ時間はおろか、余暇のすべてをモバイルゲームに費やしている。しかし、それは手に入れた暇という時間を、ただ消費の対象として過ごす者と、付加価値を提供することでマネタイズの対象にできる者の2種類がこの世の中に存在するから起こる事象でしかない。

産業革命前夜の18世紀初頭、英国やフランスの貴族階級やブルジョワ階級の人々にとって余暇とは高貴な生まれの者に与えられた褒章であり、特権であると見なされていたという。なぜならば、その時間は「個人の開花や、調和の取れた主体形成」に使われるべきものであり、「活動的個人の教養」として社会に還元するべきものと捉えられ、労働者階級の快楽的かつ時間消費だけの余暇活動に対して批判的であったからである。[*12]

これは特権階級ですらも（だからこそ）、快楽的な時間消費に向かいがちなのを戒めるために、そのような理屈をこねただけかもしれないが、余暇というものの本質を捉えている。結局、私たちの未来に広がった果てしなき暇という時間を、個々人の視点で捉えるならば、単なる消費する対象として捉えるか、「個人の開花や、調和の取れた主体形成」や「活動的個人の教養」として社会に還元できるかで大きく異なってくる。そして、企業の観点から捉えると、その果てしなき暇をいかに消費させることができるか、それがビジネスとしての成否を分けることになる。

今は『マトリックス』の世界でどう生きるかの分岐点

『マトリックス』という米国映画がある。1999年公開のこの映画は、果てしなき暇が広がった時代を究極のディストピアとして描いている（多少のネタバレを含むので、これから観たいと思っている読者は、以下の一段落は飛ばしていただいても構わない）。

キアヌ・リーブス演じる天才ハッカーは、平凡な日々に対して「今生きているこの世界は、もしかしたら夢なのではないか」という、漠然とした違和感を抱いていた。しかし、彼は自分が今生きている世界が、コンピューターによって作られた仮想現実だということを教えられ、現実世界で目覚めることを選択する。そこで彼は自身が培養槽のようなカプセルの中に閉じ込められ、身動きもできない状態であることに気づくが、それは、人間社会が崩壊し、人間の大部分はコンピューターの動力源として培養されていたからだった。

これは、ディストピアと言いつつも、将来ありうる世界の比喩として決して大げさなものではない。ゲームの世界に入り込んで現実世界から離れ、有料課金を繰り返すというのは、汗水流して働いて得たお金をせっせとゲーム会社に貢いでいるようなもので、働いている時間以外は、仮想現実で過ごし、コンピューターの動力源となっているのと大差ない状況だ。そして、その働いている時間自体が減り、週休5日、あるいは週休7日というように、すべての時間が果てしなき暇の時間になるならば、それはもはや『マトリックス』の世界である。

ましてや、これから人生100年の時代、さらに果てしなき暇が目の前に広がっていくことになる。この与えられた「時間」において、個々人の視点ではどう生きていくのか、そして企業はどのような付加価値を与えていくのか？

人生１００年時代に時間は「投資」対象となる

２０１７年のベストセラーの一つに『LIFE SHIFT（ライフ・シフト）』という本がある。今から約90年後の２１０７年には先進国では半数以上が１００歳を超えるようになるという時代の生き方を示唆したものだ。そこでは、これまで80歳程度の平均寿命を前提に「教育」「仕事」「引退」の３段階で考えられてきたライフコースは抜本的に考え直されるべきで、「教育」「仕事」を複数回繰り返すような、リカレント教育（生涯教育）の重要性などが語られている。

恐らく、リカレント教育のようなものは、近い将来当たり前になっていくだろう。だから、個人の観点では、どこの高校を出たかとか、最初に入った大学がどこか、などというのはあまり意味のないものになる。むしろ、「教育」「仕事」を一定期間置いて繰り返すよりは、日常の暇な時間自体を19世紀の英仏のブルジョワ階級の言うところの「個人の開花や、調和の取れた主体形成」、すなわち自己投資に使うのが主体になるかもしれない。

そして、消費することしかできない者はどうなるのか？　もしかしたら、ベーシック・インカム[注3]が導入されて、そのような人たちはベーシック・インカムで衣食住のコストをまかないながら、余った中から必要な娯楽費を支払う、という生活をしているかもしれない。

一方、企業の観点では、このような2種類の個人がいる世界の中で、どう時間をマネタイズするか、そういう視点が必要だろう。「個人の開花や、調和の取れた主体形成」のために提供できる付加価値はいくらでもあり得るであろうし、とにかく果てしなき暇潰しを少しでも短い時間に感じさせるための娯楽を提供する、というのも一つのあり方だ。

しかし、恐らく個人の観点では、前者はより自分の価値が向上し、さらにより多くの仕事を人生を通じてやっていける人になるだろう。そして後者は『マトリックス』で描かれたカプセルで培養されるような人生を送ることになるだろう。それでも当人が幸せであれば問題ないし、実際に本人の幸福度はその方が高いかもしれないが、今や私たちはそのような選択を迫られる岐路に立っていると言えよう。

時間を制するとは？

時間を搾取するかされるか——今後の勝者と敗者の分水嶺

本章では「時間を制する」ことについて、特に産業革命以降の歴史を振り返りながら、現在に至るまでのトレンド、そして近未来に訪れる可能性のある世界について考えてきた。企業にとっ

注3　ベーシック・インカムとは、最低限所得保障の一種で、政府がすべての国民に対して最低限の生活を送るのに必要な額の現金を定期的に支給するという政策。

図表36｜企業と個人にとっての「時間を制する」

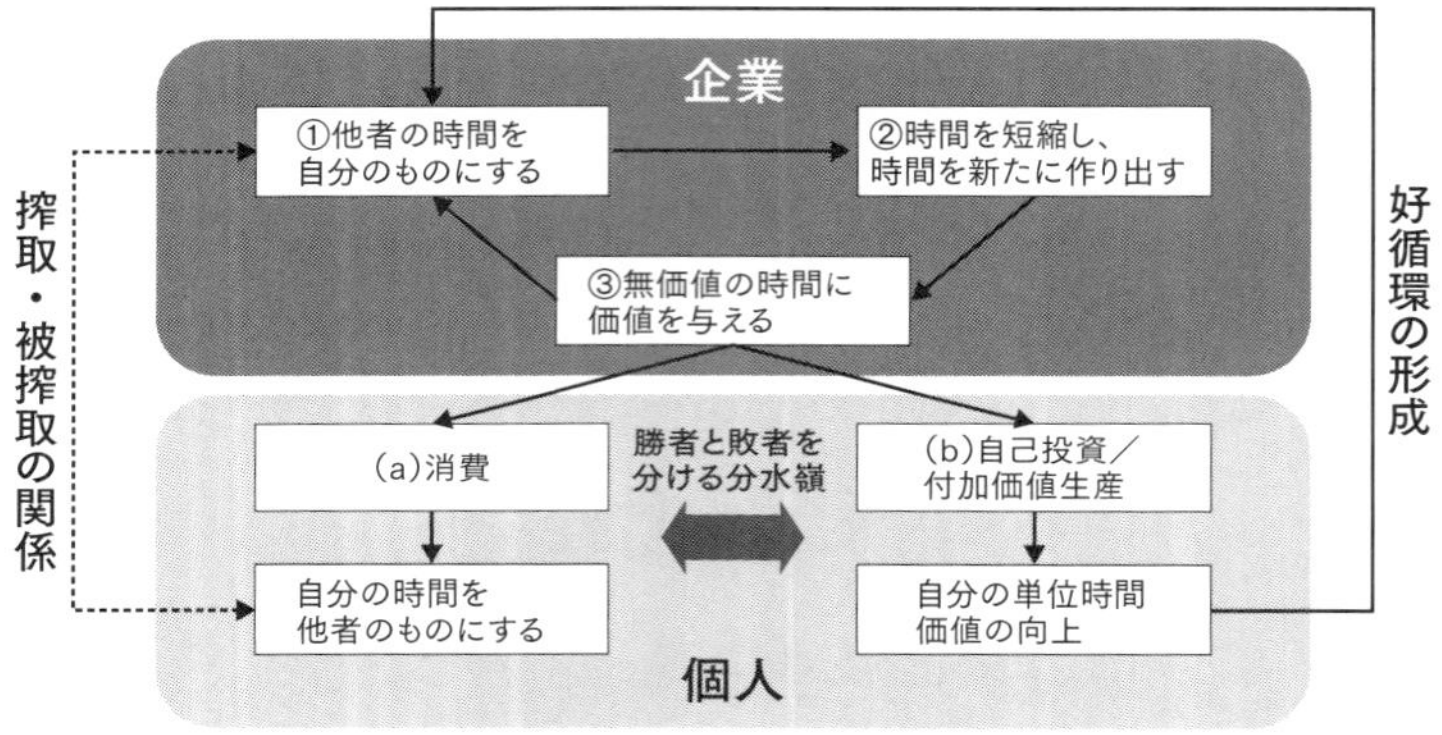

ても個人にとっても「時間を制する」とは、第一に「①他者の時間を自分のものにする」ことであった。そして、それができた者が勝者となり、搾取された側が敗者となったのである。これ自体は現代においても、そして将来も変わることはない。

しかし、時間というのは有限であり、より多くの時間を制するためには、これまで仕事に必要だった時間を短縮することで、時間を作り出すことが必要となる。それが、産業革命以降における「モビリティ」技術の進化によって引き起こされた「②時間を短縮し、時間を新たに作り出す」ということである。そうして数多くの時間が作り出されたが、いくつかの時間は細切れに存在するスキマ時間であり、その時間は使われないままであった。それを変えたのが、スマートフォンである。

スキマ時間さえも価値のある存在となり得るようになると、その時間そのものを価値に転換することが重要となってくる。それが「③無価値の時間に価値を与える」ということである。企業にとって、これら①、②、③の三つのどれかを押さえることが「時間を制する」ことの基本となるのだが、これらを図表36のようにトライアングルを循環させることによって、ディスラプターとしてより強大な力を持つ存在となる。

個人は、それまでの「何もすることのない暇な時間」に、企業によって何かしらの価値が与えられた結果、それを娯楽として「(a)消費」することのみに費やすのか、あるいは、「(b)自己投資／付加価値生産」に充てることができるのか、ということが、時代の勝者と敗者を分ける分水嶺となる。単に「(a)消費」に費やすということは、経済的には、時間を制する企業の事業へ貢献ということだが、結局は時間を搾取される立場でしかなく、自らには何の価値も蓄積されず、時間の奴隷でしかない。

余暇時間で自分の価値を高める

一方で、自己投資することによって、自らの単位時間当たりに提供できる価値を向上させたり、地域活動などで付加価値生産を行ったりすることができれば、最終的には新たな収入を得ることもありうる。その上で、現代の「パワーカップル」よろしく、都心の利便性の高いマンションを買ったり、ホームヘルパーを雇ったりして（要は「他者の時間を自分のものにして」）、時間を短縮、新たに時間を作り出すこともできる。そして、また新たに作った時間で自己投資や付加価値生産を行うことで好循環が生まれる。

しかし、余暇時間に、付加価値を出し続けたり、自己投資をしたりするばかりでは疲れるという人もいるだろう。だが、もしあなた自身にとって仕事は娯楽のようなもので、その技術向上のために余暇を費やすことが、あなたの単位時間当たり価値の向上につながるとしたら？

つまり、「好きなことを仕事にする」というのは、実は個人にとっては、極めて合理的なことなのである。そして、もしその「好きなこと」が他の人にはない「自分ならではの価値」で、しかも「他者が求めている価値」だとしたら、それはあなた自身のバリュー・プロポジション＝存在価値となる。ディスラプションの時代、「好きなことを仕事にする」ことができるか否か、ということが極めて重要になってくる。

ただ、それだけでディスラプションの時代を生き抜くのは困難だ。あなたの価値を提供する相手と地理的・空間的な制約を超えて、より多くつながることで初めて、その価値は「マネタイズ」されるからだ。そして、より多くの人とつながることは、実はあなた自身の価値、ないし影響力の向上にもつながり、経済的な付加価値を生み出すことになる。

次章では、「時間を制する」ことに加えて「空間を制する」ことについて、いくつかの事例を通して見ていく。そしてディスラプションの時代における「時空を制する」ことの意味とその重要性について論じたい。

第5章のまとめ

本章では「時間を制する」ことについて、特に労働者が「8時間労働」という権利を獲得して以降の「余暇時間」を巡る企業と個人の変化について概観した。

■1日8時間労働がいわば世界標準となる実質的なきっかけとなったのは、1886年5月1日の大規模なストライキであった。

■しかし、労働者が1日8時間労働を勝ち取ることができたのは、国際労働機関（ILO）が「1日8時間・週48時間」労働を国際労働憲章として成立させた1919年だった。

■20世紀に、庶民の娯楽をレジャーやレクリエーションといった産業としてマネタイズすることで、労働者たちの「余暇」時間を制した者たちが、20世紀の経済を制する者となっていく。

■第二次世界大戦前、20世紀前半の米国はいち早く、それを体現する。自動車にスーパーマーケット、映画にラジオといった新しいメディアに乗っかった広告は、労働者階級の人々を「消費者」に変え、人々は手に入れた余暇を多くの企業に手渡すことになっていく。

■第二次世界大戦後の娯楽の主役はテレビへと替わる。日本では、テレビの「1日の行為者率」が1965年には92%と、「息を吐くようにテレビを観る」という状況になる。

■テレビの時代、消費者は、獲得した余暇時間をテレビに捧げる。そして企業から消費欲を刺激されることとなった。消費者は時間の奴隷と化し、テレビ局やお笑い芸人、ニュースキャスター、俳優などのテレビタレントや野球などのスポーツ選手は、時間の支配者となった。

■ただし、このとき支配者と奴隷の関係は、決して勝者と敗者という関係ではなかった。支配者側にあたかも奴隷のように時間を搾取されているかのように見える消費者もまた、そのベネフィットの享受者であり、お互いに経済成長という果実を得るための共犯者だったのである。

■そうした意味で、テレビの時代は結果的にすべてがうまく回っていた時代だった。

しかし、時は下り、インターネットの普及から、スマートフォンの時代になって、状況は変わってくる。

■スマートフォンの登場以降、これまで何の価値も生み出せていなかったスキマ時間そのものの価値が高まっている。

■各企業は仮にそのスキマ時間がたとえ10秒だったとしてもこの時間を奪うことが重要になる。

■一方で、時間を短縮しようとする圧力も相変わらず強い。

■これまでの技術革新の多くは、これまで何かに使われていた時間を短縮することで「新たに時間を作り出すこと」にその労力が割かれてきたわけだが、この方向はさらに加速していく。

■「時間を制する」とは、これまで基本的には「他者の時間を自分のものにする」ということと同義であった。

■しかし、スマートフォンの時代になって顕著になってきたのは、わずか数分、数秒というスキマ時間さえもが対象になったということである。

■スマートフォンがもたらしたのは、「時間を制する」ことが単純に「他者の時間を自分のものにする」ことから「無価値の時間に価値を与える」ことをも意味することになったということである。

スマートフォンによって、かつてないまでに「時間」の価値が高まっている時代、一方でAIによって多くの人たちの仕事が奪われることで、人類は果てしなき「暇」という時間とどう付き合っていくか、という問題にも直面することになる。

■「週休5日の時代」。目の前に広がる未来は、膨大な暇な時間と、その当て所もない暇をどうするのかという、果てしなき暇との闘いの日々となる。
■私たちの未来に広がった果てしなき暇という時間を、個々人の視点で捉えるならば、単なる消費する対象として捉えるか、「個人の開花や、調和の取れた主体形成」や「活動的個人の教養」として社会に還元できるかで大きく異なってくる。
■そして、企業の観点から捉えると、その果てしなき暇をいかに消費させることができるか、それがビジネスとしての成否を分けることになる。
■言い換えると、時間を「消費」することのみに費やすのか、あるいは「自己投資／付加価値生産」に充てることができるか、ということが、時代の勝者と敗者を分ける分水嶺になるということである。

第6章

空間からネットワーク、そしてコミュニティへ

個人が主役になる巨大なディスラプション

地理的空間から人的空間へのシフト

なぜアマゾンは韓国を攻略できないのか？

有史以来、ディスラプションの歴史の中で勝者と敗者を分けてきた三つの技術進化、すなわち「インフォメーション」「モビリティ」「エネルギー」技術の進化は、人類を地理的な制約から解放するための進化でもあった。

これら三つの技術進化の恩恵により、人類はその活動領域を大きく広げ、生産を拡大し、交易を進め、貨幣経済を生み出し、経済成長を実現したのである。特に交易に必要な物流と流通のネ

ットワークが、産業革命以降の経済成長を飛躍的なものにしたのは、本書でもこれまで見てきたとおりだ。これなしでは、どんなに資金と物量と人材、そして高度なテクノロジーを備えていたとしても、何の影響も与えることはできない。

世界のeコマース市場を支配するアマゾンが、攻略できずにいる重要な市場がある。しかし、それは米国と国交がないような共産主義国ではない。東アジアにおいて米国にとっては重要な同盟国でもある、韓国である。なぜ攻略できずにいるかというと、アマゾンは、日本で行ったヤマト運輸との提携によって全国津々浦々への配送を可能とするような物流ネットワークの構築を、韓国では行えないでいるからだ。

韓国では、アマゾンは複数の物流会社を動員し、Uberを模した配車サービス「アマゾン・フレックス」を使ってまで即日配達を実現しようとしているが、2010年に設立された現地企業のクーパンが既存の物流業者に頼らないクーパンマンと呼ばれるスタッフによる直接配送を実現して圧倒的な強さを示している。アルゴリズムで計算された倉庫や流通網、2016年時点で3600人以上のクーパンマンを揃えることで、平均2~3日はかかる配達を1日足らずで行っており、*1 自前の物流網を築けていないアマゾンは韓国では完全に後塵を拝しているのである。

地理的空間を押さえることは、農地や資源という人類が生産活動を行う上で必要なエネルギーを獲得する観点で、そしてそこで生活する人々の消費に支えられた経済活動を促す観点でも、競争戦略上最も重要なファクターであった。

それゆえに、人類は太古より土地を奪い、奪われる歴史を繰り返してきたのである。そして、土地を収奪したものは、そこに物流・流通網を築く。19世紀から20世紀にかけての帝国主義時代に、日本を含む当時の先進国列強が、支配した土地に幹線となる鉄道を敷くなどした上で、津々浦々まで広がる交通ネットワークを築いたのは自然の成り行きだった。

SNSはネットワークを制するプラットフォーム

そして現在、地理的空間を交通ネットワークで押さえることに加え、人と人をつなぐネットワークで押さえることの重要性が増している。それは、一人一人の人間自体がこれからの経済活動を行う上での資源となっているからに他ならない。

ソーシャルメディアはその象徴である。この数年間におけるソーシャルメディアの普及はめざましく、2016年時点でも全年代の平均で平日25分、休日32・7分を費やし、最も利用の多い20代だと平日60・8分、休日80・7分といずれも1時間を超えている。*2 2008年に日本に上陸し、2011年以降、爆発的にユーザーを増やしたツイッターは、日本では今や4500万MAU、フェイスブックにしても日本では海外ほどの勢いはないものの、2700万MAUを誇っている。

これらのソーシャルメディアのユーザーは、確かにソーシャルメディア企業に時間を搾取され、ソーシャルメディア企業は彼らから得られた情報（例えば、ツイッターであればフォローしているアカウントやネット上での行動、つぶやきの内容など、フェイスブックであれば、性別、年齢や学歴、勤務先、居住地や行動範囲、ネット上での行動）を基に、彼・彼女ら一人一人に適切だと思われる広告を配信することでマネタイズしているが、利用している本人たちにとっては、そこで生まれた友人・知人とのやり取りから新しいアイデアが生まれたり、新たに仕事を作ったりしていることもある。

長らく音信不通だった友人と再会して、旧交を温める者もいるだろう。彼らは単なる時間消費だけではない何かしらの価値を見出しているからこそ、継続的にこれらのソーシャルメディアに時間を使い（知らず知らずの場合もあるとはいえ）、自らの属性・行動情報を与えているのである。

ここから考えられるのが、ソーシャルメディアが時間だけではなく、人と人とのネットワークを制するプラットフォームであるということだ。この人と人とのネットワークの存在は、既存のビジネスをより強固かつ永続的なものにする力を持っている。

第4章で何度かモバイルゲームについて触れたが、これらの多くは単発的な短いヒットに依存し、なかなか安定的に稼ぐことが難しい。ゲーム会社は大量に広告を投じることでユーザーを集め、儲けられるうちに儲ける、というのが基本的なビジネスモデルとなっている。

しかし、ミクシィの「モンスターストライク（モンスト）」は2013年9月のリリース以来、例外的に息の長いヒットを続けている。事実、依然としてモンストは、リリース後4年目にあたる2017年3月期のミクシィの好業績を支える最大の収益の柱となっている。

モンストが従来のスマホゲームに対して画期的なのは、スマホゲームに「リアルな友人関係をベースに多人数で遊ぶ」という要素を持ち込んでいる点である。かつて、グリーやDeNAなどのガラケーを使った「ソーシャルゲーム」ブームがあったが、実はこれにはソーシャルメディア上でつながった友人と遊ぶという、本当の意味でのソーシャルな要素はなかった。両者ともにソーシャルメディアを志していたものの、結局は単なるゲーム・プラットフォームに過ぎなかったことが最大の理由だ。

一方、ミクシィはかつては1500万を超えるMAUを誇ったソーシャルメディアであり、それをベースに本来的な「ソーシャルゲーム」としてモンストを展開したという違いがある。

このモンストの例は、一人一人に与えられた時間を人的ネットワークによって支配することの有効性を示している。そして、「時間」と合わせて、人と人とのつながり、という意味でのネットワークを制することの重要性は今後ますます高まっていくのである。

時間のネットワーク化とマッチングで儲ける

AirbnbやUberがすごいのはなぜか？　それは使われていない部屋、あるいは使われていないクルマ（ないしクルマの座席）を個々人のレベルでネットワーク化することによって、資源化したからである。

これらのディスラプターのビジネスモデルは、ソーシャルシェアリングだとか、シェアリングエコノミーなどと呼ばれているが、本質的には個々人の有する時間をネットワーク化した上で、個々人の時間同士をマッチングさせるというものだ。

そう言ってしまえば身もふたもないように聞こえるかもしれないが、特に彼らの主要マーケットである米国の場合、ネットワーク化された人々というのは、宿泊事業者やタクシードライバーではなく、多くは私たちと同じ一般消費者であり、そういう人々の空き時間＝暇をお金に換えるべくネットワーク化し、同じ時間にクルマや宿泊先を必要とする需要側とスピーディにマッチングさせることを可能にしたというのは極めて革命的なことである。

例えば、あなたが海外に出張に行き、自分でタクシーを手配しなければならなかったとする。もしあなたが英語なりなんなり、現地の言葉に疎かったとすると、まず最初にぶち当たるストレスはこうだろう。

「行き先をきちんと伝えることができるだろうか？」

恥ずかしながら、私は学生時代、初めて米国に一人旅をした際、奮発して予約した宿泊先の「Hilton Hotel」が通じず四苦八苦したことがある。これを思い出すと、今でも赤面する思いだが、Uberであれば、そのような思いをすることなく行き先に辿り着ける。

Uberのスマホアプリがあれば、事前に目的地を容易に設定することが可能で、乗り込んだ時点で既にドライバーには行き先が伝わっているからである。しかも行き先はスマホアプリ上の地図でピンがドロップされているため、それを表示することで文字どおりピンポイントで正確に指示することができるのである。しかし、他にもこんな心配があるかもしれない。

「ドライバーが悪質で遠回りされたりしないだろうか？」

海外では女性旅行客がタクシーにさらわれるような犯罪も発生しているから、悪質さの度合いによっては命に関わる問題にもなりかねない。しかし、これもUberであれば心配無用だ。Uberでは他の客のドライバーに対する評価を事前にアプリ上でチェックすることができるから、あらかじめ評価の高いドライバーを呼べば良い。

それでも遠回りして距離や時間を稼いだり、変な場所に連れて行ったりするようなドライバーがいないとは限らない。しかし、前述のとおり、行き先はスマホアプリの地図上にピンポイントで表示されているわけだから、逐次チェックすることが可能だ。それでも、心配は残る。

「チップはいくら渡せば良いのかな。お釣りの計算も面倒だし、小銭だとわからない」

これも不安に思う必要はない。Uberなら事前に登録していたクレジットカードによる決済なので、チップ込みの運賃がカードに課金されて、事後に引き落とされるだけだ。クレジットカードをドライバーに渡す必要もなく、目的地についたら「サンキュー、ハヴァ・グッデイ」とでも言って下車すれば良いだけだ。

もちろん、Uberを呼んで待っている間も、呼んだ車両がどこを走っているのかをリアルタイムで確認することができる。だから、呼んだクルマがいつ来るのか、とヤキモキすることからも解放されるのである。

そして、これらを可能にしているのが、クルマに乗っている人とクルマを必要としている人をネットワーク化したプラットフォームと、それを支えるテクノロジーである。特にドライバーの評価システムというのは、Airbnbなど他のシェアリングエコノミービジネスにも見られるものだが、数多くの人々が感情として受けたものをスコア化することで、そのスコアの高いものはより機会を得て、そうでないものは淘汰されるという仕組みで、それは人々がネットワーク化されたからこそ可能となる。これぞまさに「評価経済[注1]」と呼べるもので、高い評価を与えられた人は、貨幣とは異なる経済価値を与えられたようなものである。

そして、これもAirbnbと同様だが、供給側だけではなく需要側（利用者側）も同様の評価の対象になるということがユニークな点である。タクシードライバー側の視点から言うと、どんな客が乗って来るのか、乗って来るまでわからないことが多い。日本においてすら、タクシー強盗は頻繁に発生しているという。

またAirbnbのように自分が所有する家や部屋を貸すとなると、その宿泊客の評価というのは極めて重要な判断材料となりうる。だから事前に部屋を予約した客の評価がわかれば、そして理由をつけて断ることも可能となれば、どんなに安心かわからない。

「評価」を金銭換算する経済空間

UberもAirbnbも、サービス供給側と需要側両方の人々のネットワークを支えるプラットフォームとして、評価を軸とした経済空間を構成し、必要なすべてのアクションをスマートフォン上で完結するというテクノロジーによって実現されたものであるが、重要なのは、それが、「評価」という人間の感情の上で作り上げられた人的空間であることである。

そして、形成された人的空間は、UberならUber、AirbnbならばAirbnbが、自らのプラットフォームで管理しているように、誰かしらが主体的に管理することによって、「コミュニティ」となる。時間を制するとともに「コミュニティ」というレイヤーによって人的空間を制することは、そこに存在する個々人の「評価」という感情を金銭換算できる経済空間を生み出すことを意味するのだ。

そして、そのとき、経済的な便益を享受できるのが企業だけでなく、個人の一人一人であることに着目する必要がある。一人一人の個々人は、コミュニティに属することで、主体的に自分の時間を付加価値化した上で収益をあげる＝「マネタイズする」ことが可能となる。必ずしも「企業」という一つの中央集権型の主体に属することなく、様々な断片的な時間を、それぞれのコミュニティにおいて「マネタイズ」できることが非常に大きな変化である。

一方、企業はこれらのコミュニティを自らが構築したプラットフォーム上で運営・管理するこ

注1　「評価経済」という言葉は、もともと岡田斗司夫氏が提唱したもので、その基本的考え方については、その著書『評価経済社会――ぼくらは世界の変わり目に立ち会っている』ダイヤモンド社、2011年に詳しい。

図表37｜「時空を制する」ことによる経済空間の形成

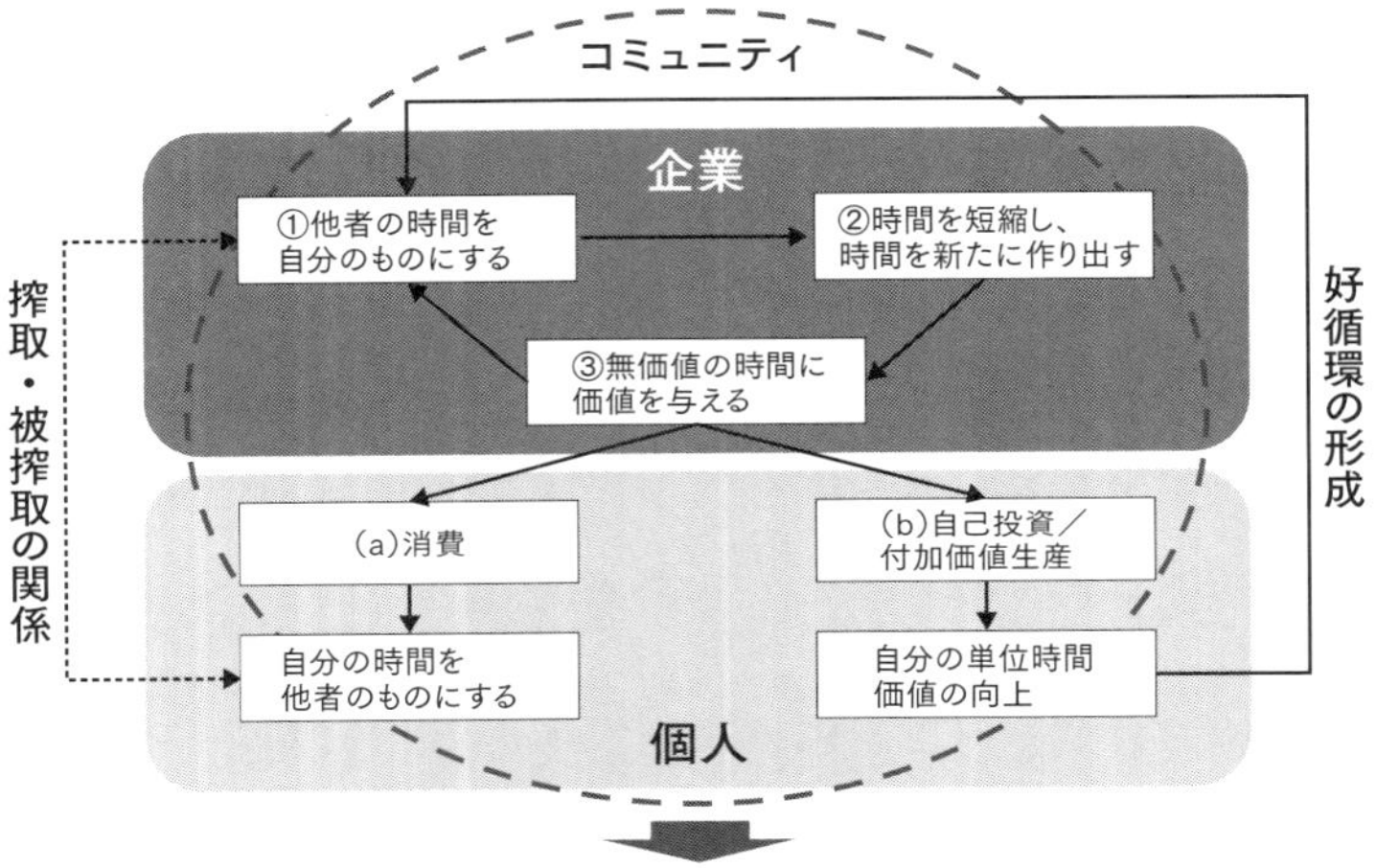

個々人の「評価」という感情を金銭換算できる経済空間の形成

とで、同じく収益をあげる＝「マネタイズする」ことが可能となるのはもちろんだが、そのコミュニティを永続的に維持しながらも、そのコミュニティを拡張したり、複数のコミュニティを形成することで、全体のコミュニティ規模を拡大していくということが、ビジネスを永続的なものにしていく上では重要となってくる。

ディスラプションの時代において、人的空間を制する＝コミュニティの形成にはどのような意味があり、特にディスラプターと目される企業は、それをどれだけ重視し、実際にどのような取り組みを行っているのか、次節以降でさらに見ていくこととする。

「弱い紐帯の強み」と「構造的空隙」

緩やかなコミュニティほど経済空間は大きくなる

プラットフォーム上に構築するコミュニティは、決して何年も付き合っている親友や親兄弟のような、リアルな人間関係に基づく強固な人的ネットワークだけではない。数えられるくらいしか会ったことのない、もしかしたら名刺を交換しただけのよく知らない人が、ネットワーク上に存在するケースもよくあることだろう。

しかし、このような緩やかなコミュニティの規模が大きければ大きいほど、コミュニティ上で形成される経済空間は大きく強固なものとなる。それについては、人的ネットワークに関する社会学や行動科学のいくつかの研究で興味深いものがある。

いくつかの理論的な仮説が存在する中で、特に興味深いのが「弱い紐帯《ちゅうたい》の強み（The strength of weak ties)」という仮説である。これは最近、様々なところで紹介されることがあるので、知っている読者も多いだろう。この仮説は、現在スタンフォード大学社会学部のマーク・グラノヴエッター教授によって、１９７３年に発表された。

この「弱い紐帯の強み」を簡単に説明すると「新規性の高い価値ある情報は、つながりの強いネットワークよりも、つながりの弱いネットワークの方からもたらされる可能性が高い」という仮説である。

このとき、ネットワークの強さというのは、一緒に過ごす時間の多さ、会う頻度、情報交換の頻度、感情的な結びつきの度合い、などによって規定されるとグラノヴェッター教授は定義している。例えば、身近な家族や頻繁に会う親友や業界の仲間などは「つながりの強いネットワーク」である。

しかし、このような「強いネットワーク」は、同じような環境に住み、同じような生活スタイルや価値観を持つ場合が多い。そこから得られる情報は自分の手持ちの情報と代わり映えせず、新規性がないケースも多い。

一方、「つながりの弱いネットワーク」は、単なる知人、名刺交換をしたことがあるだけで、数年に1回も会えば良いくらいの人との関係を指す。現代であれば、さしずめどこで会ったのか覚えていないけれども、なぜだかフェイスブックではつながっているような人、と言ったところだろう。

このような「つながりの弱いネットワーク」は、図表38の破線（弱い紐帯を表す）を見てわかるように共通の知り合いが少ないため、情報伝達ルートに無駄がなく、また遠くに伸びやすいため、それまで触れることのなかったような情報を入手することを可能にする。

「弱い紐帯の強み」は、グラノヴェッター教授がハーバード大学の博士課程に在籍中だった1970年、米ボストン郊外に住むホワイトカラーの男性282人を対象に、就職先を見つける

図表38｜弱い紐帯の強み

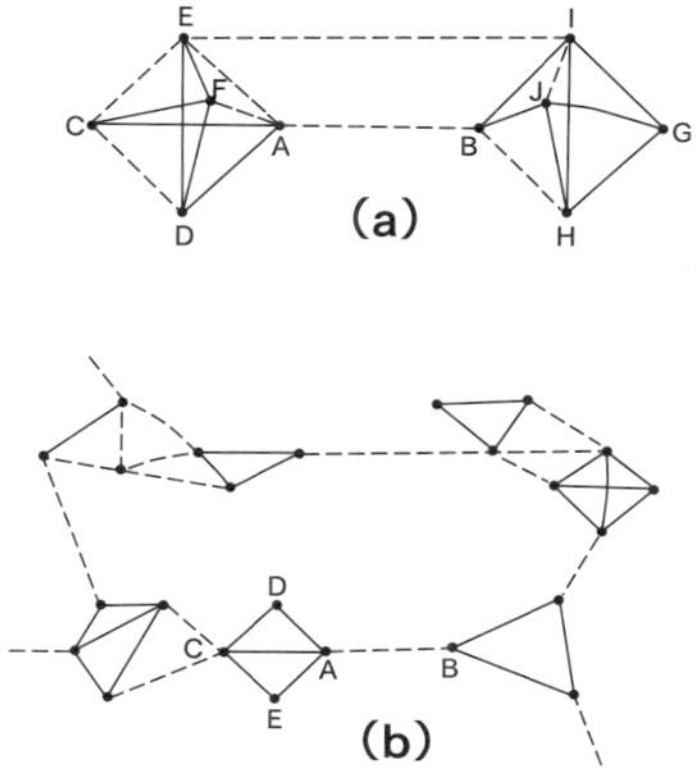

注1：(a)は6次の隔たり、(b)は13次の隔たりのネットワークのイメージ。
注2：実線は強い紐帯、破線は弱い紐帯を意味する。
出典：Fig.2 in 'The Strength of Weak Ties", Mark S. Granovetter, American Journal of Sociology, Volume 78, Issue 6 (May, 1973), 1360-1380

際に役立った情報の入手経路について調査したことがベースとなっている。

その調査結果によると、調査対象者のうち、人的ネットワークを使って仕事を見つけた56%のうちの、実に84%がまれにしか会わない、つながりの弱い人からの情報で就職しており、そうした「弱い紐帯」からの情報で就職した人の方が、満足度が高かった*3というこ とで、いわば個人の生存戦略に関する研究である。

にもかかわらず、この理論は、企業戦略の領域においても重要視されている。例えば、1990年代から盛んに行われるようになっている異業種交流や産官学連携などは弱い紐帯を利用して多様性を高め、イノベーションを起こす試みと言えよう。

しかし、インターネットという「インフォ

ーメション」技術の進化によって、企業が個人を取り込むネットワークを構築することが容易になった現在、この「弱い紐帯の強み」をいかにして構築していくか、ということは戦略として重要な視点となる。

SNS時代に意味を増す「共創」と「新結合」

2015年前後に「共創」という言葉が、主にマーケティングやデザイン関連の業界で流行したことがあった。元々2004年にミシガン大学ビジネススクール教授のC・K・プラハラードとベンカト・ラマスワミが、共著『The Future of Competition: Co-Creating Unique Value with Customers』[*4]で提起した概念といわれている。

この書籍は、単に「顧客の声を聞いて、顧客の声を経営に生かす」という企業中心の姿勢ではなく、「顧客と一緒になって価値を生み出す」企業だけが競争に生き残れるという、Part1で論じた「人間中心に考える」にも通じる考えを提起している。

それが、2015年前後に流行したのは、フェイスブックを始めとしたソーシャルメディアの交流に大きく関係がある。技術的に、一人一人の顧客とソーシャルメディアを通じてつながり、顧客のネットワーク化、そしてコミュニティの形成が容易になったことが大きい。

「共創」は真の意味での顧客中心・人間中心を実現するためのアプローチというだけではなく、実は「弱い紐帯の強み」を、コミュニティを形成することで、手持ちの情報だけではない新規性の高い情報を取り込むアプローチにする意味合いを持っている。

20世紀初頭、「イノベーション」こそが経済を変動させるという理論を構築した経済学者ジョゼフ・シュンペーターは、イノベーションを「新結合」と称した。そして、この「新結合」は、既知の情報と新規の情報を組み合わせることで起こる、というのがシュンペーターの基本的な考え方である。

本書では、これまでに起こってきた数々のディスラプションの歴史を見てきた。これらのディスラプションによって既存の産業が破壊され、新たな産業が勃興してきたわけだが、本書のタイトルの元となった「破壊的イノベーション（disruptive innovation）」を提唱したクレイトン・クリステンセンは、これらのディスラプションによる新陳代謝こそが、経済発展の源であるとした上で、この「新結合」を主導した者こそが、創造的破壊者＝ディスラプターになると論じている。

そして、より「新結合」を起こすのに優位になるポジションに立つことが、企業の戦略上、重要になってくる。そして、この理論的背景となりうるのが、シカゴ大学ビジネススクールのロナルド・S・バートが、その著書『競争の社会的構造』[*5]で提示した「構造的空隙《くうげき》」の理論である。

ネットワークのハブが競争優位を持つ

バートの「構造的空隙」理論は、「弱い紐帯の強み」をさらに発展させたものだ。その基本的な考え方は「企業が競争優位を確立するためには、多様な情報を獲得できる組織にする必要があ

図表39｜戦略的ネットワーク拡張と「構造的空隙」

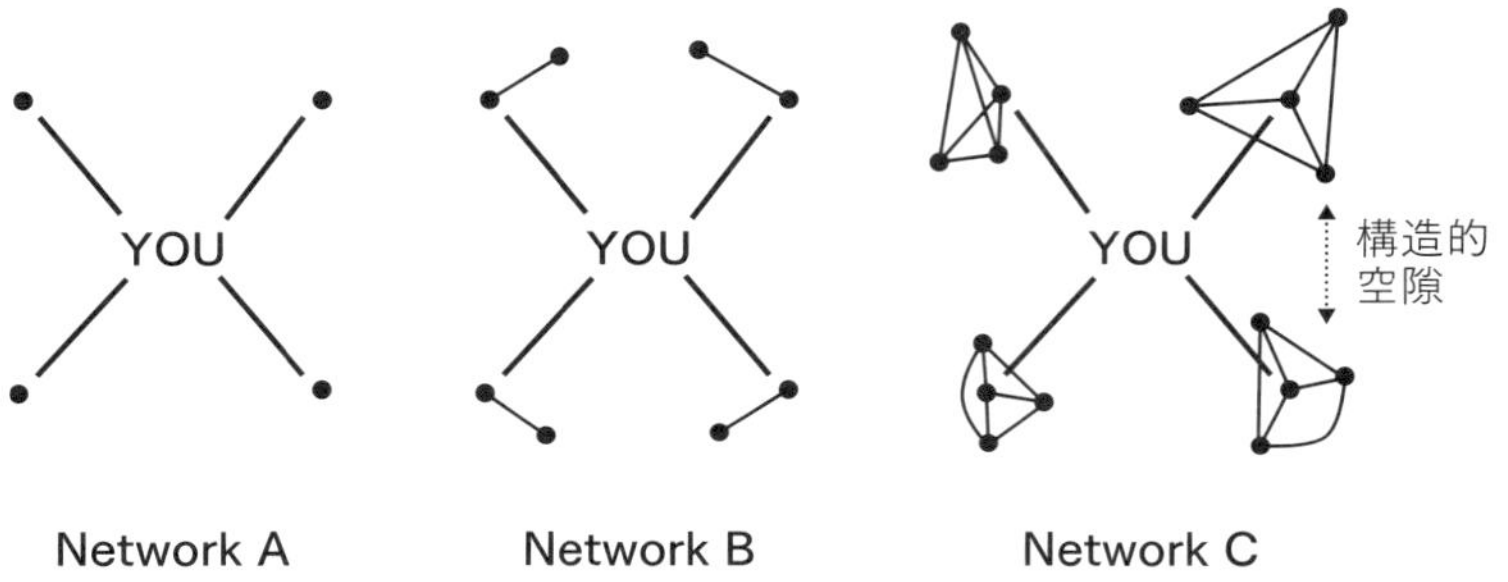

出典：Figure 1.3. “Strategic Network Expansion” in “Structural Holes - The Social Structure of Competition”, Ronald S. Burt, Harvard University Press, 1995を元に著者が作成。破線両矢印と「構造的空隙」は著者が追記

る」というものである。

「構造的空隙」とは、ネットワーク上で、重複しない接点同士の距離を意味する。図表39で「構造的空隙」と破線矢印で示した関係がそれで、図の「ＹＯＵ」から見て、右上と右下のネットワーク同士は「ＹＯＵ」とは重複しない接点でつながり、その距離は離れたものとなっている。そして、「構造的空隙」がより多いネットワークを形成できた者、つまり簡単に言うと、ネットワークのハブになった者が競争優位に立つことができる、ということだ。

改めて図表39を見てみよう。このような状態にある場合、「ＹＯＵ」を中心に広がるそれぞれのネットワークから発信された情報が、ネットワーク全体に波及するためには、必ず一度、「ＹＯＵ」を経由することが必要であることがわかる。つまり、その「ＹＯＵ」のポジションが、最も情報が集まりやすく、情報コントロールもしやすいポジションということだ。イノベーションの観点で言うと、新規の情報と情報を組み合わせる「新結合」を起こしやすいポジションと言える。

第３章で触れた日本独自の業態である総合商社も、かつてはこのポジションを占めていた。「ラーメンからミサイルまで」数多くの「構造的空隙」を押さえてきたのは、まさに総合商社ならではの強みである。

言い方を換えると、数多くの異なる業界のあらゆる情報が、世界中から集まるハブであることが総合商社の存在価値だったと言っても良い。川上から川下までの中間搾取によって利益をあげるだけではなく、重複のないネットワークを持つことによって、新しいことをプロデュースする機能を歴史的に有することができたおかげで、インターネットの普及に伴い、商社抜きで川上と川下がつながれるような状態になってもなお、そこで培われたプロデュース能力を、今の強みに活かしていると見ることができる。

そして、インターネットが世界中に張り巡らされるようになることで、世界中の人々が個々人でソーシャルメディアというネットワーク・プラットフォーム上でつながっている現在、企業が、企業単位ではなく、個人単位のネットワークをさらに拡張し、自らがそのネットワークのハブとなって、多くの「構造的空隙」を押さえるということが、イノベーションを主導し、ディスラプターとして君臨する上で、ますます重要となってきている。

フェイスブックのミッション・ステートメント変更が意味するもの

「一緒にコミュニティをつくる」――疎結合で結ばれた人を密結合させる

フェイスブックのマーク・ザッカーバーグCEOは2017年6月、シカゴで開催したフェイスブックグループのリーダーを対象とした「Facebook Communities Summit」と称する第1回のイベントで、同社のミッション・ステートメントの変更を発表した。

従来のフェイスブックのミッション・ステートメントは"Making the world more open and connected"（世界をよりオープンでつながったものにする）であった。しかし、この変更によって、新たなミッション・ステートメントは"Give people the power to build community and bring the world closer together"（コミュニティづくりを応援し、人と人がより身近になる世界を実現する）となったのである。

第3章で詳しく見てきたように、フェイスブックを始めとしたシリコンバレー企業にとって、ミッション・ステートメントは、自らのバリュー・プロポジション＝存在価値を規定するものとして、極めて重要な存在である。それを変更するというのは、恐らく私たちが想像する以上の意味を持っている。

全世界を対象としたMAUで20億人以上と圧倒的な数のユーザーを抱え、文字どおりネットワークのハブのポジションで、世界で最も多くの「構造的空隙」を押さえる企業である。広がりという点では他の追随をまったく許さない存在であるにもかかわらず、このようにわざわざ変更したのはなぜか?

改めて、フェイスブックの新しいミッション・ステートメントを見てみよう。ここでは、ザッカーバーグが新しいミッションに込めた想いをより明確化するために、英語のステートメントに注目したい。

― Give people the power to build community and bring the world closer together.

なんとなく、現在私が在籍するLINEのミッション・ステートメント"Closing the Distance"を彷彿させる。しかし、実は"build community"と"together"がキーと私は考える。特に日本語に訳されていない"together"=「一緒に」が重要だ。フェイスブックは、コミュニティづくりをユーザーと一緒になって実現すると言っているのである。

これは、単純に人々がつながるためのツールを提供しておきさえすれば良い、というプラットフォームにありがちな考え方から一歩進んで、フェイスブック自体が積極的に人々のつながりをより強めるための行動を取るという宣言である。

ザッカーバークは、新しいミッション・ステートメントを発表した場で、オンラインだけでなく実生活にもポジティブな影響を及ぼすコミュニティの形成、そして参加を支援したいと語った。そして、その理由は、現在、多くの人々が、「どうすれば自分は、世界に良いインパクトを与えられるだろうか」と考えていることに気づいたからだという。

その上で、社会におけるオフライン／オンラインのコミュニティの重要性を説き、フェイスブックのユーザーの約半数に当たる10億人が何らかの〝有意義な〟グループに帰属することを目指すと語った。*6

これは、MAU20億人超という世界最大のソーシャルメディアである「フェイスブックならではの提供価値」と、「世界中の人々が求めている価値」が重なる、フェイスブックだからこそのバリュー・プロポジション＝存在価値であるという意味で秀逸なだけではなく、企業の戦略としても極めて大きな意味を持っている。

フェイスブックは前述のとおり、世界で最も「構造的空隙」を押さえたネットワークを有しているが、そのつながりは決して強固なものではなく、いつ崩れてもおかしくないような「疎結合」の状態と言える。かつて、日本においてはミクシィが圧倒的なユーザーを抱えていたにもかかわらず過疎化が進んだことを思い出せば、そのネットワークの不安定さは理解できるだろう。

ソーシャルメディアは人と人との空間的・時間的・心理的距離を縮めた。そして、それを生業とするプラットフォーム企業は、プロアクティブにコミュニティ形成をしかけ、プラットフォーム上で疎結合した人々を密結合させることで、形成されたコミュニティもまた、プラットフォー

図表40｜コミュニティの形成による密結合のネットワーク形成

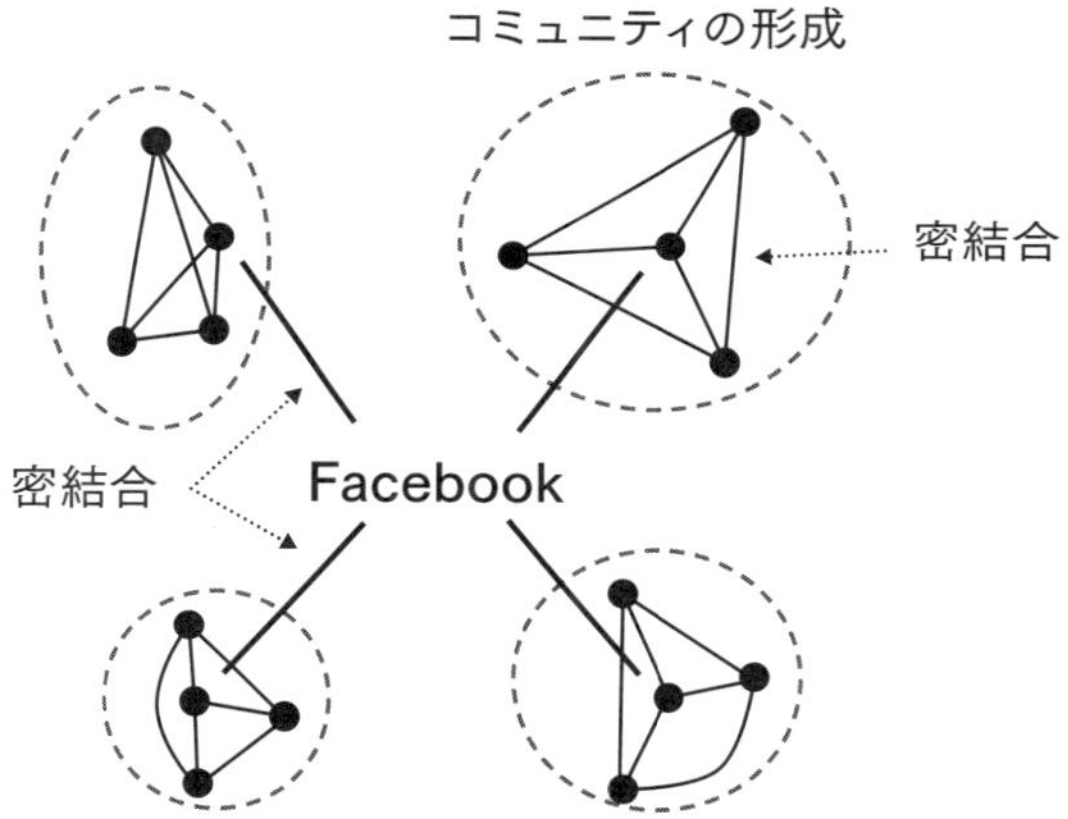

ムと密結合されることになる。

そうすることで、密結合された一つ一つのコミュニティのプラットフォーム（ここではフェイスブック）への依存性が高まり、プラットフォーム自体の持続可能性を高めることができるのである。

フェイスブックは現代の「聖書」を目指す?

また、現在のような疎結合のソーシャルネットワークは、究極的には単純なユーザー基盤の量的規模によって（一定のS字カーブを描きながらも）ビジネス規模が左右されることになる。フェイスブックを始めとして、そのマネタイズモデルが広告ないしフリーミアムモデルであることがその背景にある。

ツイッターの株価が低迷しているのも、全世界的にツイッターがユーザー獲得に苦戦していることが最大の理由であり、フェイスブック自体もまだまだユーザー数を増やしているとはいえ、当然ながら天井はある。いかにそこから脱して、ユーザー一人当たりの価値を増やすかは、彼らにとって喫緊の課題である。

ソーシャルメディア以前の「ネットワークビジネス」の代表として、アムウェイを思い出す人も多いだろう。それ以前なら、宗教も、例えば「聖書」や「宣教師」のような「メディア」プラットフォームに乗ったネットワークビジネスと言えよう。

ザッカーバーグはイベントの場で、まさに教会での人々の自発的なチャリティ活動について触れた。ザッカーバーグによると、これはもちろん宗教心からきていることもあるが、そこにコミュニティがあり、人々は何かしら貢献することによって、自分の存在価値を見出し、その上で人とのつながりを強めたいという先天的な欲求があるからだという。まさに、フェイスブックが狙っているのはこれだ。「インフォメーション」技術を最大限に活かして、かつて「聖書」や「宣教師」が担っていたポジションを取りに行っているのである。

ザッカーバーグは同じイベントの場で、ユーザーが自分に適したコミュニティを見つけることを助けるAIツールを導入したことも発表した。このAIツールによりフェイスブックを通じて新たにフェイスブックが意味があると認めるコミュニティ[注2]に参加するユーザーを50％増やすことができたと、その成果についても語っている。

わざわざミッション・ステートメントを変更してまでの宣言。今後、フェイスブックも自社プラットフォーム上でのプロアクティブなコミュニティ形成施策に多くの投資を行っていくだろう。

ポストソーシャル企業のビジネスモデル

WeWorkが目指す「コミュニティ」のマネタイズ

人間が人間である限り、人は人とのつながりを求め、それに自らの経済的・社会的ベネフィットを望む。それをしたたかにマネタイズできたものが次の一大プレイヤーになる、という予感を感じさせるものの一つが、WeWorkである。

WeWorkにはソフトバンクがソフトバンク・ビジョン・ファンドから出資し、日本では三井不動産との提携によりビジネスも進展中だが、一般的にはスタイリッシュなシェアリングオフィス、ないしはコワーキングスペースの運営会社として知られ、海外では既に高い支持を得ている。

2008年に運営が開始されたこの会社のそもそものコンセプトが「クリエイターのためのプラットフォーム」であり「仕事周りのライフスタイルブランド」というだけあって、古いオフィスビルを改装して作ったオフィス空間のデザイン性に注目されることが多いが、オシャレなシェアリングオフィスを提供する会社は多く、実はWeWorkの注目すべき点はそれではない。

注2　具体的にはアルコールや薬物依存症の自助グループやDV問題を安全に語り合える女性だけのグループなどをフェイスブックは「意味があると認めるコミュニティ」としている。

図表41 | WeWorkが提供するコワーキングスペース

出典：https://www.wework.com

WeWorkの注目すべき点は、彼らが運用しているオンライン・コミュニティと、各拠点で毎週10回以上のペースで開催されるオフライン・イベントである。

WeWorkのオンライン・コミュニティには10万人以上が登録し、インターネット上からコワーキングスペースの予約はもちろんのこと、仕事に関する質問、仕事の依頼、イベントの告知、ニュースのシェアが可能となっている。またイベントについては、WeWorkのコミュニティ担当スタッフが、ビールや食べ物を持ち込むなどして、ミレニアル世代に訴えるようなワークスペースを創出するのに余念がない。

各オフィスの責任者は"Do what you love"（好きなことをやろう）というスローガンを掲げてデザインされたオフィスの一隅

を使って、オフィスで働く人たちと知り合おうと努力している。しかし、結局仕事が終われば、彼らもオフィスを離れてしまうのである。

そこで、WeWorkは、２０１８年1月、コミュニティをさらに強化する動きに出た。コミュニティプラットフォームのMeetupを買収したのである。

Meetupは２００２年に設立されたインターネット企業としては老舗の会社で、地域や興味のあることに関するコミュニティを簡単に運営することを可能にするプラットフォームサービスとして運営されてきた。それを買収したということは、WeWorkはオフライン上の「リアルなコミュニティ」を構築することを重視している証左でもある。

このように、オフラインのコミュニティを形成するという動きは、WeWorkに限らず、多くの企業に見られ、なかには大きな成果をあげる企業も現れてきている。それは、オフラインとオンラインをつなぐコミュニティ、すなわち密結合のソーシャルネットワークを通じて、ユーザーに提供する経済的・社会的ベネフィットの対価を直接的ないし間接的に徴収することができれば、従来の広告収入に頼った疎結合のソーシャルネットワークよりも高いユーザー当たりの売上（ARPU）を実現しうるからである。

新たなソーシャルメディアとして注目されてきたものの、まだまだマネタイズフェーズに移行できていないPinterestは、自社プラットフォーム上にコミュニティを形成することに大きな投資を続けている。彼らが今後、広告モデル以外にどのようなマネタイズ手法を構想しているかは不明だが、いわゆるソーシャルメディアの中では、コミュニティ形成に早い段階から取り組んでいる企業の一つである。

一方、既に大きな収益をあげているAirbnbも、コミュニティ形成に力を入れている。Airbnbはホスト（部屋を提供する人）に向けて「Airbnbコミュニティセンター」というウェブサイトを運営している。そこは、ホスト同士がつながり、体験談やアドバイスをシェアできる交流の場となっている。

また、Airbnbスタッフからの最新情報も届けられ、「ミートアップ」の企画・参加も可能となっている。偶然、WeWorkが買収した企業と同じ名前であるが、これはAirbnbの登録メンバーが集まる、いわゆる「オフ会」で、地元のホストやゲストと知り合いたいと思っている人や、旅先でAirbnb利用者と合流したいと思っている人は、このミートアップに参加すれば、アドバイスや実体験を情報交換できる、ということを売りにしている。

ミートアップ自体も頻繁に開催されているようで、その時々によってテーマが変わり、地元の共同菜園のボランティアから建築見学ツアー、ホストの情報交換、市内のAirbnbコミュニティが集まるパーティなど様々だという。[*7]

オフラインでのコミュニティ育成——NewsPicksとガンホー

NewsPicksという、経済情報に特化した日本のソーシャルニュースメディアもコミュニティ形成に注力している。NewsPicksは2017年1月時点で会員数200万人、有料会員数3万人を超え、会員のほとんどはスマホアプリで閲覧・コメント入力を行っているという。

そして、運営会社であるニューズピックスは、これらの会員を対象に2017年に「リーダーの教養」をコンセプトに「NewsPicksアカデミア」と称して、出版社と提携して紙の書籍の出版を行うほか、オフラインでのイベントを中心としたコミュニティ施策を始めた。具体的には、アカデミア会員と呼ぶ有料会員を別途募集し、その会員に対して講義、アート展示、パーティなどリアルなオフラインイベントの場を提供し始めたのである。

この取り組み自体は、今後成功するかどうかはわからないが、スマホアプリというオンラインを主戦場とするサービスが、紙の書籍を出版するだけでなく、一般的な出版社やニュースメディアですら行っていないようなオフラインでのコミュニティをプロアクティブに組織化するというのは、極めてユニークな取り組みと言える。

しかし、NewsPicksの取り組みに先立つ数年前から、コミュニティ育成に注力しているオンラインサービスがある。2012年にスマホゲームアプリとしてリリースされたガンホーの「パズル&ドラゴン」、通称「パズドラ」である。既にミクシィの「モンスト」がリアルなソーシャルネットワークを活かすことでロングセラーを記録していることについて触れたが、この「パズドラ」も、どんな大ヒット作も短命に終わるスマホゲームの世界において、5年以上にわたって依

図表42｜ガンホーフェスティバル2017のライブ会場風景

出典：https://event.gungho.jp/fes/2017/repo/index.html

然としてベストセラー上位であり続けていることで有名なゲームである。

「パズドラ」の強さの秘訣の一つして知られているのが、ツイッターやニコニコ生放送などのソーシャルメディア上でのユーザーとのダイレクトなコミュニケーションに注力するだけでなく（このような取り組みをゲームの一タイトルとして行うこと自体、稀なことである）、「ガンホーフェスティバル」と呼ぶ、リアルの場でのオフラインイベントを毎年全国で展開していることだ。２０１７年は全国８カ所で開催し、参加者がのべ10万人前後に達したというが、これがロングセラーの源泉の一つであることは間違いない。

老舗企業がコミュニティ施策で売上を伸ばす

そして、このようなコミュニティ形成の取

り組みはインターネット関連企業に限った話ではない。インスタントコーヒーで知られるネスレの日本法人は「ネスカフェ・アンバサダー・プログラム」と呼ぶコミュニティ施策によって、日本でのビジネスを大きく躍進させている。

２００９年、ネスレはコーヒーマシン「ネスカフェ・ゴールドブレンド・バリスタ」を発売した。これは「ネスカフェ・ゴールドブレンド」などの専用カートリッジで1杯分ずつコーヒーが淹れられるマシンで、翌年には家庭向けに50万台を販売。コーヒーマシンの家庭向け国内市場が１００万台の中で圧倒的なシェアを占めた。

しかし、ネスレは家庭向け市場では40%という高いシェアを誇るにもかかわらず、オフィス向け市場ではわずか3%と散々な状況だった。しかも、オフィス向け市場はコーヒー市場全体の60%と大きく、この市場で存在感を出すことが、ネスレにとっての大きな課題だった。

日本には全国で６００万事業所が存在し、その90%が20人以下という小さなオフィス。そのようなオフィスには自動販売機などを導入するような余裕はない。しかし、ネスレの営業社員が一つ一つに出向いて、そこの総務部門に導入提案をしていくことも現実的ではない。そのときに思いついたのが「ネスカフェ・アンバサダー・プログラム」である。インターネット上で「アンバサダー」と呼ばれる人を募集する。

アンバサダーは、ネスレが無料でオフィスに設置したコーヒーマシンに、有料の専用カートリッジを用意、同僚がカートリッジでコーヒーを淹れて飲むと料金をその同僚から徴収する。最終的にアンバサダーは自身のクレジットカードでまとめて決済するというものだ。
アンバサダーは注文などの手続きも担うが、すべてはボランティアだ。それにもかかわらず、初めての募集で1000人以上がインターネットで応募してきたという。このプログラムが始まったのは2012年。ちょうど、ツイッターやフェイスブックなどのソーシャルメディアが勃興して一般に広がり出した時期にも重なる。そうした時代の波に背中を押されたこともあったが、それから順調に数を増やし、2017年時点で、実に35万人ものアンバサダーが生まれたというのは驚異的である。

ネスレは単に「ネスカフェ・ゴールドブレンド・バリスタ」というコーヒーマシン専用カートリッジの販売チャネルとしてアンバサダーを利用しているというだけではない。ネスレ自らがプロアクティブにコミュニティの育成を図っている。ホテルでのパーティからキャンプなどのアウトドアイベント、工場見学、海外のコーヒー豆の産地ツアーなど、様々なプログラムが組まれ、多くのアンバサダーが参加しているという。まさに、ネットワークのハブとして、より多くの「構造的空隙」を押さえるとともに、それぞれのコミュニティとの密結合を進める動きである。

面白いのが、前述のとおり、アンバサダーは完全にボランティアであるということだ。そういう点では、アンバサダーに就任する人たちの動機は、フェイスブックのザッカーバーグCEOが教会での人々の自発的なチャリティ活動を例に話した「人は何かしら貢献することによって、自分の存在価値を見出す」という内発的動機が大きいと考えられる。

図表43｜ネスカフェ・アンバサダーのキャンプイベント風景

出典：ネスレホームページより（https://nestle.jp/amb/event/）

私はアンバサダー・プログラムが始まって間もない頃に開催されたホテルでのイベントにご招待いただき、参加したことがある。そこでは、全国から集まったアンバサダーたちを喜ばせる様々なエンターテインメントが用意され、アンバサダーは若い男女が多かったので、さながら一種の「街コン」のような雰囲気だった。また、内発的動機からアンバサダーとなった人たちが、全国に広がるコミュニティの一部であることを感じさせるイベントだった。

しかし、毎日のようにコーヒーマシンのメンテナンスを行い、カートリッジを発注し、支払決済をするという仕事を無報酬でやるというのは、簡単なことではない。ネスレ自らがイベントを主催するといううきめ細かさが、コミュニティの成長に必要不可欠であることを感じさせる体験でもあった。

結果として、袋詰のレギュラーコーヒーのマーケットは縮小傾向にある一方、ポーションタイプの市場はシェアが30～40％へと成長し、「ネスカフェ・アンバサダー・プログラム」はコミュニティ形成のビジネス面での有効性を証明している。ネスレは、元々19世紀中頃にスイスで設立されたベビーフードメーカーであり、世界最大の食品・飲料会社だ。日本法人にしても、既に１００年以上の歴史を持つ老舗中の老舗である。

そんなトラディショナルな企業が、しかも日本発でインターネットとソーシャルメディアを活用したコミュニティ形成とその育成によって、ビジネス成果を出したというのは、多くの読者にも勇気を与えてくれるのではないだろうか。

ブロックチェーンが塗り替える経済空間

グーテンベルク以降最大のディスラプション

最近、仮想通貨やビットコイン、またブロックチェーンという言葉を目にしない日はない。本書を書店で手に取った読者は、本書のそばにも、この種の解説本やハウツー本が置かれていたのを目にしたかもしれない。

ブロックチェーンは、２００８年に仮想通貨ビットコインの基盤技術として登場した。従来の帳簿管理を特定の主体に委ねる「中央集権型」の仕組みに代わり、各参加者がインターネット上などで基本的に同じ帳簿を共有する「分散型」の仕組みによって、各種の資産・権利の所在や移転の記録を可能とする技術である。

最終章の最後にブロックチェーンについて触れたのは、この「分散型」の仕組みが個人と個人がつながるネットワークの形態を取っているという点で、個人の評価に基づく経済圏のさらなる発展と、インターネット時代の「先」のディスラプションを考える上で重要と考えるからである。ブロックチェーンは、いわゆるPeer-to-Peer（Ｐ２Ｐ）型のネットワークや暗号技術などの複数の技術の組み合わせから成り立っており、その説明だけでも1冊の本が書けるくらいだが、技術的な説明については世に数多ある他の書籍に譲る。

本書で強調しておきたいのは、これまで「国」や「権威」といったものが、中央集権的に「信用」を担保していたのに対して、その「信用」を分散化した個々のネットワークで担保するようになる、ということだ。

つまり、通貨という観点では、これまでの中央銀行が発行した通貨を中心とする中央集権的な経済圏に代わり、仮想通貨によって非中央集権的に様々な経済圏をつくることが可能になるということである。グーテンベルクによる活版印刷の発明により、紙幣が大量に印刷されるようになり、資本主義を形成するきっかけとなったが、ブロックチェーンはそれ以来の大きな「インフォメーション」技術の進化と言える。

図表44｜「中央集権型」と「分散型」

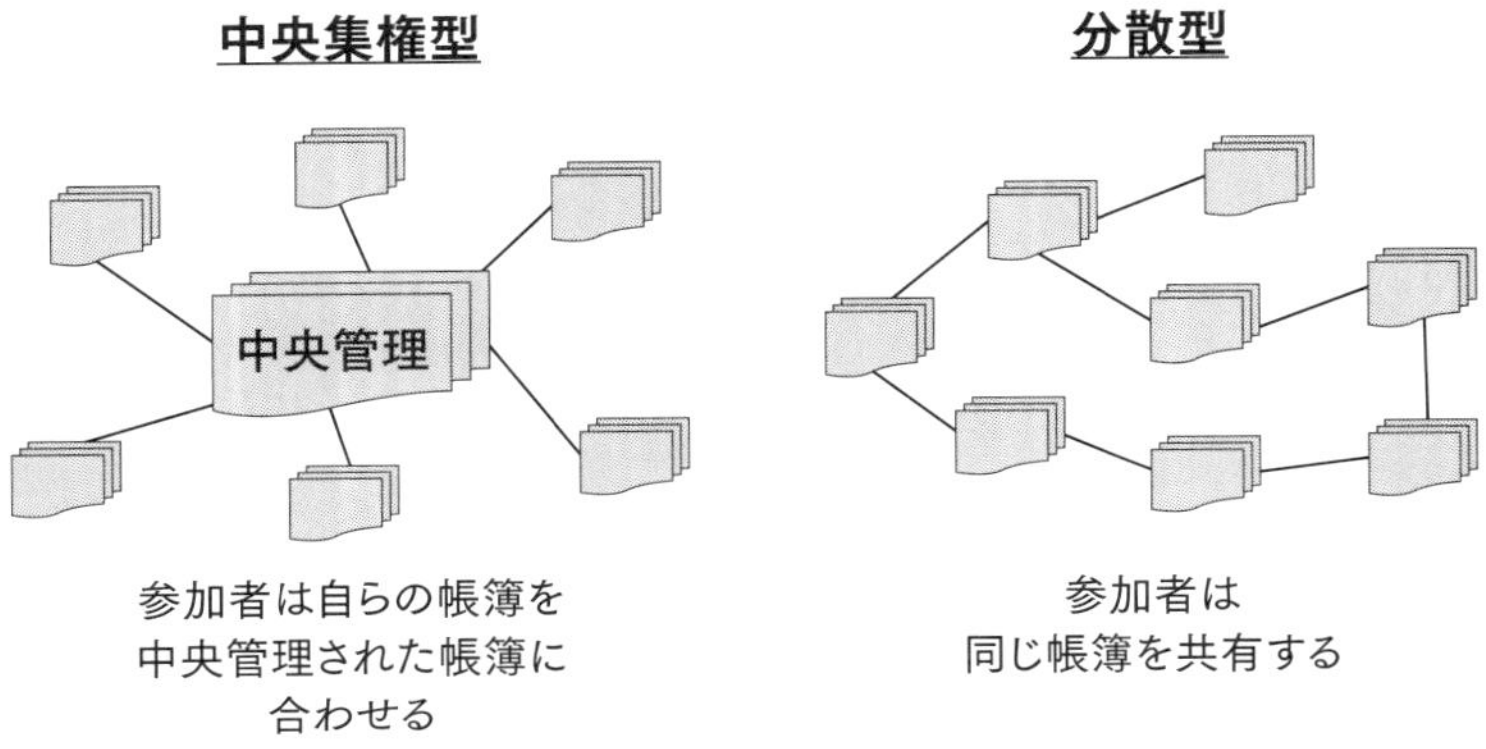

出典：「ブロックチェーン・分散型台帳技術の法と経済」柳川範之、山岡浩巳、日本銀行ワーキングペーパー、2017年3月を参考に著者作成

ビットコインの基盤技術として登場したブロックチェーンではあるが、通貨として流通させる上では課題も多い。ブロックチェーンのもとでは、当然ながら従来の中央管理者がいないため、帳簿上の資産や権利の移転などが正当なものであるかを、ネットワーク参加者自身が検証し続ける必要がある。ビットコインではこれを「マイニング（mining）」と呼ぶが、その演算には多大な電力が必要となる。

それだけの電力確保は将来的に可能か、という問題がある上、その処理スピードについても、現在の集中型のシステムに比べ、特に短時間に大量の処理が集中する場合、多くの時間を要することがありうる。また、マイニングを行った参加者にはインセンティブを与えることになっているが、このインセンティブをいかに永続的に確保するか、というのにも明確な解決策があるわけではない。

しかし、ビットコインを筆頭とする仮想通貨市場は2017年第2四半期に1000億ドル、第3四半期にはそれを上回る1700億ドルに急成長を遂げた。[*8] これは2017年12月時点での日本円の総額8・9兆ドル[*9]と比較すると既に2%程度の規模である。

むろん投機によるバブルの様相を呈していることもあり、これが実態を表したものなのか、またこの数字自体が果たして大きいのか小さいのか、私にはわからない。しかし、個人的にはまだまだ通貨として主流になるイメージは湧かないものの、2018年1月に開催された世界経済フォーラム（ダボス会議）の議題の一つとして仮想通貨が挙げられているように、既に決して無視できない規模にあり、これがディスラプションを引き起こす可能性が高いのは否定できない。

中央集権型から分散型の経済圏へ

ところで、現在の株式市場に公開することを、IPO(Initial Public Offering／新規株式公開)と呼ぶが、それに対して、仮想通貨の世界にはICO (Initial Coin Offering) と呼ばれるものがある。これは資金調達をしたい企業や事業プロジェクトが、独自の仮想通貨を発行・販売することで、資金を調達する手段・プロセスのことを指し、いわば仮想通貨による上場である。株式上場をするわけではないから、そもそも監査のための証券会社は不要だし、株式発行や配当すらも不要である。そして注目すべきは、ICOは個人ですら発行が可能ということである。

これがさらに進んだとき、私たちを待っているのはどのような世界なのだろうか？

まず、個人でＩＣＯ発行が可能ということは、あらゆる人が個人レベルで信用を創造することが可能になるということである。信用創造とは、銀行が集めた預金を、企業や個人に貸し付けることによって通貨供給量を創造する仕組みを意味する。

従来の通貨は、かつては金本位制による兌換《だかん》制を取っていたり、現在でも国の安定性が低い場合などにはペッグ制（特定の信用の高い通貨との固定相場制）を取るケースがあるように、基本的には「この国が発行する通貨であるから大丈夫」といった共同幻想による信用に基づいており、仮想通貨もこの点では従来型の通貨に近い。

しかも、それでいながら、既存の株式のように将来価値を現在価値に変換する仕組みも併せて持ち、かつ銀行に頼らずに個人レベルで信用創造が可能になるということは、個人一人一人がどれだけ「時空を制する」ことによって価値を創出しうるか、ということが何より重要になる世界が待っているということである。

もちろん、ＩＣＯに関しては、一般投資家の保護などを目的として、韓国が２０１７年に全面規制する法案を公式に発表したほか、米国、カナダ、シンガポールなどでも規制の検討が始まっているように、課題がないわけではない。日本では今のところＩＣＯは規制されていないのだが、他国の状況を見ている限りでは、今後何かしらの見直しがないとは言えない。

現時点での想定では、集中型の従来の通貨による経済圏は残りながらも、仮想通貨があたかも一種のコミュニティのような形で並存する形となるだろう。日本国民でありながら、ツイッターに入り浸っている人たちをツイッター民などと呼ぶように、一人一人の個人が、様々な経済圏を出たり入ったりするような世界になると考えられる。

産業構造を塗り替える巨大なインパクト

ブロックチェーンの真価は、国や銀行に代表される中央集権型の権威ではなく、ネットワークの参加者が創造するという分散型であることにある。そしてそれ以上に重要なのが、その真価ゆえに、「記録された価値や情報が改ざんやコピーされることなく、誰でもどこでもその価値や情報の受け渡しが可能になる」ということだ。このことによってもたらされる変化は、当然のことながら仮想通貨だけではない。

例えば、契約や個人情報の取り扱いのあり方は大きく変わることになるだろう。土地の登記や医療カルテや、今は役所に出向かなければできないような各種手続きも、いつでもどこでもできるようになるであろう。そうなると、例えば、不動産の売買や登記に必要な大量の書類の作成を担っていたような不動産仲介業者は不要となるだろう。

一方で、トレーサビリティが必要とされる分野にも威力を発揮するだろう。絵画や宝石などの真贋が問われるような流通の現場はもちろん、安全性が重要視される食品流通にも利用されれば、非常に有効である。また、音楽ストリーミングなど、違法ダウンロードによって多くの経済的損失を被っているジャンルにも有効だ。ブロックチェーンがあれば、アーティストたちがレコードレーベルを介さずに直接、ロイヤリティの支払いを得ることが可能となる。

実際、音楽ストリーミング会社のSpotifyは、２０１７年にブロックチェーン関連のスタートアップ企業Mediachainを買収した。このブロックチェーン技術を活用することで、Spotify上で提供される楽曲と、その楽曲の権利者を紐付け、クリエイターに適切なライセンス料を支払うことを目的にしているという。楽曲の権利情報が分散型データベースに記録されていれば、これまで彼らを悩ませてきた楽曲の使用権の未払いの問題からも解放されることだろう。

他にもブロックチェーン技術の応用の範囲は幅広く、先に不動産仲介業者が不要になると述べたように、結果として多くのディスラプションを引き起こすことだろう。それは、インターネットが、多くのトラディショナルメディアや小売業、ホテルやタクシーなどといった事業者をディスラプトしてきた以上のインパクトを与えうる。なぜならば、そんなインターネット時代のディスラプターすらもディスラプトする可能性があるからだ。

例えば、UberやAirbnb。「スマートコントラクト」と呼ばれる契約をプログラム化する仕組みがある。契約の条件確認や履行までの、すべての契約の取引プロセスを自動化することで、決済期間の短縮や不正防止や仲介者を排除することが可能となる。そして、この「スマートコントラクト」をブロックチェーン上で利用することで、ユーザー同士が直接取引を行う分散型のサービスが可能となる。それが実現した暁には、クルマや部屋を貸したい個人と、それらを借りたい個人は、スマートコントラクトを用意しさえすれば、UberやAirbnbといった中央集権型でかつ多大な手数料を取る存在なしに取引ができるようになる。

すべての主権が個人にもたらされる——「価値創造者」と「価値消費者」の分かれ道

ブロックチェーンはインターネット以上に、すべての主権が個人にもたらされる可能性があるということだ。個人による信用創造が可能となった社会は、YouTubeやツイッターのようなソーシャルメディアによって、個人がマスメディア以上の情報発信が可能となった社会どころではないインパクトを与える。なぜならば、経済圏を形成する主役は企業ではなく、個人となり、その経済圏は個々人が属するコミュニティをベースに形成されようになるからだ。

これは、個人にとっては大きなチャンスなのは言うまでもない。しかし、危機でもある。

経済圏を構成する要素として「企業」は、価値を創造する「個人」と同じ舞台に立つことになる。いや、「個人」が「企業」と同じ舞台に立つと言った方が適切かもしれない。ただし、それは「時空を制する」ことで価値を創造できた者のみに許された資格だ。それには「企業」も「個人」もない。

そういう意味を込めて、図表45では「企業」と「個人」を一体化して「価値創造者」と名付けている。一方、同じ個人でも、「価値創造者」に時間を搾取され続けるだけの者も、当然存在する。彼らは、「価値創造者」が与えてくれる価値をただ消費するだけといった意味で「価値消費者」

図表45｜時空を制する「価値創造者」

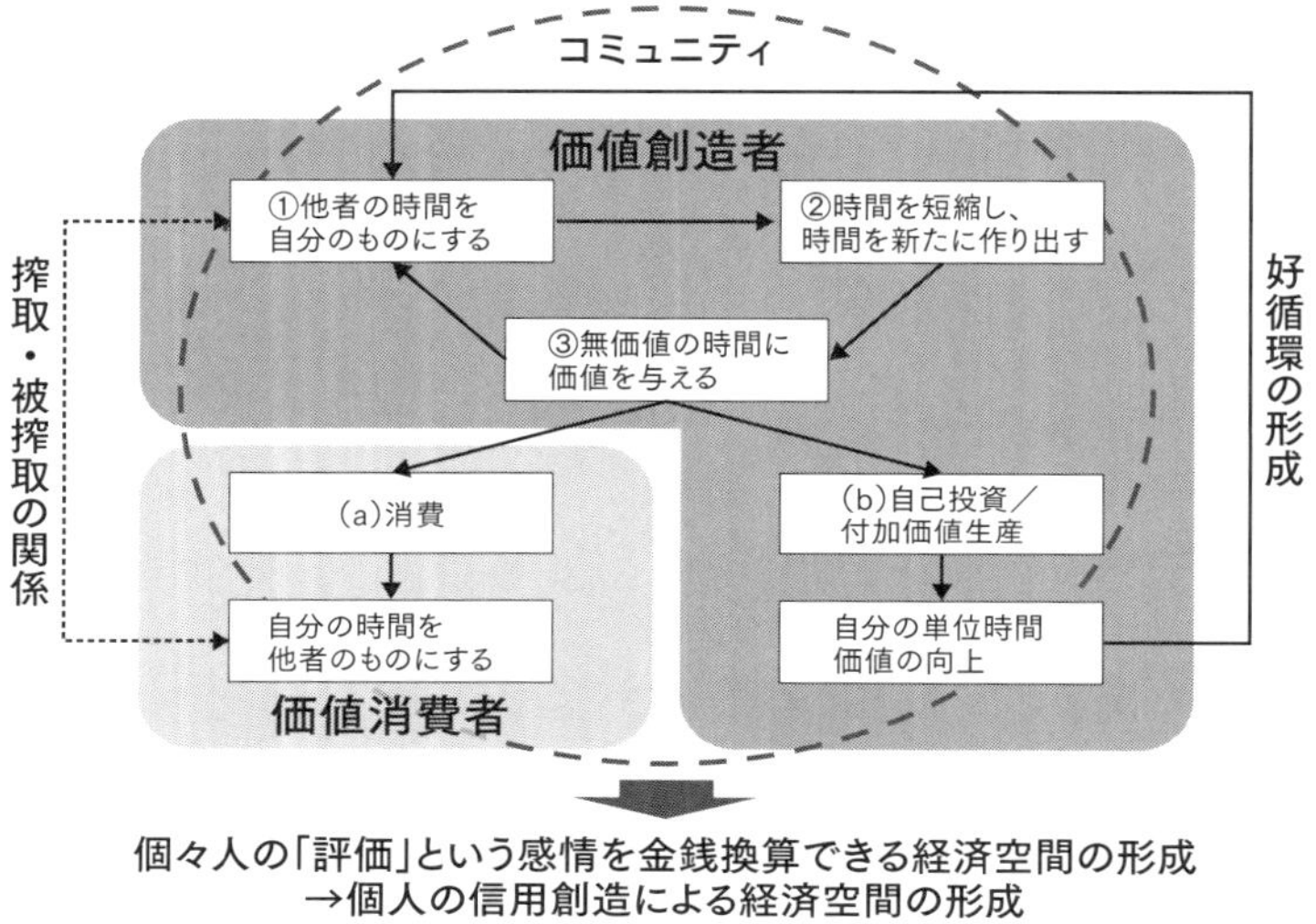

と名付けた。

今のディスラプターもまたディスラプトされるかもしれない未来、まず「企業」については「価値創造者」に値しない企業は残念ながら死に絶えるであろう。これは避けられない未来だ。一方、個人で見れば「価値創造者」も「価値消費者」もいずれも死に絶えるわけではないだろう。「価値創造者」の椅子と「価値消費者」の椅子のどちらが多いかと言えば、恐らく「価値消費者」の方だろうが、彼らが不幸であるとは必ずしも言えない。

しかし、それはあたかも映画『マトリックス』の培養液に浸された人間のような存在とも言えるかもしれない。そんな人生をどう考えるかは、その人次第だ。

読者は「価値創造者」と「価値消費者」のどちらの道を歩みたいだろうか？

第6章のまとめ

本章では、地理的空間を交通ネットワークで押さえることに加え、人と人をつなぐネットワークで押さえる重要性が増していることについて論じた。特に、

■**誰かしらが主体的に管理することによって、それは「コミュニティ」となる。**

■**そして、「コミュニティ」というレイヤーによって人的空間を制することは、そこに存在する個々人の「評価」という感情を金銭換算できる経済空間を生み出す。**

という点で、コミュニティの重要性は増している。そして、コミュニティ上で形成される経済空間は、何年も付き合っている親友や親兄弟のようなリアルな人間関係に基づく強固な人的ネットワークよりも、緩やかなコミュニティの規模が大きければ大きいほど、その経済空間は大きく強固なものとなる。それについては、人的ネットワークに関する社会学や行動科学のいくつかの研究で興味深いものがある。

■一つはマーク・グラノヴェッターの「弱い紐帯の強み」

■もう一つはロナルド・S・バートの「構造的空隙」

■いずれも基本的な考えは、「企業が競争優位を確立するためには、多様な情報を獲得できる組織にする必要がある」というものである。

■この考え方に基づくと、ソーシャルメディアの時代、企業が、企業単位ではなく、個人単位でネットワークをさらに拡張し、自らがそのネットワークのハブとなることが、イノベーションを主導し、ディスラプターとして君臨する上で、極めて重要となってきている。

そんな中、ソーシャルメディアの代表格、フェイスブックがミッション・ステートメントの変更を発表した。

■新たなミッション・ステートメントは"Give people the power to build community and bring the world closer together"（コミュニティづくりを応援し、人と人がより身近になる世界を実現する）と、コミュニティを自ら作っていくことを重視したものへと変更している。

■ソーシャルメディアは人と人との空間的・時間的・心理的距離を縮めた。

■そして、それを生業とするプラットフォーム企業は、さらにプロアクティブにコミュニテ

ィ形成をしかけ、プラットフォーム上で疎結合した人々を密結合させることで、形成されたコミュニティもまた、プラットフォームと密結合されることになる。

■そうすることで、密結合された一つ一つのコミュニティのプラットフォーム（フェイスブック）への依存性が高まり、プラットフォーム自体の持続可能性を高めることができるのである。

フェイスブックに限らず、様々な企業が、コミュニティ形成に取り組んでいる。Airbnb、WeWork、NewsPicks、ガンホー、ネスレ。新旧インターネット企業から、トラディショナルな企業までが取り組み、成功を収めている。この取り組みの特徴は、次のとおりである。

■企業側からプロアクティブかつ、多大な投資を行っていること。

■リアルのイベントを定期的に開催していること。

そんな中、個人の評価に基づく経済圏のさらなる発展と、インターネット時代の「先」のディスラプションを考える上で重要なのが、現在最注目の一つであるブロックチェーンである。

■ブロックチェーンは、仮想通貨ビットコインの基盤技術として登場した。

■従来の帳簿管理を特定の主体に委ねる「中央集権型」の仕組みに代わり、各参加者がインターネット上などで基本的に同じ帳簿を共有する「分散型」の仕組みによって、各種の資産・権利の所在や移転の記録を可能とする。

■その真価は、国や銀行に代表される中央集権型の権威ではなく、ネットワークの参加者が創造するという分散型であること。

■ブロックチェーンはインターネット以上に、信用創造はもちろん、すべての主権が個人にもたらされる可能性がある。

■そのような世界では、経済圏を形成する主役は企業ではなく、個人となり、その経済圏は個々人が属するコミュニティをベースに形成されようになる。

■そんな時代に存在するのは「企業」と「個人」という旧来の枠組みではなく、「価値創造者」と「価値消費者」だけ。

■「価値創造者」に値しない企業は残念ながら死に絶えるであろう。

■個人レベルで見れば「価値創造者」も「価値消費者」もいずれも死に絶えるわけではない。ただし、「価値創造者」になれる人は限られる。

■ただ「価値消費者」が不幸であるとは必ずしも言えない。それはあたかも、映画『マトリックス』の培養液に浸された人間のような存在とも言えるかもしれないが。

エピローグ

旅の終わりに

ディスラプターを巡る旅も間もなく終わろうとしている。

読者の感想は、一体どのようなものだろうか。

プロローグでも触れたが、本書を執筆するにあたって考えたのは、いわゆる自己啓発本やハウツーものにはしたくない、ということだった。そのため、「生存戦略」を謳いながらも、本書に直接的な回答は用意していない。まずは、戦略を考える上でのフレームワークと必要最低限の知識を整理して提示することが、本書の目的だ。ここで触れられた話の多くは、本書で参考文献として挙げた書籍や、その著者によって論じられた内容を組み合わせた上で書かれている。

そのため、読者の中には、本書はどこかで読んだことの羅列に過ぎず、何も目新しいものはない、と感じる方がいるかもしれない。もしそうであるならば、あなたは本書を読む以前に、既に

「ディスラプション」の時代を生き抜くためのチケットを持っていたと言えるだろう。さらに言うのであれば、そういう人が多ければ多いほど、まだまだ日本も捨てたものではない、と心強い気持ちになる。

一方で、本書を執筆するにあたり最後まで悩んだのは、ディスラプターによって創造的破壊が起こった先の未来について、どのように描くかということだ。つまり、その未来を明るく描くか、暗く描くか、ということだ。

私は未来は明るいものであると信じている。未来は未来を生きる個々人に委ねられており、価値を創造できる者、すなわち「価値創造者」にとっては、これほど素晴らしい時代はないだろう。それでも頭を悩ませたのは「価値創造者」とともに、本書の最後に登場する「価値消費者」をどう捉えるかということだった。

本書で私は、この「価値消費者」について、映画『マトリックス』の培養液に浸された人間にたとえることで、否定的に描写している。しかし、必ずしも当人にとってはそれが不幸とは限らないし、ただ用意されたものを消費するだけでいられるというのは、むしろ、何よりも気楽で、それこそ人間が太古からずっと待ち望んできた幸せなのかもしれない。

だが、本書を実際に手にとって読んでくれる読者はどのような人たちだろうか？　そのように考えたときに、辿り着いた答えは、自らが価値を創造し、何かしら人に貢献したいと考える人ではないかということだった。私自身がそのような人間になれるかどうかは別としても、少なくとも私自身は「価値創造者」でいたいと心から思う。

「価値創造者」になるということ

この旅の最後に改めて話したいのは、一体、私たちはどうすれば「価値創造者」になれるのかということだ。そして、その答えはやはり、これまで本書で見てきた「①人間中心に考える」「②存在価値を見定める」「③時空を制する」の三原則をどれだけ忠実に実行できるか、ということに尽きる。

私たちが人間である以上、創造すべき価値は「人間中心に考える」ことが前提となる。そして、その価値は、自分ならではの提供価値であり、かつ世の中から求められるものである必要がある。すなわち「存在価値」となるのである。そして、その価値の創造は、時間と空間の両方、すなわち「時空を制する」ことで初めて達成することができるのである。

ここで、一つ思い出話をしてみたい。

私はバブル崩壊直後の20代の頃、民間シンクタンクで地域活性化に関する業務に従事していた。かれこれ四半世紀近く昔のことだ。地方自治体や中央官庁からの委託で、活性化計画を策定した上で、補助金などを得て、再開発事業を行うという類いのものだ。北は青森から南は鹿児島まで、人口数万人から地方中核都市レベルまで、多くの都市や町に足を運んだものだ。目をつぶると、それぞれの町で出会った人たちや、その人たちのお国言葉、訪れた季節を反映した空気の匂いと感触、すべてが蘇ってくる。

そのときに必ず訪れたのが、町の中心に位置する駅前商店街など、かつて繁華街だった場所だ。シャッターが降りた店ばかりの商店街にも、寒風吹きすさぶ駅前にも、必ずあったのが、「スナック」であった。これは当時の私には不思議でならない現象だった。

どの「スナック」も同じような見た目だった。ピンクや紫などの派手な色にもかかわらず、くすんだ感じの内照式看板と、中をうかがい知ることができない扉、間口は3メートルもあれば良い方であろうか。それが夜になると、その内照式看板に明かりが灯され、扉の隙間から光が漏れ出す。灰色一色の寂れた町の一角に、文字どおり微かないろどりを与え、仕事を終えた男たちが、まるで誘蛾灯《ゆうがとう》に誘われるように中に吸い込まれていく。

それぞれの町には、それぞれの衰退の理由がある。ある町は炭鉱の閉鎖、あるところはモータリゼーションの進展、そして第三次産業の興隆による大都市への人口流出。共通するのは、どの町も何かしらの「インフォメーション」「モビリティ」そして「エネルギー」の技術進化によるディスラプションに遭遇した結果であるということだ。しかし「スナック」だけは、そんなディスラプションをものともせずに生き残っていたのである。

それはなぜか？

それは、「スナック」が、これまで本書で語ってきた三原則をすべて満たした存在であるからだ。

では、なぜ人は「スナック」に行くのか?

それは、スナックのママやホステスさん、そこで働く人たちが、とにかく話を聞いてくれるからだ。仮にママやホステスさんが話していたとしても、あくまで主役は客なのである。客にとって、ママやホステスさんは、時には自慢話の相手になってくれる恋人だったり、甘えたい母親だったり、かっこつけて見せたい妻だったり。客の視点でその姿は変貌する。

一方、スナックは飲食店にもかかわらず、飲食に関しては別にこれといった差別性はない。提供しているのは、どこの店にもあるようなお酒で、つまみである。彼女たちが提供しているのは、話に耳を傾け、癒やしを求める人には癒やしを与え、笑いを求める人には笑いを与え、自尊心をくすぐって欲しい人には自尊心をくすぐってあげることだ。そんなコミュニケーションの巧みさこそが、彼女たちが得意とし、そして客が求めているもので、それが存在価値そのものなのである。

ほとんどの客にとって、スナックは仕事が終わって、家に帰るまでの数時間を費やすだけの場所に過ぎない。しかし、この時間だけは、他では得られない体験を与えてくれる。そして、店に行けば、見知った常連や、そこに行けばいる、といった仲間たちがいる。彼らはそこでしか会わない人たちかもしれないが、そのスナックという場が作ってくれたコミュニティなのである。ちょっとお金がなくても、場合によってはツケにしておいてもらえる。それは自分の店での信用の証しでもある。

まさに「スナック」は、「①人間中心に考える」「②存在価値を見定める」「③時空を制する」のすべてを満たしていると思わないだろうか？

ディスラプター側に立つのは、誰にでもできることではない。それは「インフォメーション」「モビリティ」「エネルギー」の技術進化を主導する者だけに許された資格だからだ。しかし、ディスラプションの時代においても、したたかに生きていくことは、自分次第でいかようにも可能だ。


2017年、『漫画　君たちはどう生きるのか』（吉野源三郎著、羽賀翔一イラスト）という本がベストセラーとなった。発行元によると200万部を超える発行部数だという。

この本の原作の出版は1937年と、第二次世界大戦前だという。それにもかかわらず、これほどの人気を博したということは、現代に生きる多くの人が「どう生きるのか」に悩んでいるということ、そしてその答えは、80年を経ても変わらない普遍的なものであることを示している。あるいは、今の空気が第二次世界大戦直前の空気に似ているということがあるかもしれない。

その本の中で、主人公の「コペル君」が、銀座の往来を行き交う人々をデパートの屋上から見て「分子」のようだと呟くシーンがある。これは、このディスラプションの時代を生きる上でも本質を突いている。私たち一人一人は、あるいはそれぞれが属する企業といったものですら、長い生命の歴史、そして人類の歴史において、小さな分子の一つに過ぎない。

一つの小さな分子になりきって考えてみると、今自分が守ろうとしている業界やそのしきたり、あるいはビジネスモデルそのものも取るに足らないということがわかるだろう。一分子に過ぎない自分自身、あるいは所属する会社が一体どうすればもっと世の中の役に立てるのか？　必要とされているのは、結局そういうことでしかない。

今も寂れゆく町の片隅で、多くの「スナック」が細々ながらも生きながらえているのは、自らがそんな小さな分子の一つであることを十分にわかっているからかもしれない。

失敗から学ぶ

本書では、数々の事例について見てきた。その多くは、過去から現在に至るまでのディスラプターと、ディスラプションの中で生き残ってきた者たちである。その多くは名だたる先進企業や世界に冠たる大企業である。アマゾン、アップル、グーグル、フェイスブック、ツイッター、マイクロソフト、Airbnb、Uber、Pinterest、日立、コマツ、ＬＩＮＥ、ソフトバンク、WeWork、NewsPicks、ガンホー、ネスレ……。

それにもかかわらず、最後の最後になって、どんな町にも存在する「スナック」を挙げたのには理由がある。それは、そんな成功事例として挙げられた企業もまた、小さな分子の一つに過ぎないということに気づいて欲しいからである。

そして、大事なのは、そんな華々しい勝者たちよりもむしろ、その陰で滅ぼされ、消えていった無数の敗者が、なぜ失敗したか、ということに想いを馳せることである。人は成功事例が好きだ。しかし、そのとおりにやったところで、必ず成功するわけではない。本書で取り上げた三原則にせよ、三つの技術進化にせよ、それは帰納的に導き出された仮説にしか過ぎず、必ずしも再現性のあるものではない。

失敗して消え去ってしまった企業は、恐らく、今この瞬間、ディスラプターに戦々恐々としている企業と同じく、生き残るために必死だったに違いない。自らを守ろうと、必死で顧客を囲い込み、ディスラプターに対抗したかもしれない。業界で徒党を組んで、ロビーイングをして法的規制を強化することでなんとか逃げ切ろうとしたかもしれない。

しかし、彼らはすべて消え去ってしまった。ひとたび、ディスラプションが起きてしまうと、それはもはや不可逆であることを彼らの失敗から学んだ方が良い。

そして、もう一つ失敗から学べるとするならば、月並みではあるが、『種の起源』で知られるチャールズ・ダーウィンが言ったとされる次の言葉である。

It is not the strongest of the species that survives, nor the most intelligent that survives.
It is the one that is most adaptable to change.

――生き残る種とは、最も強いものではない。最も知的なものでもない。それは、変化に最もよく適応したものである。

今この現在、隆盛を極めてきた大企業も、ベスト・オブ・ベストの人材を集めてきた企業も、一寸先は闇だ。強ければ強いほど慢心したり、自分がこれまで勝ってきたルールでとにかく勝とうとしたりする。しかし、それで勝ち続けた企業はない。かつて一流大学出身者に人気だった企業が、あっという間に自己崩壊していく例を、読者もいくつか挙げることができるだろう。

変化の速い現代、まだ出現したばかりのディスラプター自身もまた、ディスラプトされる危険に既に身を晒している。本書の最終章で見たように、現在ディスラプターの最右翼の一つと見なされているUberやAirbnbですら、ブロックチェーンによって、その存在価値自体を失う可能性がある。

それでは、そのとき、彼らはどう動くべきなのか?

答えはただ一つ、「変化に最もよく適応」する努力をすることだ。

その努力を怠った者には、もれなく「失敗」がついてくるだけだ。

ただし、単に変化するだけでは生き残ることはできない。

危機に際して、多くの者が犯しやすい過ちは、変われば何とかなる、と変化することを目的化してしまうことだ。ディスラプターの多くは、変化を主導した者たちだが、生き残るのには、変化自体は重要ではない。むしろ、変化に「最もよく適応」することが重要なのである。

ディスラプションの歴史は、変化に抵抗して滅んでいった者たちの歴史と言っても過言ではない。もちろん、中には変化に適応しようと努力しながらも滅んでいった者たちも存在する。しかし、生き残ることができたのは、少なくとも「変化」に「適応」しようとの意思を持ち、行動を起こした者たちからしか現れなかった、ということに留意する必要がある。

本書は、いうなれば「最もよく適応」するための考え方のフレームワークを提示したに過ぎない。実際にどのように適応するか、何をするかは、各人にしかわからない。しかし、それすら自分で考えることのできない者は、そもそも生き残ることはできないだろう。

最後に

繰り返しになるが、本書を執筆するにあたって、ダイヤモンド社の編集者である市川さんと何度も議論になったのは、この本を自己啓発本やハウツーものにはしたくないということだった。

その理由としては、個人的にその手の本が嫌いである、というのが大きい。

そして、私が自己啓発本を嫌うのは、結局、それは誰に対しても、何の解決策も提示できないと考えているからだ。

例えば、『成功のための12の法則』のようなタイトルの本が世の中には溢れている。

だが、それをむさぼるように読んで、なるほどと膝を打ったところで、その読者の成功は覚束ない。

なぜならば、重要なのは「成功のための12の法則」ではなく、その12の法則を考えるに至った背景に関する知識や、考え方そのものだからである。そして、その上で、導き出された法則を自分自身で理解し、咀嚼して、自分自身に照らし合わせてどうすべきか、自分が取るべきアクションを具体的に自分で考えることだからだ。

本書がどれだけの人に読まれることになるのかわからないが、個々の読者の生存戦略は究極的には読者の数だけ存在する。そのため、結果として、この本は極めて不親切なものとなっている。しかし、実は書いている私自身にしても、自分が具体的に今後どうすれば良いかまったくわかっていない。いや、当たりはつけていると言っても良いかもしれないが、それが正しいかどうかは不明だ。

本書の執筆を始めたのは、ダイヤモンド社の市川さんと出会った２０１７年の夏、私は1週間後にＬＩＮＥの執行役員に就任するというタイミングだった。平日は業務に追われる毎日で、週末に何とか時間を作ってはまとめて執筆するという綱渡りの執筆生活だった。

そのため、末っ子の小学生には「パパはお休みの日、本を書いてばっかりでつまんない」と言われ、妻には週末の家事も子育ても任せっぱなしと、家族には迷惑ばかりをかけた。一方で、今年大学生と高校生になる上の二人の子供たちの存在は、何よりも執筆をする上でのモチベーションを高めてくれた。これからの時代を生きる二人に、将来を考える上でのヒントを少しでも与えられればという想いが、ここまで書き上げる気力を作ってくれたと思う。執筆中忙しい毎日を支えてくれた家族には、心より感謝したい。

最後に、このような執筆の機会を与えてくれただけでなく、多忙な毎日に筆も滞りがちになる私に対して、見事な「おだてとダメ出し」のコンビネーションで、ここまで導いてくれたダイヤモンド社の市川さん、そして誰よりも、ここまで読み進めてくれた読者の一人一人に、ここに深く御礼を申し上げたい。

２０１８年４月

ＬＩＮＥ株式会社 執行役員（広告事業戦略担当） 葉村真樹

http://jp.techcrunch.com/2017/11/27/2017-11-26-in-praise-of-teslas-bankruptcy/
"Bob Lutz: Kiss the good times goodbye' Everyone will have 5 years to get their car off the road or sell it for scrap'" Automotive News 11/5/2017,
http://www.autonews.com/article/20171105/INDUSTRY_REDESIGNED/171109944/industryredesigned-bob-lutz?AID=/20171105/INDUSTRY_REDESIGNED/171109944
BUSINESS INSIDER Japan
https://www.businessinsider.jp/post-106911
"How Important is First Mover Advantage for Amazon Alexa and Google Assistant?", Bret Kinsela Mar. 5. 2017, voicebot.ai
https://www.voicebot.ai
"Analysis of social media did a better job at predicting Trump's win than the polls", Sarah Perez, Nov.11. 2016, TechCrunch
https://techcrunch.com
http://www.dentsu.co.jp/news/release/2017/0223-009179.html
http://visualizingeconomics.com/blog/2007/11/11/two-thousand-years-of-growth-world-income-population
http://grimshaworigin.org/grimshaw-involvement-in-the-industrial-revolution/
https://dschool-old.stanford.edu/sandbox/groups/designresources/wiki/36873/attachments/74b3d/ModeGuideBOOTCAMP2010L.pdf
https://www.emarketer.com/Article/Alexa-Say-What-Voice-Enabled-Speaker-Usage-Grow-Nearly-130-This-Year/1015812
http://www.honda.co.jp/50years-history/limitlessdreams/encounter/index.html
https://www.bloomberg.com/news/articles/2017-11-15/softbank-is-said-to-plan-up-to-25-billion-in-saudi-investments-ja146fd5
"Why does Microsoft exist? How CEO Satya Nadella answered the tech giant's existential question, ZDNet"
http://www.zdnet.com/article/why-does-microsoft-exist-how-ceo-satya-nadella-answered-the-tech-giants-existential-question/
"Retail & Consumer: Disgruntled Coupang Men slam Coupang", The Korea Herald, May 23, 2017

動画

https://www.youtube.com/watch?v=GVZJh2YRtIA
https://www.ted.com/talks/simon_sinek_how_great_leaders_inspire_action/transcript?language=ja
https://www.youtube.com/watch?v=NVpGRtD9C-E
https://www.facebook.com/zuck/videos/10103817960742861/

1987年
ユヴァル・ノア・ハラリ『サピエンス全史――文明の構造と人類の幸福』、河出書房新社、2016年
リタ・マグレイス『競争優位の終焉――市場の変化に合わせて、戦略を動かし続ける』鬼澤忍訳、日本経済新聞出版社、2014年
ロバート・H・フランク『幸せとお金の経済学』金森重樹訳、フォレスト出版、2017年
ローレンス・バーグリーン『カポネ 人と時代――愛と野望のニューヨーク篇』、常盤新平訳、集英社、1997年
M・M・ジンマーマン『スーパー・マーケット――流通革命の先駆者』長戸毅訳、商業界、1962年
W・ブライアン・アーサー『テクノロジーとイノベーション――進化／生成の理論』日暮雅通訳、みすず書房、2011年
Dennis Bramble and Daniel Lieberman, "Endurance running and the evolution of Homo", Nature Vol. 432, 2004
Marco Miotti, et.al "Personal Vehicles Evaluated against Climate Change Mitigation Targets",
MIT Trancic Labo, 2016
http://pubs.acs.org/doi/full/10.1021/acs.est.6b00177
Mark S. Granovetter "The Strength of Weak Ties, "American Journal of Sociology, 1973
Ronald S. Burt "Strategic Network Expansion" in "Structural Holes - The Social Structure of Competition",, Harvard University Press, 1995

記事

「日本旅館協会、民泊制限で陳情へ」観光経済新聞、2017年10月10日
「電通、有休取得50％以上目標に『鬼十則』に別れ」日本経済新聞、2016年12月9日
「40年前の『日本研究本』に中国人が群がるワケ――なぜ今になって『爆売れ』？ 仕掛け人を直撃」東洋経済オンライン、2017年7月15日http://toyokeizai.net/articles/-/127000
「SNSを悩ます『出会い系』問題の深淵――非出会い系の被害児童数は最悪水準へ」日本経済新聞電子版、2010年12月8日
https://www.nikkei.com/article/DGXZZO19323130T01C10A2000000/
「DeNA守安社長、独自インタビューで胸中明かす：全キュレーションメディア10サイト休止の背景」日経ビジネスONLINE、2016年12月8日
http://business.nikkeibp.co.jp/atcl/report/15/110879/120700510/?P=3
「特集 人はなぜ、8時間働くのだろう」Trace［トレース］
https://www.ntt-card.com/trace/backnumber/vol01/index.shtml
「メーカー動向=日清フーズ　早ゆでスパゲティ伸長」日本食糧新聞、2017年12月1日11627号6面
https://news.nissyoku.co.jp/news/detail/?id=YAGISAWA20171127122843935&cc=21&ic=110
「『パワーカップル』世帯の動向」ニッセイ基礎研究所 主任研究員 久我尚子、2017年8月28日
http://www.nli-research.co.jp/report/detail/id=56482&pno=2?site=nli
「電通がRPA導入、2017年内に400業務を自動化へ」日経コンピュータ、2017年11月29日
"Tesla's Burning Through Nearly Half a Million Dollars Every Hour", Bloomberg 11/22/2017
https://www.bloomberg.com/news/articles/2017-11-21/tesla-is-blowing-through-8-000-everyminute-amid-model-3-woes
"The Model 3 is putting Tesla in dangerous territory", BUSINESS INSIDER 11/25/2017
http://www.businessinsider.com/tesla-model-3-issues-causing-dangerous-cash-problem-2017-11
"In praise of Tesla's bankruptcy", Techcrunch 11/26/2017
https://techcrunch.com/2017/11/26/in-praise-of-teslas-bankruptcy/
日本語版記事（「たとえ倒産してもTeslaは偉大な会社だ」Techcrunch 日本版、2017年11月27日号）

参考文献

書籍・論文

青木均『アメリカにおけるスーパーマーケットのトレーディングアップ過程』地域分析第51巻第2号、2013年
アドルフ・ヒトラー『わが闘争——民族主義的世界観』平野一郎、将積茂訳、角川書店、1973年
アラン・コルバン『レジャーの誕生』渡辺響子訳、藤原書店、2000年
アルフレッド・W・クロスビー『飛び道具の人類史——火を投げるサルが宇宙を飛ぶまで』小沢千重子訳、紀伊國屋書店、2006年
アンドリュー・パーカー『眼の誕生——カンブリア紀大進化の謎を解く』渡辺政隆・今西康子訳、草思社、2006年
浅野展正『総合商社の存在意義に関しての考察』兵庫県立大学、商大ビジネスレビュー第3巻第2号、2014年3月
石川和男『合衆国における耐久消費財の普及と背景——自動車社会の基盤形成と初期の自動車製造を中心に』専修大学社会科学年報第50号、2016年
エズラ・F.ヴォーゲル『ジャパン・アズ・ナンバーワン——アメリカへの教訓』広中和歌子・木本彰子訳、TBSブリタニカ、1979年
岡田斗司夫『評価経済社会——ぼくらは世界の変わり目に立ち会っている』ダイヤモンド社、2011年
小倉一哉『労働時間に関する研究の系譜』早稲田大学産業経営研究所、1996年https://www.waseda.jp/sanken/publication/sankei/file/22_9.pdf
北康利『同行二人 松下幸之助と歩む旅』PHP研究所、2008年
児島襄『第二次世界大戦 ヒトラーの戦い 第9巻』文藝春秋、1993年
斉藤賢爾『信用の新世紀——ブロックチェーン後の未来』インプレスR&D、2017年
サイモン・シネック『WHYから始めよ！——インスパイア型リーダーはここが違う』栗木さつき訳、日本経済新聞出版社、2012年
ジャレド・ダイアモンド『銃・病原菌・鉄——1万3000年にわたる人類史の謎』倉骨彰訳、草思社、2012年
ジャレド・ダイアモンド『若い読者のための第三のチンパンジー——人間という動物の進化と未来』秋山勝訳、草思社、2015年
セオドア・レビット『マーケティング発想法』ダイヤモンド社、1971年
総務省情報通信政策研究所『平成28年情報通信メディアの利用時間と情報行動に関する調査報告書』2017年7月
富山英彦『メディア・リテラシーの社会史』青弓社、2005年
野口悠紀雄『世界史を創ったビジネスモデル』新潮社、2017年
野沢慎司『リーディングス ネットワーク論——家族・コミュニティ・社会関係資本』勁草書房、2006年
堀越二郎『零戦——その誕生と栄光の記録』光文社、1995年
松岡真宏・山手剛人『宅配がなくなる日——同時性解消の社会論』日本経済新聞出版社、2017年
ブレーズ・パスカル『パンセ』前田陽一・由木康訳、中公文庫、1973年
ハワード・ジン『民衆のアメリカ史 上巻』猿谷要訳、明石書店、2005年
マーシャル・マクルーハン『メディア論——人間の拡張の諸相』栗原裕・河本仲聖訳、みすず書房、

＊10 「メーカー動向=日清フーズ　早ゆでスパゲティ伸長」日本食糧新聞、2017年12月1日、11627号6面
＊11 「電通がRPA導入、2017年内に400業務を自動化へ」日経コンピュータ、2017年11月29日
＊12 アラン・コルバン『レジャーの誕生』渡辺響子訳、藤原書店、2000年

第6章

＊1 "Retail & Consumer: Disgruntled Coupang Men slam Coupang", The Korea Herald, May 23, 2017
＊2 総務省情報通信政策研究所「平成28年情報通信メディアの利用時間と情報行動に関する調査報告書」2017年7月
＊3 "The Strength of Weak Ties", Mark S. Granovetter, American Journal of Sociology, Volume 78,Issue 6 May, 1973, 1360-1380
＊4 邦訳は、C・K・プラハラード＆ベンカト・ラマスワミ『価値共創の未来へ――顧客と企業のCo-Creation』有賀裕子訳、武田ランダムハウスジャパン、2004年
＊5 ロナルド・S.バート『競争の社会的構造――構造的空隙の理論』安田雪訳、新曜社、2006年
＊6 ザッカーバーグ自身がフェイスブックに投稿したイベントの様子を撮影したビデオより。https://www.facebook.com/zuck/videos/10103817960742861/
＊7 Airbnbホームページより。　https://www.airbnb.jp/help/article/356/what-are-airbnb-meetups
＊8 https://www.coindesk.com/より
＊9 "The World Factbook", Central Inteligence Agency https://www.cia.gov/library/publications/the-world-factbook/rankorder/2215rank.html

メディア10サイト休止の背景」2016年12月8日
http://business.nikkeibp.co.jp/atcl/report/15/110879/120700510/?P=3
＊8 いずれも各社のプレスリリース資料より
＊9 "Tesla's Burning Through Nearly Half a Million Dollars Every Hour" Bloomberg, 11/22/2017,
https://www.bloomberg.com/news/articles/2017-11-21/tesla-is-blowing-through-8-000-every-minute-amid-model-3-woes
＊10 "The Model 3 is putting Tesla in dangerous territory" BUSINESS INSIDER, 11/25/2017,
http://www.businessinsider.com/tesla-model-3-issues-causing-dangerous-cash-problem-2017-11
＊11 "In praise of Tesla's bankruptcy" Techcrunch, 11/26/2017,
https://techcrunch.com/2017/11/26/in-praise-of-teslas-bankruptcy/
日本語版記事「たとえ倒産してもTeslaは偉大な会社だ」Techcrunch 日本版2017年11月27日号
http://jp.techcrunch.com/2017/11/27/2017-11-26-in-praise-of-teslas-bankruptcy/
＊12 Marco Miotti, et.al "Personal Vehicles Evaluated against Climate Change Mitigation Targets" MIT Trancic Labo, 2016
http://pubs.acs.org/doi/full/10.1021/acs.est.6b00177
＊13 OICA (International Organization of Motor Vehicle Manufacturers)
http://www.oica.net/
＊14 "Bob Lutz: Kiss the good times goodbye' Everyone will have 5 years to get their car off the road or sell it for scrap'" Automotive News 11/5/2017,
http://www.autonews.com/article/20171105/INDUSTRY_REDESIGNED/171109944/industry-redesigned-bob-lutz?AID=/20171105/INDUSTRY_REDESIGNED/171109944
＊15 BUSINESS INSIDER Japan
https://www.businessinsider.jp/post-106911
＊16 "Why does Microsoft exist? How CEO Satya Nadella answered the tech giant's existential question, ZDNet"
http://www.zdnet.com/article/why-does-microsoft-exist-how-ceo-satya-nadella-answered-the-tech-giants-existential-question/

第5章

＊1 「特集 人はなぜ、8時間働くのだろう」Trace［トレース］
https://www.ntt-card.com/trace/backnumber/vol01/index.shtml
＊2 「労働時間に関する研究の系譜」小倉一哉
https://www.waseda.jp/sanken/publication/sankei/file/22_9.pdf
＊3 ハワード・ジン『民衆のアメリカ史 上巻』猿谷要訳、明石書店、2005年
＊4 ローレンス・バーグリーン『カポネ 人と時代――愛と野望のニューヨーク篇』常盤新平訳、集英社、1997年
＊5 「合衆国における耐久消費財の普及と背景――自動車社会の基盤形成と初期の自動車製造を中心に」石川和男、専修大学社会科学年報第50号
＊6 「アメリカにおけるスーパーマーケットのトレーディングアップ過程」青木均、地域分析第51巻第2号、2013年3月
＊7 M・M・ジンマーマン『スーパー・マーケット 流通革命の先駆者』長戸毅訳、商業界、1962年
＊8 ロバート・H・フランク『幸せとお金の経済学』金森重樹訳、フォレスト出版、2017年
＊9 総務省情報通信政策研究所「平成28年情報通信メディアの利用時間と情報行動に関する調査報告書」2017年7月

第2章

＊1　An Introduction to Design Thinking PROCESS GUIDE - d.school
https://dschool-old.stanford.edu/sandbox/groups/designresources/wiki/36873/attachments/74b3d/ModeGuideBOOTCAMP2010L.pdf
＊2　https://www.emarketer.com/Article/Alexa-Say-What-Voice-Enabled-Speaker-Usage-Grow-Nearly-130-This-Year/1015812
＊3　"1000 days of AirBnB", AirBnB Founder - Brian Chesky - Startup School 2010 - Amazing Startup Story"
https://www.youtube.com/watch?v=GVZJh2YRtIA
＊4　http://www.honda.co.jp/50years-history/limitlessdreams/encounter/index.html
＊5　北康利『同行二人 松下幸之助と歩む旅』PHP研究所、2008年
＊6　セオドア・レビット『マーケティング発想法』土岐坤訳、ダイヤモンド社、1971年
＊7　経済産業省 METI Journal 政策特集「日立製作所・中西会長インタビュー　立ち上がれ日本の経営者たち」2017年6月26日
https://meti-journal.jp/p/30
＊8　堀越二郎『零戦――その誕生と栄光の記録』光文社、2012年、P.225-233

第3章

＊1　"SoftBank Plans Up to $25 Billion in Saudi Investments", Dinesh Nair, Ruth David, and Matthew Martin, Bloomberg, 15th November 2017
https://www.bloomberg.com/news/articles/2017-11-15/softbank-is-said-to-plan-up-to-25-billion-in-saudi-investments-ja146fd5
＊2　「総合商社の存在意義に関しての考察」浅野展正、兵庫県立大学、商大ビジネスレビュー第3巻第2号、2014年3月
＊3　サイモン・シネック『WHYから始めよ！――インスパイア型リーダーはここが違う』栗木さつき訳、日本経済新聞出版社、2012年
＊4　https://www.ted.com/talks/simon_sinek_how_great_leaders_inspire_action/transcript?language=ja

第4章

＊1　ブレーズ・パスカル『パンセ』前田陽一・由木康訳、中公文庫、1973年
＊2　http://dictionary.sanseido-publ.co.jp/topic/10minnw/033mission.html
＊3　NHKニュース「ツイッターCEO 自殺書き込み全削除は現実的でない」
https://www.youtube.com/watch?v=NVpGRtD9C-E
＊4　エズラ・F. ヴォーゲル『ジャパン・アズ・ナンバーワン――アメリカへの教訓』広中和歌子・木本彰子訳、TBSブリタニカ、1979年
＊5　東洋経済オンライン「40年前の『日本研究本』に中国人が群がるワケ なぜ今になって『爆売れ』？ 仕掛け人を直撃」http://toyokeizai.net/articles/-/127000
＊6　日本経済新聞電子版 2010年12月8日「SNSを悩ます『出会い系』問題の深淵：非出会い系の被害児童数は最悪水準へ」
https://www.nikkei.com/article/DGXZZO19323130T01C10A2000000/
＊7　日経ビジネスONLINE「DeNA守安社長、独自インタビューで胸中明かす：全キュレーション

後注

プロローグ

＊1 Carl Benedikt Frey and Michael A. Osborne, "THE FUTURE OF EMPLOYMENT: HOW SUSCEPTIBLE ARE JOBS TO COMPUTERISATION?", September 17, 2013
http://www.oxfordmartin.ox.ac.uk/downloads/academic/The_Future_of_Employment.pdf
＊2 日本百貨店協会調べ
＊3 経済産業省「平成 28 年度 我が国におけるデータ駆動型社会に係る基盤整備（電子商取引に関する市場調査）」
http://www.meti.go.jp/press/2017/04/20170424001/20170424001-2.pdf
＊4 "Meet the 2017 CNBC Disruptor 50 companies" CNBC, 16 May 2017
https://www.cnbc.com/2017/05/16/the-2017-cnbc-disruptor-50-list-of-companies.html

第1章

＊1 『デジタル大辞泉』小学館より
＊2 アンドリュー・パーカー『眼の誕生——カンブリア紀大進化の謎を解く』渡辺政隆・今西康子訳、草思社、2006年
＊3 富山英彦『メディア・リテラシーの社会史』青弓社、2005年
＊4 Bela Grunberger, Pierre Dessuant: Der Antisemitismus Hitlers. In: Bela Grunberger, Pierre Dessuant: Narzismus, Christentum, Antisemitismus. Eine psychoanalytische Untersuchung. Klett-Cotta, Stuttgart2000, ISBN 3-608-91832-9, S. 409-480, hier S. 474.
＊5 児島襄『第二次世界大戦 ヒトラーの戦い』第9巻、450P、文春文庫（全10巻）、1993年
＊6 マーシャル・マクルーハン『メディア論——人間の拡張の諸相』栗原裕・河本仲聖 訳、みすず書房、1987年
＊7 電通「2017年 日本の広告費」http://www.dentsu.co.jp/news/release/2017/0223-009179.html
＊8 総務省「国民経済計算（GDP統計）」
＊9 ユヴァル・ノア・ハラリ『サピエンス全史——文明の構造と人類の幸福』柴田裕之訳、河出書房新社、2016年
＊10 Dennis Bramble and Daniel Lieberman "Endurance running and the evolution of Homo" Nature Vol.432 18 November 2004
＊11 アルフレッド・W・クロスビー『飛び道具の人類史——火を投げるサルが宇宙を飛ぶまで』小沢千重子訳、紀伊國屋書店、2006年
＊12 http://grimshaworigin.org/grimshaw-involvement-in-the-industrial-revolution/
＊13 「日本旅館協会、民泊制限で陳情へ」観光経済新聞、2017年10月10日
＊14 Sarah Perez, "Analysis of social media did a better job at predicting Trump's win than the polls", Nov.11. 2016, TechCrunch
https://techcrunch.com
＊15 総務省「平成28年版情報通信白書」第2部 基本データと政策動向
＊16 Bret Kinsela "How Important is First Mover Advantage for Amazon Alexa and Google Assistant?", Mar.5. 2017, voicebot.ai
https://www.voicebot.ai

［著者］

葉村真樹（はむら・まさき）

LINE株式会社 執行役員（広告事業戦略担当）

Google日本法人にて経営企画室兼営業戦略企画部統括部長、ソフトバンクにてiPhone事業推進室長、Twitter日本法人にて広告事業統括および東アジアのブランド戦略統括を歴任。世界最大の広告会社WPP傘下のデジタルエージェンシーAKQA日本法人代表、PwCコンサルティング エクスペリエンスセンター長を経て、現職。

現在、明治大学公共政策大学院兼任講師（情報・メディア戦略）としても教鞭を執る。富士総合研究所（現みずほ総合研究所）で研究員としてキャリアをスタート。博報堂在籍時には、ストラテジックプランナーとしてNYフェスティバルAME賞、MAA The GLOBES Awards金賞、マーケティング朝日賞大賞などを受賞。

コロンビア大学建築・都市計画大学院修士課程修了

東京大学大学院工学系研究科先端学際工学専攻博士課程修了、博士（学術）

破壊――新旧激突時代を生き抜く生存戦略

2018年5月23日　第1刷発行

著　者――葉村真樹

発行所――ダイヤモンド社

〒150-8409　東京都渋谷区神宮前6-12-17

http://www.diamond.co.jp/

電話／03·5778·7232（編集）　03·5778·7240（販売）

装丁――水戸部 功

本文デザイン―布施育哉

本文DTP ――ダイヤモンド・グラフィック社

校正――鷗来堂、三森由紀子

製作進行――ダイヤモンド・グラフィック社

印刷――信毎書籍印刷（本文）・加藤文明社（カバー）

製本――加藤製本

編集担当――市川有人

ISBN 978-4-478-10558-0